JN124857

日本商工会議所主催 簿記検定試験

検定
簿記講義

渡部裕亘
片山　覚 ［編著］
北村敬子

2024年度版

2級

商業簿記

中央経済社

■検定簿記講義　編著者・執筆者一覧

巻編成		編者（太字は主編者）		執　筆　者		
1級	商業簿記・会計学（上巻）	渡部　裕亘（中央大学名誉教授） 片山　　覚（早稲田大学名誉教授） **北村　敬子**（中央大学名誉教授）	北村　敬子	石川　鉄郎（中央大学教授） 藤木　潤司（龍谷大学教授） 菅野　浩勢（早稲田大学准教授） 中村　英敏（中央大学准教授）		
	商業簿記・会計学（下巻）	渡部　裕亘（中央大学名誉教授） 片山　　覚（早稲田大学名誉教授） **北村　敬子**（中央大学名誉教授）	北村　敬子	石川　鉄郎（中央大学教授） 小宮山　賢（早稲田大学教授） 持永　勇一（早稲田大学教授） 藤木　潤司（龍谷大学教授） 中村　英敏（中央大学准教授） 小阪　敬志（日本大学准教授）		
	工業簿記・原価計算（上巻）	岡本　　清（一橋大学名誉教授 東京国際大学名誉教授） 廣本　敏郎（一橋大学名誉教授）	廣本　敏郎	鳥居　宏史（明治学院大学名誉教授） 片岡　洋人（明治大学教授） 藤野　雅史（日本大学教授）		
	工業簿記・原価計算（下巻）	岡本　　清（一橋大学名誉教授 東京国際大学名誉教授） 廣本　敏郎（一橋大学名誉教授）	廣本　敏郎	尾畑　　裕（明治学院大学教授） 伊藤　克容（成蹊大学教授） 荒井　　耕（一橋大学大学院教授） 渡邊　章好（東京経済大学教授）		
2級	商業簿記	**渡部　裕亘**（中央大学名誉教授） 片山　　覚（早稲田大学名誉教授） 北村　敬子（中央大学名誉教授）	渡部　裕亘	三浦　　敬（横浜市立大学教授） 増子　敦仁（東洋大学教授） 石山　　宏（山梨県立大学教授） 渡辺　竜介（関東学院大学教授） 可児島　達夫（滋賀大学准教授）		
	工業簿記	岡本　　清（一橋大学名誉教授 東京国際大学名誉教授） **廣本　敏郎**（一橋大学名誉教授）	廣本　敏郎	中村　博之（横浜国立大学教授） 籏本　智之（小樽商科大学教授） 挽　　文子（元一橋大学大学院教授） 諸藤　裕美（立教大学教授） 近藤　大輔（立正大学准教授）		
3級	商業簿記	渡部　裕亘（中央大学名誉教授） **片山　　覚**（早稲田大学名誉教授） 北村　敬子（中央大学名誉教授）	片山　　覚	森田　佳宏（駒澤大学教授） 川村　義則（早稲田大学教授） 山内　　暁（早稲田大学教授） 福島　　隆（明星大学教授） 清水　秀輝（羽生実業高等学校教諭）		

まえがき

　本書は，これから簿記を積極的に学んでいこうという意欲に燃えている皆さんのための参考書です。簿記の基本的なしくみを理解し，自分のものとすることは，皆さんの人生にとり，一生のかけがえのない財産を得ることとなるでしょう。

　現代社会は，情報化時代といわれています。そのなかで，会計（情報）は，数多くある経営情報の１つです。しかし，長い歴史のなかで，会計（情報）が企業の総合的な情報システムとして活用され続けている理由はどこにあるのでしょうか。

　それは，会計（情報）が，あるユニーク性をもつ経営情報システムであるからです。経営行動は，多くの場合，会計言語により測定され，伝達されます。同時に会計（情報）を通じて，経営の実態を測定し，今後の経営行動に影響を及ぼします。株主・投資家も会計（情報）を通じて，企業を評価・分析し，投資の意思決定を行います。

　会計（情報）システムのユニーク性は，複式簿記システムにあるのです。複式簿記は，数多くの複雑な企業取引を，数少ない取引要素で分類・整理し，総合的な経営情報として私たちの前に提供してくれる，極めて有用なシステムです。企業は，利潤・利益の追求を大きな目的としていますが，利益額の具体的な測定は，会計（情報）システムにより計算され，確定されるのです。

　会計言語は，事業の共通言語であり，Business Languageと言われています。会計や簿記の知識は，現代では，もはや経理・財務の担当者にのみ必要なものではなく，どの企業，どの事業に携わるすべての人たちにとり，必要不可欠なビジネス・ツールといわれる時代が到来しています。

　財務諸表を読み解き，活用する知識が重要なものとなってきていますが，そのためには，会計の基本的な考え方，複式簿記の基本的なしくみを十分に理解しておくことが必要です。簿記や会計の知識が自分のものとなると，世の中のしくみがよくわかってきます。企業や，経済，ひいては社会を見る眼が自然とついてきます。

　本書は，主として日本商工会議所と各地商工会議所が主催する日商簿記検

定試験向けの受験シリーズの１つとして企画され，出版されているものです。

本シリーズは，1956年以来，すでに60年におよぶ長い歴史を有しており，極めて多数の受験者のための参考書としてだけでなく，簿記・会計の基本的な学習参考書として愛され，信頼されてきました。

簿記の学習には，実際に多くの取引について仕訳の問題を解き，複式簿記システムに関する練習問題を，繰り返し解くことが必要不可欠です。そのため，本書「検定簿記講義」で学ぶと同時に，「検定簿記ワークブック」で，数多くの問題を解くことが簿記・会計のさらなる理解を深めることになります。両方の参考書をセットとして学習にうまく活用し，簿記・会計への理解を，さらに高めていただきたいと思います。

日商簿記検定は，３級と２級について，2020年12月より，年３回（６月，11月，２月）の試験日に加えて，新試験（ネット試験）が導入されています。これまで実施されてきたペーパー試験（統一試験と呼んでいます）に加え，随時，試験の受験が可能なネット試験が並行して行われています。ネット試験は受験者の自宅ではなく，商工会議所が認定したテストセンターで受験し，実施から採点，合否判定，デジタル合格証の交付（即日交付）までインターネット上で行われています。

日商簿記検定の制度は，デジタル化時代の流れとともに変化しています。しかし，複式簿記の習得に必要な基本的知識は変わりがありません。本書「検定簿記講義」のようなテキストの内容をしっかり理解し，着実な学習を積み重ねれば，どのような出題・解答形式にも柔軟に対応することが可能となります。

本シリーズが，皆さんの受験対策，学習のためにさらに愛されていくことを，編著者一同，心より願っています。

2024年２月

編　著　者

本書の使い方

2

第9章 収益と費用

第10章 株式会社の純資産（資本）

第11章 税　　金

第12章 リース会計

4

第17章 連結会計

当社ホームページの「ビジネス専門書Online」から，基本問題／応用問題の解答用紙がダウンロードできます。
また，本書に関する情報も掲載しておりますので，ご参照ください。

「簿記講義」で検索！

Q 簿記講義　　　検索

本書の使い方

1.「学習のポイント」でざっくり内容をつかむ

まずは各章のはじめにある「学習のポイント」を読んで全体像を把握しましょう。ここでは，各章の内容が簡単にまとめられています。

> **学習のポイント**
> ➡仕訳から財務諸表の作成までの簿記一巡の手続を学びます。
> ➡財務諸表の体系を学びます。

2. 本文を読み込む

次は本文を読んでいきましょう。本書は数ある日商簿記検定試験のテキストの中でも，検定試験を熟知した著者が丁寧に解説したテキストです。本文をしっかり読み込むことで，1級などの上位級にもつながります。一度読んでわからない箇所は，繰り返し読み込むことが重要です。

3. 簿記特有の単語は「基本word」「応用word」でチェック

簿記では日常生活ではなじみのうすい単語や、専門用語が出てきます。これらは「基本word」「応用word」として解説しています。

★**端数利息**（はすうりそく）：債券が売買される際の，その直前の利払日の翌日から売買日までの期間に発生した利息をいいます。

> 「この単語は何だっけ？」というときには，巻末の索引を使いましょう。

4. 例題で理解度を確認

例題は確認問題です。学んだことが理解できているか確認しましょう。「解答へのアプローチ」には，問題の解き方やヒントが書かれています。最初は解答へのアプローチを見ながら解いてもかまいません。

> ☺**解答へのアプローチ**
> (1) 直前の利払日の翌日（4月1日）から売買日（6月19日）利息を計算し，端数利息として売り手に支払います。

> 例題を解く際のガイドとして活用してください。

5. 練習問題でステップアップ

例題で理解を深めたら，練習問題にチャレンジ！ 練習問題は「基本問題」と「応用問題」の２段階。まずは自力で解いてみて，その後に巻末の解答と照らし合わせましょう。

なお，解答用紙は当社のホームページ（https://www.chuokeizai.co.jp）から無料でダウンロードすることができます（下記参照）。練習問題を繰り返し解くことで，実力が身につきます。

●超簡単！ 【解答用紙】無料ダウンロード方法

① 当社ホームページから「ビジネス専門書Online」をクリックして，書籍検索欄に「簿記講義」と入力。

② 「簿記講義」シリーズの一覧が出てきますので，本書の画像をクリック

③ 「担当編集者コメント」欄にある解答用紙へのリンクをクリック

簿記講義シリーズへは，こちらの二次元コードからアクセスできます。

---

6. 総合模擬問題で試験対策

検定試験合格へ向けて，本試験レベルの問題にチャレンジしてみましょう。本書には本試験形式の総合模擬問題が収録されていますので，実際の試験時間を意識して解き，自己採点することで試験対策をしましょう。

7. さらに実戦力をつけるには

姉妹書の問題集『検定簿記ワークブック２級商業簿記』がオススメです。問題を数多く解くことで，スピードと正確性が高まります。

8. 最新情報は「会計人コースWeb」でチェック！

会計関連資格の合格を目指す方のためのWebサイト「会計人コースWeb」では，日商簿記検定試験の試験範囲や試験対策，開催予定などの最新情報をフォローしています。日商簿記２級合格に向けた情報や，日商簿記１級に進む際

「会計人コースWeb」へは，こちらの二次元コードからアクセスできます。

に参考になるコンテンツを紹介しています。また，公認会計士試験，税理士試験等の国家試験に挑戦する際にも役立つ情報が満載です。

　ぜひチェックしてみてください！

第1章

簿記一巡の手続と財務諸表

学習のポイント

➡仕訳から財務諸表の作成までの簿記一巡の手続を学びます。

➡財務諸表の体系を学びます。

➡損益計算書と貸借対照表の区分表示を学びます。

1 簿記一巡の手続

❶ 主要簿と補助簿

　簿記は，発生した取引を発生順に仕訳帳に記入し，次にすべての勘定口座の記録を行う総勘定元帳へ転記します。この2つの帳簿を主要簿といいます。主要簿には取引の詳細を記録することができないので，仕訳帳の補助として補助記入帳，総勘定元帳の補助として補助元帳を作成します。この補助記入帳と補助元帳を補助簿といいます。補助記入帳には，仕訳の詳細を記録する現金出納帳，当座預金出納帳，仕入帳，売上帳，受取手形記入帳，支払手形記入帳などがあります。補助元帳には総勘定元帳の勘定口座の詳細を記録する商品有高帳，仕入先元帳，得意先元帳などのほか，固定資産台帳など各種の台帳も含まれます。なお，現在は取引量の増大などにより，仕訳帳の代わりに伝票を用いる方法などが一般にとられています。

★**取引**：企業が行うさまざまな活動のうち経済価値の変動を伴う活動をいい，簿記上の記録の対象となるものです。具体的には，資産，負債，純資産，収益または費用の増減をもたらす企業活動を指します。

1

❷ 決　算

　期中の取引を記帳した各種帳簿を一定期日に締め切り，企業の経営成績と財政状態を明らかにする手続を決算といいます。決算の手続は，次の手順で行います。

　① 試算表の作成
　② 決算修正（整理）事項を収録する棚卸表の作成
　③ 決算修正（整理）事項にもとづく決算修正（整理）記入
　④ 各種帳簿の締切り
　⑤ 財務諸表の作成

　決算の方法には複数の方法がありますが，一般に英米式決算法が採用されています。英米式決算法では，資産・負債・資本に属する各勘定の残高を，仕訳帳を通さずに各勘定の記入金額の少ない側に直接記入し，摘要欄に次期繰越と記入して締め切る方法です。収益・費用の各勘定の残高は，仕訳帳を通して，決算集合勘定としての損益勘定に振り替えます。

❸ 試算表と精算表

　決算を正しく行うためには，期中の取引が正確に記録されていなければなりません。取引は，いずれかの勘定の借方と貸方に二面的に同額で記入されます。したがって，すべての勘定の借方の記入額合計と貸方の記入額合計は必ず一致します。この貸借平均の原理にもとづいて記帳の正否を検証するために作成されるのが試算表です。試算表には，各勘定の借方の記入合計額と貸方の記入合計額とによって作成される合計試算表，各勘定の借方残高と貸方残高とによって作成される残高試算表，合計試算表と残高試算表を1つの表にした合計残高試算表があります。

　正式な決算手続を行う前に，試算表の作成から財務諸表の作成に至るまでを予備的な一覧表として作成するのが精算表です。精算表は，決算手続を誤りなくしかも容易に行うための運算表です。精算表には，試算表欄，修正（整理）記入欄，損益計算書欄と貸借対照表欄による8桁精算表，そのうち修正（整理）記入欄のない6桁精算表などがあります。

２ 財務諸表の体系 ··

　企業は，一定期間の経営成績と一定時点の財政状態を明らかにするために，財務諸表を作成しなければなりません。２級の出題範囲に含まれている財務諸表は次のとおりです。詳しくは第15章で学びます。

① 　損益計算書
② 　貸借対照表
③ 　株主資本等変動計算書

　損益計算書は，一定期間の**経営成績**を明らかにするために，獲得した収益と費やされた費用とを対応する形式で作成されます。

　貸借対照表は，一定時点の**財政状態**を明らかにするために，資産，負債および純資産によって構成されます。

　株主資本等変動計算書は，一定期間の純資産の変動の状況を明らかにするために作成されます。２級ではそのうち株主資本およびその他有価証券評価差額金の変動部分のみが出題の範囲とされます。

３ 損益計算書 ··

　損益計算書（Profit and Loss statement：P/L）は，営業損益計算区分，経常損益計算区分および純損益計算区分の３つの区分にもとづいて作成されます。営業損益計算区分では，売上高から売上原価を控除して**売上総利益**を表示し，それから給料などの販売費及び一般管理費を控除して**営業損益**を計算します。経常損益計算区分では，営業損益に受取利息などの営業外収益と支払利息などの営業外費用を加減して**経常損益**を計算します。純損益計算区分では，経常損益に固定資産売却益や固定資産売却損など臨時的な損益からなる特別利益と特別損失を加減して**税引前当期純損益**を計算し，さらにそこから法人税等（法人税，住民税及び事業税）を控除して**当期純損益**を計算します。

　損益計算書の作成様式には，勘定式と報告式があります。勘定式は，勘定形式を用いて借方に費用，貸方に収益を記載する形式で作成されるのに対し，

報告式は，次のひな型のように営業損益計算区分，経常損益計算区分および純損益計算区分の順に作成されます（一部次章以降で扱う内容が含まれています）。

損 益 計 算 書

自××年××月××日　至××年××月××日

Ⅰ	売上高		×××
Ⅱ	売上原価		
	商品期首棚卸高	×××	
	当期商品仕入高	×××	
	合　計	×××	
	商品期末棚卸高	×××	×××
	売上総利益		×××
Ⅲ	販売費及び一般管理費		
	給料	×××	
	貸倒引当金繰入	×××	
	減価償却費	×××	
	旅費交通費	×××	
	消耗品費	×××	×××
	営 業 利 益		×××
Ⅳ	営業外収益		
	受取利息	×××	
	有価証券利息	×××	
	受取配当金	×××	×××
Ⅴ	営業外費用		
	支払利息	×××	
	有価証券評価損	×××	×××
	経 常 利 益		×××
Ⅵ	特別利益		
	固定資産売却益	×××	×××
Ⅶ	特別損失		
	固定資産売却損	×××	
	火災損失	×××	×××
	税引前当期純利益		×××
	法人税, 住民税及び事業税	×××	
	法人税等調整額	×××	×××
	当期純利益		×××

4 貸借対照表

　企業は，決算日現在の財政状態を明らかにするために資産，負債および資本の各勘定残高にもとづいて貸借対照表（Balance Sheet：B/S）を作成します。貸借対照表の作成にあたっては，資産，負債および資本の各勘定科目を適当に分類・区分・配列しなければなりません。

　資産の部は，流動資産，固定資産に区分し，さらに固定資産は，有形固定資産，無形固定資産および投資その他の資産に細区分します。

　負債の部は，流動負債と固定負債に区分します。

　純資産の部は，株主資本と評価・換算差額等に区分し，株主資本は資本金，資本剰余金および利益剰余金に細区分します。

　貸借対照表の作成様式には，損益計算書と同様に報告式と勘定式があります。勘定式による貸借対照表は次のように作成します（一部次章以降で扱う内容が含まれています）。

貸 借 対 照 表

××年××月××日現在

資産の部			負債の部		
Ⅰ 流動資産			Ⅰ 流動負債		
現金及び預金		×××	支払手形		×××
受取手形	×××		買掛金		×××
貸倒引当金	××	×××	未払費用		×××
売掛金	×××		未払法人税等		×××
貸倒引当金	××	×××	流動負債合計		×××
有価証券		×××	Ⅱ 固定負債		
商品		×××	長期借入金		×××
前払費用		×××	退職給付引当金		×××
未収収益		×××	固定負債合計		×××
流動資産合計		×××	負債合計		×××
Ⅱ 固定資産			純資産の部		
有形固定資産			Ⅰ 株主資本		
建物	×××		資本金		×××
減価償却累計額	×××	×××	資本剰余金		
備品	×××		資本準備金	×××	
減価償却累計額	×××	×××	その他資本剰余金	×××	
土地		×××	資本剰余金合計		×××
有形固定資産合計		×××	利益剰余金		
無形固定資産			利益準備金	×××	
のれん		×××	その他利益剰余金		
無形固定資産合計		×××	別途積立金	×××	
投資その他の資産			繰越利益剰余金	×××	
投資有価証券		×××	利益剰余金合計		×××
繰延税金資産		×××	株主資本合計		×××
投資その他の資産合計		×××	Ⅱ 評価・換算差額等		
固定資産合計		×××	その他有価証券評価差額金		×××
			評価・換算差額等合計		×××
			純資産合計		×××
資産合計		×××	負債及び純資産合計		×××

第2章 現金預金と債権の譲渡

学習のポイント

➡銀行勘定調整表の作成を学習します。

➡銀行からの残高証明書と企業の当座預金勘定残高の不一致の原因の分析と，企業の修正記入を学習します。

➡債権の譲渡について学習します。

1 銀行勘定調整表

　企業は，決算時や月末などに当座預金に関する帳簿記録の正確性を検証するために，銀行から残高証明書を入手して当座預金の勘定残高と照合を行います。双方の金額が一致しない場合には，銀行勘定調整表を作成し，不一致の原因を分析します。その際に，企業側で修正記入を行うべき事項があれば，必要な帳簿記入を行います。

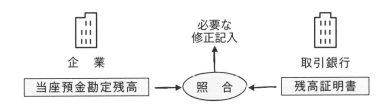

★**銀行勘定調整表**：残高証明書の金額と当座預金勘定の残高との不一致を分析するための表です。

2 預金残高の不一致の原因 ·······························

金額の不一致が生じる原因としては，企業による「誤記入」を除けば，次のようなものがあります。

① 企業では勘定記入しているが，銀行では記録していない取引

(1) 企業では預入れの記録済み ⇔ 銀行では未記入

　例：決算日に預け入れたが，銀行では翌日付で預入記入をしていた。

(2) 企業では引出しの記録済み ⇔ 銀行では未記入

　例：未取付小切手

② 銀行では記録されているが，企業では未記入の取引

(1) 銀行では預入れの記録済み ⇔ 企業では未記入

　例：得意先から売上債権の振込みがあったが，企業には未通知であった。

(2) 銀行では引出しの記録済み ⇔ 企業では未記入

　例：利息や公共料金などの引落しがあったが，企業には未通知であった。

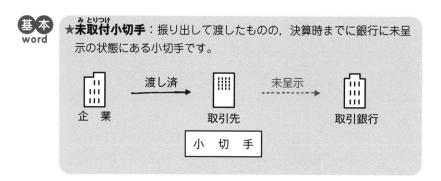

基本 word

★**未取付小切手**（みとりつけ）：振り出して渡したものの，決算時までに銀行に未呈示の状態にある小切手です。

企業　──渡し済──▶　取引先　- - 未呈示 - -▶　取引銀行

小　切　手

企業は，銀行で記録されていて企業では未記入の取引と誤記入について，必要な修正仕訳を行います。

3 銀行勘定調整表の作成 ‥‥‥‥‥‥‥‥‥‥‥‥‥

銀行勘定調整表の作成方法として，次の3つがあります。

① 銀行の残高証明書の残高に不一致の原因となる項目を加減して，企業の当座預金勘定の残高に一致させる方法

<u>銀行勘定調整表</u>

銀行の残高証明書残高		×××
（加算）企業のみ受入記入・銀行のみ引出記入	×××	
企業による誤記入	×××	×××
（減算）企業のみ引出記入・銀行のみ受入記入	×××	
企業による誤記入	×××	×××
当社の当座預金勘定残高		×××

② 企業の当座預金勘定の残高に不一致の原因となる項目を加減して，銀行の残高証明書の残高に一致させる方法

<u>銀行勘定調整表</u>

当社の当座預金勘定残高		×××
（加算）企業のみ引出記入・銀行のみ受入記入	×××	
企業による誤記入	×××	×××
（減算）企業のみ受入記入・銀行のみ引出記入	×××	
企業による誤記入	×××	×××
銀行の残高証明書残高		×××

③ 銀行の残高証明書の残高と企業の当座預金勘定の残高のそれぞれに
不一致の原因となる項目を加減して，2つの金額を一致させる方法

銀行勘定調整表

当社の当座預金勘定残高	×××	銀行の残高証明書残高	×××
（加算）		（加算）	
銀行のみ受入記入　×××		銀行受入未記入　×××	
誤記入等　×××　×××		×××　×××	
（減算）		（減算）	
銀行のみ引出記入　×××		未取付小切手　×××	
誤記入等　×××　×××		×××　×××	
	×××		×××

例題2－1

　次の資料から，(1)残高証明書の残高を当座預金勘定の残高にあわせる方法
と，(2)当座預金勘定の残高を残高証明書の残高にあわせる方法，および(3)残高
証明書の残高と当座預金勘定の残高のそれぞれに不一致の原因を加減する方
法によって，銀行勘定調整表を作成しなさい。また，決算時に必要な修正仕訳
を示しなさい。

[資　料]……………………………………………………………………………………

　決算日現在の当座預金勘定残高は¥515,000であり，銀行の残高証明書残高
は¥610,000であったので不一致の原因を調べたところ，次の事実が判明した。

① 　決算日に現金¥50,000を当座預金口座に預け入れたが，銀行ではそれを翌
日の入金として処理していた。

② 　仕入先に対する買掛金の支払いとして小切手¥42,000を振り出していた
が，仕入先は当該小切手を決算日時点で銀行に未呈示であった。

③ 　得意先から売掛金の回収として，当座預金口座に¥63,000が振り込まれて
いたが，通知が届いていなかった。

④ 　買掛金¥40,000の支払いとして同額の小切手を振り出したが，その際の記
帳を¥80,000と誤って処理していた。

😊 解答へのアプローチ

(1)の銀行勘定調整表を作成するには，残高証明書残高に，「企業のみ受入記入および銀行のみ引出記入」を加算し，「企業のみ引出記入および銀行のみ受入記入」を減算して，当座預金勘定残高に至ります。(3)の銀行勘定調整表を作成する際には，当社で修正すべき項目を把握します。

［解 答］……………………………………………………………

(1)　　　　　　　　　**銀行勘定調整表**

銀行の残高証明書残高		610,000
（加算）①翌日付預入分		50,000
（減算）②未取付小切手	42,000	
③回収未通知	63,000	
④買掛金支払誤記入	40,000	145,000
当社の当座預金勘定残高		515,000

(2)　　　　　　　　　**銀行勘定調整表**

当社の当座預金勘定残高		515,000
（加算）②未取付小切手	42,000	
③回収未通知	63,000	
④買掛金支払誤記入	40,000	145,000
（減算）①翌日付預入分		50,000
銀行の残高証明書残高		610,000

(3)　　　　　　　　　**銀行勘定調整表**

当社の当座預金勘定残高		515,000	銀行の残高証明書残高		610,000
（加算）③回収未通知	63,000		（加算）①翌日付預入分		50,000
④買掛金支払誤記入	40,000	103,000			
（減算）			（減算）②未取付小切手		42,000
		618,000			618,000

［修正仕訳］

③	（借）	当 座 預 金	63,000	（貸）	売 掛 金	63,000
④	（借）	当 座 預 金	40,000	（貸）	買 掛 金	40,000

次の資料から，下記の様式の銀行勘定調整表を完成させなさい。また，決算時に必要な修正仕訳を示しなさい。

[資　料]··

決算日現在の当座預金勘定残高は¥664,000であり銀行の残高証明書残高は¥650,000であったので不一致の原因を調べたところ，次の事実が判明した。

① 小切手の振出しによる手数料¥39,000の支払いについて，これを¥36,000と誤記入していた。

② 得意先から売掛金の回収として，当座預金口座に¥21,000が振り込まれていたが，通知が届いていなかったため未記入であった。

③ 仕入先に対する買掛金の支払いとして小切手¥37,000を振り出していたが，決算日時点でこの小切手は銀行に未呈示であった。

④ 決算日に売上代金¥69,000を当座預金口座に預け入れたが，銀行ではそれを時間外として翌日付で預入処理していた。

銀行勘定調整表

当社の当座預金勘定残高	664,000	銀行の残高証明書残高	650,000
（加算）		（加算）	
（減算）		（減算）	

➡ 解答は296ページ

4 債権の譲渡 ···

　企業は売掛金をなるべく早期に現金化するために，売掛金を第三者に譲渡することがあります。売掛金の譲渡は，売掛金の売却と考えて処理します。通常，売掛金の帳簿価額よりも低い金額で譲渡しますが，その差額は**債権売却損勘定**（費用）で処理されます。

例題2−2

　次の取引を仕訳しなさい。

(1)　山形商店に商品¥400,000を売り渡し，代金は掛けとした。

(2)　上記(1)の売上債権を¥370,000で売却し，代金は普通預金口座に振り込まれた。

解答へのアプローチ

(2)　譲渡する債権の金額と振り込まれた金額との差額は，債権売却損勘定で処理します。

[解　答]···

(1)　（借）売　　掛　　金　400,000　（貸）売　　　　上　400,000

(2)　（借）普　通　預　金　370,000　（貸）売　　掛　　金　400,000
　　　　　　債 権 売 却 損　 30,000

基本問題2−2

　次の取引を仕訳しなさい。

(1)　鹿児島商店に商品¥900,000を売り渡し，代金のうち¥200,000は当店振出しの小切手を受け取り，残額は掛けとした。

(2)　上記(1)の売上債権を¥680,000で売却し，代金は当座預金口座に振り込まれた。

➡ **解答は296ページ**

第 **3** 章

手　　　形

学習のポイント

➡手形の裏書・割引について学びます。

➡手形の更改について学びます。

➡手形の不渡り（手形の支払人が満期日の到来した手形代金の支払いを拒絶すること）に関する処理を学びます。

➡商品売買代金の決済以外の取引から生じる手形債権・債務について学びます。

➡電子記録債権および電子記録債務について学びます。

1 手形の裏書・割引 ‥‥‥‥‥‥‥‥‥‥‥‥‥‥‥‥‥‥

❶ 手形の裏書

　手形の所持人は，手形の満期日到来前に仕入代金の支払いや債務の弁済のために取引相手にその手形を譲渡することができます。これを**手形の裏書（裏書譲渡）**といい，裏書譲渡する者を裏書人，譲受する者を被裏書人といいます。裏書人は，手形の満期日に手形債務者が手形代金の支払いを拒絶（手形の不渡り）した場合に，被裏書人から手形代金の償還請求（遡求）を受けることがあります。手形の不渡りに関する仕訳は，本章の「**3**手形の不渡り」で学習します。

　商品の仕入時に，代金の支払いのために所持している手形を裏書譲渡した際には，手形債権の譲渡による受取手形の消滅を認識し，受取手形勘定の貸方に記入します。

［手形の裏書時］

（借）仕　　　　入	×××	（貸）受　取　手　形	×××

❷ 手形の割引

手形の満期日到来前に，金融機関などに手形を買い取ってもらい換金することを**手形の割引**といいます。通常は手形を割り引くと，その日より決済日までの利息相当額が控除され，手形金額よりも手取金のほうが少なくなるので，その差額を**手形売却損勘定**（費用）で処理します。利息相当額を求める場合には，次のように計算します。

$$利息相当額＝手形金額×年利率×\frac{割引日数}{365日}$$

手形の裏書と同様に手形の不渡りの場合には，手形を割り引いた金融機関から手形代金の償還請求を受けることがあります。

［手形の割引時］

（借）当 座 預 金	×××	（貸）受 取 手 形	×××
手 形 売 却 損	×××		

例題3－1

次の取引を仕訳しなさい。なお，仕訳不要の場合には，「仕訳なし」と答えること。

(1) 山形商店から商品¥700,000を仕入れ，代金は秋田商店振出しの約束手形¥500,000を裏書譲渡し，残額は約束手形を振り出して支払った。

(2) 上記の裏書譲渡した手形が，満期日に決済された旨の通知を受けた。

(3) 岩手商店から裏書譲渡されていた青森商店振出しの約束手形¥400,000を取引銀行で割り引き，割引料¥10,000が差し引かれた手取金を当座預金に預け入れた。

(4) 上記の手形が，満期日に決済された旨の通知を受けた。

［解　答］……………………………………………………………………

(1) （借）仕　　　　　入　700,000　（貸）受 取 手 形　500,000

支 払 手 形　200,000

(2) 仕訳なし

(3) （借）当 座 預 金 390,000 （貸）受 取 手 形 400,000

　　手 形 売 却 損 　10,000

(4) 仕訳なし

　次の取引を仕訳しなさい。

(1) 所持していた山口商会振出しの約束手形¥800,000を，福岡商店への買掛金支払いのために裏書譲渡した。

(2) かねて和歌山商店から受け取っていた約束手形¥500,000を取引銀行で割り引き，割引料¥20,000が差し引かれた手取金を当座預金に預け入れた。

➡ 解答は296ページ

2 手形の更改

　手形の支払人が手形所持人に対して支払いの延期を申し入れ，手形所持人の承諾を得て満期日の到来する手形（旧手形）を破棄し，満期日を延長した手形（新手形）を新たに振り出すことがあります。これを**手形の更改**といいます。

　手形を更改したときは，手形の支払人は，支払手形勘定の借方に旧手形の金額を記入し（旧手形の債務の減少を記録），支払手形勘定の貸方に新手形の金額を記入します（新手形の債務の発生を記録）。手形の受取人は，受取手形勘定の貸方に旧手形の金額を記入し（旧手形の債権の減少を記録），受取手形勘定の借方に新手形勘定の金額を記入します（新手形の債権の発生を記録）。

　期日の延長に伴う利息については，更改時に現金で授受されることもありますが，延長された満期日での授受とした場合は，新手形の金額にその利息額を含めます。

例題3−2

　次の取引について各手形当事者の仕訳を示しなさい。

16

　　熊本商店は，かねて振り出していた約束手形¥500,000について，手形の所持人である岩手商店に支払期日の延期を申し入れ，同店の承諾を得て，手形の更改を行った。なお，満期日の延長に伴う利息¥12,000については更改時に現金で授受を行った。

☺ 解答へのアプローチ

　　満期日の延長に伴う利息は更改時に現金で授受を行っているので，新しい手形の金額には含めません。

[解　答]‥‥‥‥‥‥‥‥‥‥‥‥‥‥‥‥‥‥‥‥‥‥‥‥‥‥‥‥‥‥‥‥

[熊本]	(借)	支　払　手　形	500,000	(貸)	支　払　手　形	500,000
	(借)	支　払　利　息	12,000	(貸)	現　　　　　金	12,000
[岩手]	(借)	受　取　手　形	500,000	(貸)	受　取　手　形	500,000
	(借)	現　　　　　金	12,000	(貸)	受　取　利　息	12,000

基本問題 3-2

　　次の取引を仕訳しなさい。

　　得意先の埼玉商店より，同店振出しの約束手形¥300,000について，手形の更改の申入れがあり，これを承諾して同店振出しの約束手形を受け取った。なお，新手形の金額は，支払期日の延期に伴う利息¥7,000を含めた金額とした。

➡ 解答は297ページ

3 手形の不渡り ‥‥‥‥‥‥‥‥‥‥‥‥‥‥‥‥‥‥‥‥‥‥‥‥

　　手形債務者が，満期日の到来した手形代金の支払いを拒絶することがあります。これを**手形の不渡り**といい，そのような状態の手形を**不渡手形**といいます。

　　所持している手形が不渡りになった場合には，その金額を受取手形勘定から**不渡手形勘定**（資産）に振り替えます。これは，手形の所持人による手形の振出人または裏書人に対する償還請求（遡求）が可能となるためです。遡

求のために必要となる諸費用やその他の諸費用（期日以降の利息など）を支払った場合には，それらも手形の振出人または裏書人に請求できるので，それらの金額を不渡手形勘定の借方に含めます。

　また，手形の裏書・割引をした企業が，当該手形の不渡りによって遡求を受け請求金額を支払ったときには，その金額を不渡手形勘定の借方に記入します。さらに，手形の振出人または裏書人に対して遡求手続を行った際の費用も，不渡手形勘定の借方に記入します。

　不渡手形勘定で処理し，その後，請求した金額を回収できた場合には，不渡手形勘定の貸方に記入します。その際，支払遅延に伴う利息を受け取ったならば，受取利息勘定で処理します。

　なお，不渡手形が回収不能であると判明した場合には，貸倒れの処理を行います。

★**不渡手形勘定**：満期日に決済されなかった手形債権を表す資産の勘定です。所持している手形が不渡りになった場合，受取手形勘定と区別して不渡手形勘定に振り替えます。また，裏書・割引した手形が不渡りになった場合の請求に応じて請求金額を支払った際には，手形債務者に対して遡求を行いますが，これも不渡手形勘定で処理します。

例題3−3

　次の取引を仕訳しなさい。

(1)　かねて東京商店より裏書譲渡されていた約束手形¥200,000が不渡りになったので，ただちに償還請求の諸費用¥5,000とともに，東京商店に請求を行った。なお，諸費用は現金で支払った。

(2)　上記の償還請求していた不渡手形について，東京商店より遅延利息¥600とともに小切手で受け取り，ただちに当座預金に預け入れた。

(3)　かねて弘前商店に裏書譲渡していた約束手形¥200,000（盛岡商店振出し）について不渡りとなったため，同店より償還請求の費用¥5,000とともに請求を受け，遅延利息¥600を含めて小切手を振り出して支払った。

(4)　上記(3)の盛岡商店に対して償還請求していた金額のうち，¥80,000を現金

で回収したが，残金は回収の見込みがたたずに償却した。なお，貸倒引当金
勘定の残高は¥150,000であった。

(5) 取引銀行で割り引いた約束手形¥500,000が不渡りとなった旨の通知を受
け，同行に手形金額と法定利息¥400を当座預金口座から支払った。併せて
約束手形を振り出した盛岡商店に対して償還請求を行った。その費用
¥3,000は現金で支払った。

😊 解答へのアプローチ

(1)は所持している約束手形が不渡りとなった問題です。

(3)(5)は裏書・割引した約束手形が不渡りとなり，遡求を受けて支払った金額
を不渡手形勘定に記入します。

(1)(3)(5)の償還請求に関する諸費用や遅延利息などは不渡手形勘定の金額に
含めます。

[解 答]••

(1)	(借)	不 渡 手 形	205,000	(貸)	受 取 手 形	200,000
					現 金	5,000
(2)	(借)	当 座 預 金	205,600	(貸)	不 渡 手 形	205,000
					受 取 利 息	600
(3)	(借)	不 渡 手 形	205,600	(貸)	当 座 預 金	205,600
(4)	(借)	現 金	80,000	(貸)	不 渡 手 形	205,600
		貸 倒 引 当 金	125,600			
(5)	(借)	不 渡 手 形	503,400	(貸)	当 座 預 金	500,400
					現 金	3,000

基本問題 3-3

次の取引を仕訳しなさい。

(1) かねて大阪商店に裏書譲渡していた約束手形¥600,000について，同
店より不渡りとなった旨の通知を受け，手形代金に償還請求に必要な
諸費用¥4,200および遅延利息¥800を含めて小切手を振り出して支払
った。

(2)　かねて取引銀行で割り引いた約束手形¥500,000が不渡りとなった旨の通知を受け，同行に手形金額と法定利息¥400を当座預金口座から支払った。

(3)　上記(2)の手形の不渡りについて，手形振出人に償還請求の費用¥10,000を含めて請求を行った。なお，その費用¥10,000は小切手を振り出して支払った。

(4)　上記(2)(3)の償還請求額と法定利息¥1,600が，手形振出人より当店の当座預金口座に払い込まれた。

➡ 解答は297ページ

4 営業外受取手形・営業外支払手形

　通常の商品の仕入または買掛金の支払いにあたり約束手形を振り出した際には，支払手形勘定で処理しました。また，商品の売上または売掛金の回収にあたり約束手形を受け取った際には，受取手形勘定で処理しました。

　これに対して，商品の仕入取引以外の取引，たとえば車両や備品等の購入のために約束手形を振り出した場合には，**営業外支払手形勘定**（負債）を用いて，支払手形勘定と区別して処理します。同様に，不用となった車両や備品等の売却により約束手形を受け取った場合には，**営業外受取手形勘定**（資産）を用いて処理します。

例題3-4

次の取引を仕訳しなさい。

(1)　当社は，営業用トラック¥3,500,000を購入し，代金のうち¥500,000を小切手を振り出して支払い，残額は約束手形を振り出した。取得に必要な諸費用¥300,000を現金で支払った。

(2)　上記(1)の約束手形の支払期日が到来し，当座預金口座から引き落とされた。

(3)　事業用に使用していた土地（帳簿価額¥3,800,000）を¥4,000,000で売却し，代金は同額の相手方振出しの約束手形で受け取った。

(4)　上記(3)の約束手形の支払期日が到来し，当座預金口座に払込みがあった。

☺ 解答へのアプローチ

　商品売上によって受け取った約束手形（受取手形勘定で処理）または商品仕入に伴い振り出した約束手形（支払手形勘定で処理）と区別して，商品売買以外で受け取った約束手形・振り出した約束手形を営業外受取手形勘定・営業外支払手形勘定で処理します。

[解　答]‥‥‥‥‥‥‥‥‥‥‥‥‥‥‥‥‥‥‥‥‥‥‥‥‥‥‥‥‥‥‥‥‥‥

(1)	(借)	車 両 運 搬 具	3,800,000	(貸)	当 座 預 金	500,000
					営業外支払手形	3,000,000
					現　　　　　金	300,000
(2)	(借)	営業外支払手形	3,000,000	(貸)	当 座 預 金	3,000,000
(3)	(借)	営業外受取手形	4,000,000	(貸)	土　　　　　地	3,800,000
					固定資産売却益	200,000
(4)	(借)	当 座 預 金	4,000,000	(貸)	営業外受取手形	4,000,000

基本問題 3-4

　次の取引を仕訳しなさい。

(1)　当社は，事業用に土地¥2,200,000を購入し，代金のうち¥500,000は所持していた大分商店振出しの約束手形を裏書譲渡し，残額は約束手形を振り出して支払った。取得に必要な諸費用¥200,000は小切手を振り出して支払った。

(2)　上記(1)の約束手形の支払期日が到来し，当座預金口座から引き落とされた。

(3)　期首に，不用となった商品陳列用の棚（取得原価¥800,000，期首の減価償却累計額¥512,000）を¥250,000で売却し，代金は同額の相手方振出しの約束手形で受け取った。

(4)　上記(3)の約束手形の支払期日が到来し，当座預金口座に払込みがあった。

➡ 解答は297ページ

5 電子記録債権・電子記録債務 ··························

　手形債権と同様に，電子記録債権も譲渡や割引を行うことができます。電子化された債権であることから，債権を分割して譲渡や割引をすることが可能となります。

　仕入先に対する買掛金の支払いのために取引銀行を通じて電子記録債権の譲渡記録を行ったときは次のように処理します。

| （借） 買　　掛　　金 | ××× | （貸） 電 子 記 録 債 権 | ××× |

　電子記録債権の割引を行うために取引銀行に債権の譲渡記録を行い，利息相当額が差し引かれた金額が当座預金口座に振り込まれたときは，次のように処理します。

| （借） 当　座　預　金 | ××× | （貸） 電 子 記 録 債 権 | ××× |
| 　　　電子記録債権売却損 | ××× | | |

　また，固定資産の売買のような通常の営業取引以外の取引にもとづく債権・債務を電子化して記録する場合には，**営業外電子記録債権勘定**（資産）・**営業外電子記録債務勘定**（負債）を用いて処理します。

　固定資産を購入した際の未払金について，取引銀行を通じて債務の発生記録を請求した際は次のようになります。

| （借） 未　　払　　金 | ××× | （貸） 営業外電子記録債務 | ××× |

　固定資産を売却した際の未収入金について，取引銀行を通じて債権の発生記録の通知を受けた際は次のように処理します。

| （借） 営業外電子記録債権 | ××× | （貸） 未　収　入　金 | ××× |

例題3−5

　次の一連の取引を仕訳しなさい。

(1)　千代田商店は新宿商店に対する買掛金¥300,000の支払いのため，電子債権記録機関に取引銀行を通じて債務の発生記録を行った。また，新宿商店は取引銀行よりその通知を受けた（両商店の仕訳を示しなさい）。

(2)　新宿商店は，世田谷商店に対する買掛金¥200,000の支払いのため，取引銀行を通じて上記(1)の電子記録債権の一部譲渡記録を行った。

(3) 新宿商店は，千代田商店に対する電子記録債権残高¥100,000について，割引を行うために取引銀行への債権の譲渡記録を行い，取引銀行から利息相当額¥2,000を差し引かれた残額が当座預金口座へ振り込まれた。

😊解答へのアプローチ

(1) 債務の発生記録を行った千代田商店は電子記録債務を計上します。発生記録の通知を受けた新宿商店は電子記録債権を計上します。
(2) 電子記録債権を譲渡するので，譲渡額を電子記録債権勘定の貸方に記入します。
(3) 電子記録債権の割引を行うので，譲渡額を電子記録債権勘定の貸方に記入します。

[解 答]

(1) 千代田商店
　　(借) 買 　掛 　金　300,000　(貸) 電 子 記 録 債 務　300,000
　　新宿商店
　　(借) 電 子 記 録 債 権　300,000　(貸) 売 　掛 　金　300,000
(2) (借) 買 　掛 　金　200,000　(貸) 電 子 記 録 債 権　200,000
(3) (借) 当 座 預 金　98,000　(貸) 電 子 記 録 債 権　100,000
　　　　電子記録債権売却損　2,000

例題3-6

次の取引を仕訳しなさい。
(1) 事業用の土地を購入した際の未払金¥4,000,000について，取引銀行を通じて電子債権記録機関に債務の発生記録を請求した。
(2) 備品を売却した際の未収入金¥600,000について，電子債権記録機関から取引銀行を通じて債権の発生記録の通知を受けた。

😊解答へのアプローチ

通常の営業取引にもとづく電子記録債権勘定・電子記録債務勘定と区別し

て，商品売買以外の取引で生じた債権・債務を電子化する場合は，営業外電子記録債権勘定・営業外電子記録債務勘定で処理します。

［解　答］‥‥‥‥‥‥‥‥‥‥‥‥‥‥‥‥‥‥‥‥‥‥‥‥‥‥‥‥‥‥‥‥‥‥‥‥‥‥

(1)　（借）　未　払　金　　4,000,000　（貸）　営業外電子記録債務　4,000,000

(2)　（借）　営業外電子記録債権　600,000　（貸）　未　収　入　金　　600,000

基本問題 3−5

次の取引を仕訳しなさい。

(1)　買掛金¥200,000の支払いのため，取引銀行を通じて電子債権記録機関に債務の発生記録を請求した。

(2)　売掛金¥300,000について，電子債権記録機関から取引銀行を通じて債権の発生記録の通知を受けた。

(3)　電子債権記録機関に発生記録した債務¥200,000について，支払期日が到来し当座預金口座から引き落とされた。

(4)　電子債権記録機関より発生記録の通知を受けていた債権¥300,000の支払期日が到来し，当座預金口座に振り込まれた。

(5)　未払金¥100,000の支払いのため，電子債権記録機関に取引銀行を通じて保有する電子記録債権の譲渡記録を行った。

(6)　電子記録債権¥200,000の割引を行うため，電子債権記録機関に取引銀行への譲渡記録を行い，取引銀行から利息相当額¥6,000を差し引かれた残額が当座預金口座へ振り込まれた。

(7)　事業用に購入したパソコンの支払債務¥600,000について，取引銀行を通じて電子債権記録機関に債務の発生記録を請求した。

(8)　商品配送用に使用していた車両を売却した際の債権¥250,000について，電子債権記録機関から取引銀行を通じて債権の発生記録の通知を受けた。

➡ 解答は298ページ

第 4 章

有 価 証 券

学習のポイント

➡有価証券の４つの区分について学びます。

➡売買目的有価証券の取得と売却，決算時の評価（時価）と翌期首の洗替処理と切放処理について学びます。

➡満期保有目的債券の取得と決算時の評価（取得原価と償却原価法）について学びます。

➡子会社株式・関連会社株式の取得と決算時の評価（取得原価）について学びます。

➡その他有価証券の取得，決算時の評価（時価）と翌期首の洗替処理について学びます。

➡その他有価証券として保有している株式の追加取得について学びます。

1 有価証券とは

　有価証券には株式，社債，国債，地方債などがあります。

　株式とは，資金を調達するために株式会社が発行した証券を保有することでその会社の株主となり，その地位や権利を表すものです。現在は，紙ではなく電子化が進められています。学習の参考上，電子化される前に発行されていた紙の株券のイメージ図を示します。

[株券のイメージ図]

　社債（もしくは国債や地方債）とは，資金を調達するために，株式会社（もしくは国や地方自治体）が発行した証券を保有することでその会社（もしくは国や地方自治体）に資金を貸し付け，その回収や利息受取りの権利を表すものです。

　つまり，社債を発行した会社は資金を借りたことになり，社債を保有する者は資金を貸し付けていることになります。社債等の保有者の利息の受取りについては，社債等に付いている利札（りふだ，りさつ）の期限が到来した分を切り取り，指定の金融機関に呈示して支払いを受けることになります。債券の電子化も進められていますが，紙の社債券のイメージ図を示します。

[社債券のイメージ図]

② 有価証券の区分 ·······························

❶ 売買目的有価証券

　売買目的有価証券とは，時価の変動により利益を得ることを目的として保有する株式および社債（もしくは国債や地方債）をいいます。

　貸借対照表上，流動資産に有価証券として区分表示されます。

❷ 満期保有目的債券

　満期保有目的債券とは，満期まで所有する意図をもって保有する社債（もしくは国債や地方債）をいいます。

　1年以内に満期の到来するものは貸借対照表上，流動資産に有価証券として区分表示され，それ以外のものは固定資産の投資その他の資産に投資有価証券として区分表示されます。

❸ 子会社株式および関連会社株式

　子会社株式とは他社を支配するために保有している株式をいい，関連会社株式とは他社に影響力を及ぼすために保有している株式をいいます。

　貸借対照表上，固定資産の投資その他の資産に関係会社株式として区分表示されます。

❹ その他有価証券

　その他有価証券とは，上記のいずれにも分類されない有価証券をいいます。これには，長期的な利殖を目的として保有する株式や，取引先等の業務上の関係から長期保有する株式等が含まれます。

　貸借対照表上，固定資産の投資その他の資産に投資有価証券として区分表示されます。

　有価証券に関する取引は，取得（購入），期末評価（決算整理），売却です。この後の学習の前に，関連する取引の仕訳例を示します。

① （売買目的で）株式を取得し，代金を当座預金口座から支払ったとき

（借）　売買目的有価証券　×××　（貸）　当　座　預　金　×××

② 株式を売却し，代金を現金で受け取ったとき（帳簿価額より売却価額の
ほうが高かった場合）

（借）　現　　　　　　金　×××　（貸）　売買目的有価証券　×××
　　　　　　　　　　　　　　　　　　　　有価証券売却益　　×××

③ 株式を保有しており，この株式について配当金領収証を受け取ったとき

（借）　現　　　　　　金　×××　（貸）　受　取　配　当　金　×××

　配当金領収証は直ちに換金できる証券であり，受領時点で現金で処理し，
受取配当金勘定（収益）を計上します。

④ 保有している社債等について，利札の期日が到来したとき

（借）　現　　　　　　金　×××　（貸）　有　価　証　券　利　息　×××

　支払期日の到来した利札は直ちに換金できる証券であり，到来した期日に
現金で処理し，有価証券利息勘定（収益）を計上します。

3 売買目的有価証券 ………………………………………………………

❶ 売買目的有価証券の売買

　売買目的有価証券を取得したときは，その取得原価を**売買目的有価証券勘定**（資産）の借方に記入します。取得原価には，購入代価のほかにその購入
に要した手数料等の付随費用も含めます。

　同一銘柄の株式や債券を異なる単価で数回にわたって購入したのち決算を
迎える前にその一部を売却した場合，総平均法または移動平均法によって帳
簿単価を算出して帳簿価額を求めます。売却価額から帳簿価額を差し引いた
金額がプラスの場合には時価の上昇により購入時より高く売ることができて
利益を得ているので**有価証券売却益**（または有価証券運用益）**勘定**（収益）
に，マイナスの場合には時価の下落により購入時より低い金額でしか売るこ
とができなかったため，**有価証券売却損**（または有価証券運用損）**勘定**（費
用）に記入します。

　公債や社債を売買する場合には，その利息が問題となります。公債や社債

を保有していることは，それを発行した企業等から利息を受け取ることにつながるからです。公債や社債のように定期的に利息の支払われる債券が利払日と異なる日に売買された場合，その直前の利払日の翌日から売買日までの期間に発生した利息（端数利息）は売り手に帰属するので，通常は債券の価額とともに買い手側から売り手に対して支払われます。買い手は端数利息を**有価証券利息勘定**（収益）の借方に記入（すなわち買い手に帰属しない分の利息収益のマイナスを意味します）し，次の利払日が到来（または利払日の前に売却）したら，受け取る利息をその貸方に記入します。

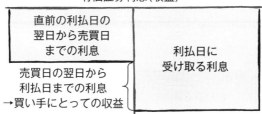

有価証券利息（収益）

★**端数利息**：債券が売買される際の，その直前の利払日の翌日から売買日までの期間に発生した利息をいいます。

　一方で，売り手は買い手から受け取った売買日までの端数利息を有価証券利息勘定の貸方に記入します。

例題4−1

　次の取引を仕訳しなさい。

(1)　売買目的で山形商事株式会社の株式3,000株を1株¥200で購入し，代金は手数料¥6,000とともに当座預金口座から支払った。

(2)　当期に売買目的で購入していた秋田商事株式会社の株式20,000株（12,000株は1株につき¥250で，8,000株は1株につき¥270で購入）のうち5,000株を1株につき¥280で売却し，代金は現金で受け取った。なお，株式の1株当たり単価は総平均法によるものとする。

😊 解答へのアプローチ

(2) 売却した株式の1株当たりの帳簿単価は総平均法によって計算します。

$$帳簿単価 = \frac{12,000株 \times @¥250 + 8,000株 \times @¥270}{12,000株 + 8,000株} = @¥258$$

[解答]..

(1)	(借)	売買目的有価証券	606,000	(貸)	当 座 預 金	606,000
(2)	(借)	現　　　　金	1,400,000	(貸)	売買目的有価証券	1,290,000
					有価証券売却益	110,000

例題4−2

次の一連の取引を仕訳しなさい。

(1) 6月19日　売買目的で長崎商事株式会社の社債（額面総額¥4,000,000）を額面¥100につき¥95で購入し，代金は端数利息を含めて当座預金口座から支払った。なお，この社債の利率は年7.3％，利払日は3月および9月の各末日の年2回であり，半年分（月割）ずつ支払われる条件となっている。端数利息は1年を365日として日割りで計算する。

(2) 9月30日　上記社債の利札¥146,000の期限が到来した。

😊 解答へのアプローチ

(1) 額面総額は社債券等の債券に記載された金額です。直前の利払日の翌日（4月1日）から売買日（6月19日）までの80日分の利息を計算し，端数利息として売り手に支払います。

$$端数利息 = ¥4,000,000 \times 7.3\% \times \frac{80日（4月1日～6月19日）}{365日} = ¥64,000$$

(2) 期限の到来した利札は，簿記上現金として取り扱います（通貨代用証券）。利札は，公社債に付属する利息を受け取ることのできる証券のことをいいます。

[解　答]‥‥‥‥‥‥‥‥‥‥‥‥‥‥‥‥‥‥‥‥‥‥‥‥‥‥‥‥‥‥‥‥‥‥‥‥‥‥

(1) （借）　売買目的有価証券　　3,800,000　（貸）　当 座 預 金　　3,864,000

　　　　　　有価証券利息　　　　64,000

(2) （借）　現　　　　　　金　　　146,000　（貸）　有価証券利息　　　146,000

基本問題 4-1

　次の取引を仕訳しなさい。

　当期に売買目的で購入していた熊本商事株式会社の株式6,000株（1回目：1,500株を1株につき¥200，2回目：2,500株を1株につき¥220，3回目：2,000株を1株につき¥250）のうち2,000株を1株につき¥270で売却し，手数料¥5,000を差し引かれた手取金は月末に受け取ることとした。

　ただし，売却損益は手数料を相殺して計上すること。

　なお，株式の1株当たり単価は総平均法によっている。

➡ 解答は298ページ

基本問題 4-2

　次の取引について栃木商事株式会社と群馬商事株式会社の仕訳を示しなさい。

　12月12日に，栃木商事株式会社は売買目的で購入していた山梨商事株式会社の社債（額面総額¥3,000,000，帳簿価額¥2,850,000）を額面¥100につき¥97で群馬商事株式会社に売却し，代金は端数利息を含めて両社の普通預金口座間の口座振込で受け取った。この社債の利率は年4.0%，利払日は3月および9月の各末日である。端数利息は1年を365日として日割りで計算する。なお，群馬商事株式会社は同有価証券を売買目的で購入した。

➡ 解答は299ページ

❷ 売買目的有価証券の期末評価

　売買目的有価証券は売買目的有価証券勘定で処理し，決算時に時価をもって貸借対照表価額とし，評価差額は当期の損益として処理します。この時価

による評価替えを**時価法**といいます。時価が帳簿価額（簿価）を上回るときはその差額を**有価証券評価損益**（または有価証券評価益）**勘定**の貸方に記入し，時価が簿価を下回るときは有価証券評価損益（または有価証券評価損）勘定の借方に記入します。

　前期末に計上した売買目的有価証券の評価差額は，翌期において**洗替処理**または**切放処理**のいずれによることも認められています。

　★**洗替処理**：時価法による評価差額を，翌期首における帳簿価額に加減算し取得原価に戻す処理をいいます。
　★**切放処理**：時価法による期末時価を，そのまま翌期における帳簿価額とする方法をいいます。

例題4－3

　決算時に保有している売買目的の有価証券（A社株式：帳簿価額¥510,000，時価¥490,000，B社株式：帳簿価額¥410,000，時価¥440,000，C社社債：帳簿価額¥350,000，時価¥360,000）について，決算時の仕訳を示しなさい。

😊**解答へのアプローチ**

　A社株式には評価損，B社株式およびC社社債には評価益が生じていますが，評価益と評価損は相殺します。

［解　答］‥‥‥‥‥‥‥‥‥‥‥‥‥‥‥‥‥‥‥‥‥‥‥‥‥‥‥‥‥‥
（借）　売買目的有価証券　　20,000　（貸）　有価証券評価損益　　20,000

　なお，洗替処理をとる場合には，翌期首において次の仕訳を行い，売買目的有価証券を取得原価に戻します。これに対し，切放処理では，当期末の時価が翌期の帳簿価額となるため取得原価に戻す処理を行いません。
［翌期首の処理］
（借）　有価証券評価損益　　20,000　（貸）　売買目的有価証券　　20,000

基本問題 4−3

次の取引を仕訳しなさい。

(1) 売買目的で購入した奈良商事株式会社の株式4,000株（帳簿価額 1 株当たり¥500）について，期末の時価が 1 株当たり¥700となっている。

(2) 当期に売買目的で購入した兵庫商事株式会社の社債（額面総額¥5,000,000を額面¥100につき¥97で取得）について，期末の時価が額面¥100につき¥96となっている。

➡ 解答は299ページ

4 満期保有目的債券 ……………………………………

❶ 満期保有目的債券の取得

債券を満期保有目的で取得したときは，その取得原価を**満期保有目的債券勘定**（資産）の借方に記入します。取得原価には，購入代価のほかにその購入に要した手数料等の付随費用も含めます。取得時に，売り手に対して端数利息を支払った場合には，売買目的有価証券と同様に処理します。

例題 4−4

次の取引を仕訳しなさい。

(1) 満期保有目的で長野商事株式会社の社債（額面総額¥3,000,000）を額面¥100につき¥97で購入し，手数料¥30,000を含めて当座預金口座から支払った。

(2) 12月19日　満期保有目的で長崎商事株式会社の社債（額面総額¥2,000,000，利率：年7.3％，利払日：3月および9月の各末日）を額面¥100につき¥95で購入し，代金は支払手数料¥20,000および端数利息を含めて当座預金口座から支払った。

😊 解答へのアプローチ

(2) 端数利息は次のように計算します。

$$端数利息 = ¥2,000,000 \times 7.3\% \times \frac{80日（10月 1 日〜12月19日）}{365日} = ¥32,000$$

直前の利払日の翌日（10月1日）から売買日までの80日分の利息を端数利息として売り手に支払います。

[解　答]...

(1) （借）満期保有目的債券　2,940,000　（貸）当　座　預　金　2,940,000

(2) （借）満期保有目的債券　1,920,000　（貸）当　座　預　金　1,952,000

　　　　有価証券利息　　　　 32,000

基本問題 4-4

次の取引を仕訳しなさい。

6月12日　満期保有目的で千葉商事株式会社の社債（額面総額¥4,000,000，利率：年6.0%，利払日：3月および9月の各末日）を額面¥100につき¥95で購入し，代金は支払手数料¥50,000および端数利息を含めて当座預金口座から支払った。

❷ 満期保有目的債券の期末評価

満期保有目的の債券は満期保有目的債券勘定で処理し，決算時の評価は取得原価をもって貸借対照表価額とします。ただし，債券を債券金額より低い価額または高い価額で取得した場合において，その差額が金利の調整と認められるときは，その差額を償還期まで一定の方法で貸借対照表価額に加減します。この方法を**償却原価法**といいます。

償却原価法（定額法）は，額面金額と取得価額との差額を，期間に応じた一定額で帳簿価額に毎期期間配分すると同時に，その差額分を**有価証券利息勘定**で処理します。

たとえば，20X1年7月1日に償還日（20X5年3月31日）まで保有する目的で社債（額面総額¥2,000,000）を額面¥100につき¥95.5で購入したとします。取得日から満期日まで保有する45カ月間にわたり，満期保有目的債券の取得価額¥1,910,000と額面総額¥2,000,000の差額¥90,000を月数により期間配分し，貸借対照表価額を増加させます。決算日が3月31日の場合，20X2年3月31日決算では，次のように処理します。

（借）　満期保有目的債券　18,000　（貸）　有 価 証 券 利 息　18,000※

※　$¥2,000,000 \times \dfrac{¥100 - ¥95.5}{¥100} \times \dfrac{9 カ月}{45 カ月}$

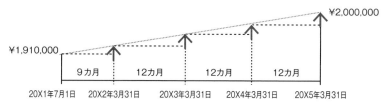

例題4－5

満期保有目的債券に関する資料により，下記の問いに答えなさい。

[資　料]……………………………………………………………………………

⑴　20X1年10月1日に償還日（20X4年3月31日）まで保有する目的で高尾
　商事株式会社社債（額面総額¥3,000,000，利率：年2％，利払日：3月お
　よび9月の各末日）を額面¥100につき¥97で購入し，代金は当座預金口座
　から支払った。なお，取得価額と額面総額との差額は，すべて金利の調整と
　認められる。

⑵　決算（決算日：3月31日）に際し，上記社債に償却原価法（定額法）を適
　用する。償却原価法の適用による計算は月割計算とする。

問1　取得時（20X1年10月1日）の仕訳を示しなさい。

問2　20X2年3月31日　利払日につき半年分の利息が普通預金口座に振り込
　まれたことによる仕訳を示しなさい。

問3　20X2年3月31日　決算の際の償却原価法（定額法）を適用する決算整
　理仕訳を示しなさい。

問4　20X3年3月31日　決算につき償却原価法（定額法）を適用する決算整
　理仕訳を示しなさい。

😊 解答へのアプローチ

問1　取得原価で満期保有目的債券の借方に記入します。

35

問2 社債を保有することによって受け取った利息は有価証券利息勘定に計上します。

$$\text{有価証券利息の金額} = \text{社債の額面総額¥3,000,000} \times 2\% \times \frac{6\text{カ月}}{12\text{カ月}} = ¥30,000$$

問3 金利の調整と認められた取得価額と額面総額との差額を期間に応じた一定額で満期保有目的債券の帳簿価額に毎期期間配分すると同時に，有価証券利息勘定に計上します。

取得から償還日までの保有期間の月数は30カ月です。

$$\text{満期保有目的債券の増加額} = ¥3,000,000 \times \frac{¥100 - ¥97}{¥100} \times \frac{6\text{カ月}}{30\text{カ月}}$$

問4

$$\text{満期保有目的債券の増加額} = ¥3,000,000 \times \frac{¥100 - ¥97}{¥100} \times \frac{12\text{カ月}}{30\text{カ月}}$$

[解 答]‥‥‥‥‥‥‥‥‥‥‥‥‥‥‥‥‥‥‥‥‥‥‥‥‥‥‥‥‥‥‥‥‥‥‥

問1 （借） 満期保有目的債券　2,910,000　（貸） 当 座 預 金　2,910,000

問2 （借） 普 通 預 金　　 30,000　（貸） 有 価 証 券 利 息　　 30,000

問3 （借） 満期保有目的債券　 18,000　（貸） 有 価 証 券 利 息　　 18,000

問4 （借） 満期保有目的債券　 36,000　（貸） 有 価 証 券 利 息　　 36,000

基本問題 4-5

満期保有目的債券に関する資料により，(1)～(3)の仕訳を示しなさい。

[資 料]‥‥‥‥‥‥‥‥‥‥‥‥‥‥‥‥‥‥‥‥‥‥‥‥‥‥‥‥‥‥‥‥‥‥

1. 20X1年10月1日に満期保有目的で横浜商事株式会社社債（額面総額¥4,000,000，償還日：20X5年3月31日，利率：年2％，利払日：3月および9月の各末日）を額面¥100につき¥97.9で購入し，代金は当座預金口座から支払った。なお，取得価額と額面総額との差額は，すべて金利の調整と認められる。

2. 決算（決算日：3月31日）に際し，上記社債に償却原価法（定額法）を適用する。償却原価法の適用による計算は月割計算とする。

(1) 20X1年10月1日　　上記の社債を取得した。

(2) 20X2年3月31日　利払日が到来し普通預金口座に利息が払い込まれた。

(3) 20X2年3月31日　決算につき満期保有目的債券に償却原価法を適用した。

➡ 解答は300ページ

基本問題 4-6

資料により，(1)および(2)の仕訳を示しなさい。

[資　料]‥‥‥‥‥‥‥‥‥‥‥‥‥‥‥‥‥‥‥‥‥‥‥‥‥‥‥‥‥‥‥‥‥‥

20X1年7月1日に満期保有目的で群馬商事株式会社社債（額面総額：¥2,000,000，取得価額：¥1,946,000，償還日：20X4年6月30日，利率：年3.0%，利払日：6月および12月の各末日）を取得した。なお，取得価額と額面総額との差額は，すべて金利の調整と認められる。

(1) 20X2年3月31日　決算につき上記社債に償却原価法（定額法）を適用する。償却原価法の適用による計算は月割計算とする。

(2) 20X2年3月31日　決算につき上記社債の未収分の有価証券利息を計上する。

➡ 解答は301ページ

5 子会社株式および関連会社株式 ‥‥‥‥‥‥‥‥‥‥‥‥

❶ 子会社株式および関連会社株式の取得

　子会社株式または関連会社株式を取得したときは，その取得原価を**子会社株式勘定**（資産）または**関連会社株式勘定**（資産）の借方に記入します（株式の取得により，当該株式の発行会社が子会社となるときは子会社株式勘定，関連会社となる（影響力を及ぼせるようになる）場合には関連会社株式勘定に記入します）。取得原価には，購入代価のほかにその購入に要した手数料等の付随費用も含めます。

　なお，取引先等である発行会社の株式を段階的に追加取得することによっ

て，当該株式が子会社株式または関連会社株式となる場合があります。これについては，次の「**6** その他有価証券」を参照してください。

❷ 子会社株式および関連会社株式の期末評価

　子会社株式および関連会社株式については，決算時に取得原価をもって貸借対照表価額とします。

6　その他有価証券 ·······················

❶ その他有価証券の取得

　その他有価証券を取得したときは，その取得原価を**その他有価証券勘定**（資産）の借方に記入します。

❷ その他有価証券の期末評価と翌期首の洗替処理

　その他有価証券は，時価をもって貸借対照表価額とします。時価が取得原価を上回るときは，その評価差額をその他有価証券勘定の借方に記入するとともに，**その他有価証券評価差額金勘定**（純資産）の貸方に記入します。反対に時価が取得原価を下回るときは，その評価差額をその他有価証券勘定の貸方に記入するとともに，その他有価証券評価差額金勘定（純資産）の借方に記入します（全部純資産直入法）。

　売買目的有価証券の評価差額については，収益・費用として認識し，損益計算書に計上するのに対して，その他有価証券の評価差額は純資産に計上され，損益計算書には計上されません。

　翌期首に，評価差額は洗替処理され，その他有価証券の帳簿価額を取得原価に振り戻します。

❸ 株式の追加取得によってその他有価証券から関連会社株式や子会社株式に変わる場合の会計処理

　その他有価証券として保有している取引先等の株式を追加取得することにより，当該企業の株式を一定割合以上に保有する状況になると，その他有価

証券から関連会社株式（たとえば発行済株式総数の20%以上を保有して，影響力を及ぼす場合など）や子会社株式（たとえば発行済株式総数の50%超を保有して，支配を獲得する場合など）に振り替える必要が生じます。

この場合には，その他有価証券勘定の貸方にその取得原価で記入し，追加取得に要した金額とともに取引の内容によって，関連会社株式勘定または子会社株式勘定の借方に記入します。

例題4−6

次の一連の取引を仕訳しなさい。なお，その他有価証券については，全部純資産直入法を適用する。

(1) 20X1年5月1日　埼玉商事株式会社株式¥3,500,000を普通預金口座から支払って取得した。取得した株式は，その他有価証券として処理する。

(2) 20X2年3月31日（決算）　埼玉商事株式会社株式の時価は¥3,800,000である。

(3) 20X2年4月1日　上記株式について洗替処理し，帳簿価額を取得原価に振り戻した。

(4) 20X3年3月31日（決算）　埼玉商事株式会社株式の時価は¥3,400,000である。

(5) 20X3年4月1日　上記株式について洗替処理し，帳簿価額を取得原価に振り戻した。

解答へのアプローチ

帳簿価額と時価の差額をその他有価証券評価差額金勘定で処理します。

(2) 時価が帳簿価額を上回っているため，その他有価証券勘定を増額させます。

(3) 期首における洗替処理によって，帳簿価額は取得原価に戻します。

(4) 時価は帳簿価額（取得原価）を下回っているため，その他有価証券勘定を減額させます。

[解　答]..................

(1) （借）そ の 他 有 価 証 券　3,500,000　（貸）普　通　預　金　3,500,000

(2) （借）そ の 他 有 価 証 券　　300,000　（貸）その他有価証券評価差額金　300,000

(3)	(借)	その他有価証券評価差額金	300,000	(貸)	その他有価証券	300,000
(4)	(借)	その他有価証券評価差額金	100,000	(貸)	その他有価証券	100,000
(5)	(借)	その他有価証券	100,000	(貸)	その他有価証券評価差額金	100,000

例題4－7

次の一連の取引を仕訳しなさい。

(1) 取引先の発行済株式の10%を普通預金口座から¥2,000,000を支払って取得した。取得した株式は，その他有価証券として処理する。

(2) (1)の取引先の発行済株式の60%を追加で取得して取引先に対する支配を獲得することになり，代金¥12,600,000を普通預金口座から支払った。

☺解答へのアプローチ

　追加取得によって当該株式の発行企業に対して支配を獲得した場合には，その他有価証券勘定の貸方にその取得原価で記入し，追加取得に要した金額とともに子会社株式勘定の借方に記入します。

[解　答]……………………………………………………………………………

(1)	(借)	その他有価証券	2,000,000	(貸)	普 通 預 金	2,000,000
(2)	(借)	子 会 社 株 式	14,600,000	(貸)	その他有価証券	2,000,000
					普 通 預 金	12,600,000

　　保有する有価証券について，次の資料にもとづいて，(1)20X1年の決算整理仕訳と(2)20X2年の期首に必要とされる仕訳を示しなさい。なお，売買目的有価証券の評価差額は切放処理する。

[資 料]

(単位：円)

銘柄	有価証券の分類	20X1年期末	
		帳簿価額	時　　価
A社株式	売買目的有価証券	11,000	12,500
B社株式	売買目的有価証券	24,000	23,500
C社株式	その他有価証券	18,000	21,000
D社株式	その他有価証券	37,000	36,000

➡ **解答は302ページ**

　　次の一連の取引を仕訳しなさい。

(1)　取引先との業務上の関係から，取引先会社の発行済株式の5％を当座預金口座から¥230,000を支払って取得した。取得した株式は，その他有価証券として処理する。

(2)　上記の取引先会社の発行済株式の10％を追加取得して，当座預金口座から¥480,000を支払った。

(3)　上記の取引先会社の発行済株式の50％を追加取得し，代金¥2,400,000を当座預金口座から支払った。この結果，取引先会社に対する支配を獲得することになった。

➡ **解答は302ページ**

第5章

その他の債権・債務

学習のポイント

➡債務の保証に伴う偶発債務の記帳について学びます。

➡保険が掛けられている固定資産の焼失等について，保険金額が確定するまでの未決算勘定について学びます。

1 債務の保証

　債務の保証とは，他の者（債務者）がその債務を返済できなくなったときにその債務者に代わって債権者に債務を支払う義務を負う契約を結ぶことをいいます。

　債務を保証した者は，債務者が将来返済不能になったときにその義務を履行しなければなりません。このように，現在の債務ではありませんが，ある一定の事象が生じた場合に将来の債務となるおそれのあるものを**偶発債務**といいます。債務の保証による偶発債務は，**保証債務見返勘定**と**保証債務勘定**という一対の対照勘定を用いて備忘的に仕訳しておくことがあります。

　債務者が債務を返済した場合，あるいは債務者が返済不能になることによってその債務を支払う義務が確定した場合は偶発債務は消滅するため，いずれもその備忘的な仕訳は不要となり，債務の保証時における仕訳の反対仕訳を行い消去します。

★**偶発債務**：現在の債務ではありませんが，ある一定の事象が生じた場合，将来に債務となるおそれのあるものをいいます。

例題5-1

次の取引を仕訳しなさい。

(1) 東京商店の依頼により，同店が銀行から借りた¥700,000について，保証人となった。対照勘定法による備忘記録を行う。

(2) 上記借入金が返済された旨の連絡を受けた。

(3) かねて債務保証をしていた取引先神奈川商店の借入金¥900,000について，同店が支払不能となったため，延滞利息¥12,000とともに小切手を振り出して銀行に支払った。

解答へのアプローチ

(3)について，偶発債務が確定し債務者に代わって支払いを行った場合には，債務者に対して債権として請求することができます。この債権を未収入金で処理します。支払った延滞利息も請求できるので，未収入金勘定に含めます。

[解答]..

(1) (借) 保証債務見返 700,000 (貸) 保 証 債 務 700,000

(2) (借) 保 証 債 務 700,000 (貸) 保証債務見返 700,000

(3) (借) 未 収 入 金 912,000 (貸) 当 座 預 金 912,000

    (借) 保 証 債 務 900,000 (貸) 保証債務見返 900,000

基本問題 5-1

次の一連の取引を仕訳しなさい。

(1) 静岡商店から同店の借入金¥500,000の保証人となることを求められ，これを引き受けた。偶発債務は対照勘定を用いて備忘記録を行う。

(2) 静岡商店が支払不能となり，債権者より債務の支払いを延滞利息¥8,000とともに請求され，小切手を振り出して支払った。

⇒ 解答は303ページ

2 未決算勘定 ・・・

　資産が焼失，盗難などの被害を受けた際，通常はその帳簿価額をもって損失として処理します。

　しかし，その資産に保険が掛けられている場合には，保険金の受取りの可能性があるため，損失の金額は未確定です。このような場合に保険金受取りが確定するまでの一時的に処理する勘定科目として，**未決算勘定**（被害の内容によって火災未決算勘定とする場合もあります）を用います。

　受け取ることのできる保険金額が確定したら，未決算勘定を消去（貸方記入）して，**未収入金勘定**に振り替える処理を行います。保険金額が被害にあった資産の帳簿価額を上回るときにはその差額を**保険差益勘定**（収益）の貸方に記入し，下回るときには**火災損失勘定**（費用）等の借方に記入します。

　★**未決算勘定**：所有している資産の損害について，保険が掛けられているため損失額が未確定の場合に，損失額が確定するまで用いられる一時的な勘定です。

例題5-2

次の一連の取引を仕訳しなさい。

(1) 倉庫の火災によって，建物（取得原価¥600,000，建物減価償却累計額¥240,000（適正額），減価償却の記帳方法は間接法による）および商品（取得原価¥200,000）が焼失した。なお，焼失した資産には総額¥600,000の火災保険契約を結んでおり，保険会社に保険金の支払いを請求した。

(2) 保険会社より，保険金¥600,000を全額支払う旨の連絡があった。

解答へのアプローチ

資産が焼失した時点では，建物勘定，建物減価償却累計額勘定および仕入勘定（繰越商品勘定とすることもあります）から焼失部分に係る金額を消去し，未決算勘定（もしくは火災未決算勘定）に振り替えます。確定した保険金額は未収入金とし，「保険金額＞未決算勘定の額」の場合，差額を保険差益勘定で処理します。

[解答]

(1) （借）建物減価償却累計額 240,000 （貸）建 物 600,000
　　　　未 決 算 560,000 　　　　仕 入 200,000
(2) （借）未 収 入 金 600,000 （貸）未 決 算 560,000
　　　　　　　　　　　　　　　　保 険 差 益 40,000

基本問題5-2

次の一連の取引を仕訳しなさい。

(1) 火災によって，商品搬送用の車両（取得原価¥800,000，車両運搬具減価償却累計額¥320,000（適正額），減価償却の記帳方法は間接法による）および商品（取得原価¥300,000）が焼失した。なお，焼失した資産には総額¥800,000の火災保険契約を結んでおり，保険会社に保険金の支払いを請求した。

(2) 保険会社より，損害について保険金¥700,000を支払う旨の連絡があった。

⇒ 解答は303ページ

第6章

商 品 売 買

学習のポイント

- ➡3分法による商品売買の記帳と売上原価の計算方法を再確認します。
- ➡販売のつど売上原価勘定に振り替える方法を新たに学びます。
- ➡払出単価の決定方法として，先入先出法や移動平均法に加えて，新たに総平均法を学びます。
- ➡たくさん仕入（販売）した際に代金の支払いの一部を免除された（免除した）ときなどの取引を学びます。
- ➡決算時に商品の実際の数量が帳簿上の数量を下回ったり，購入したときよりも値下がりしている場合の処理を学びます。
- ➡収益認識に関する基本的な内容について学びます。

1　3分法による記帳と売上原価の計算 ·················

❶　3分法による期中の記帳

　3分法では，商品を仕入れたときには，**仕入勘定**（費用）の借方に記入し，商品を売り上げたときには**売上勘定**（収益）の貸方に記入します。また，仕入戻しがある場合には仕入勘定の貸方に，売上戻りがある場合には売上勘定の借方に記入します。そのため，仕入勘定の残高は純仕入高，売上勘定の残高は純売上高を表しています。

★3分法：商品売買を，仕入勘定，売上勘定および繰越商品勘定（資産の勘定）の3つの勘定に分けて用いる方法で，3分割法ともよばれます。

46

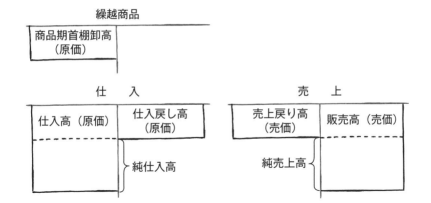

❷ 売上原価の計算

① 仕入勘定で売上原価を計算する場合

　前期から繰り越されてきた商品は**繰越商品勘定**（資産）に記録されている
ので，この勘定の残高は，期首商品棚卸高を表しています。そこで，繰越商
品勘定の残高を仕入勘定に振り替えます。

（借）仕　　　　　入　　×××　（貸）繰　越　商　品　　×××

　また，期末に売れ残っている商品は次期に資産として繰り越すため，期末
商品棚卸高を仕入勘定から繰越商品勘定に振り替えます。

（借）繰　越　商　品　　×××　（貸）仕　　　　　入　　×××

　もともと仕入勘定には当期に仕入れた商品（当期商品仕入高）が記入され
ているので，上記の２つの仕訳により，商品期首棚卸高が加わり，商品期末
棚卸高が差し引かれ，決算整理仕訳後の仕入勘定の残高は売上原価を表して
います。

★**売上原価**：売り上げた商品の原価で，次のように計算します。

売上原価＝商品期首棚卸高＋当期商品仕入高－商品期末棚卸高

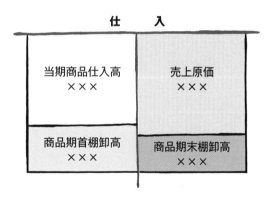

仕　　入

当期商品仕入高 ×××	売上原価 ×××
商品期首棚卸高 ×××	商品期末棚卸高 ×××

② 売上原価勘定を設けて売上原価を計算する場合

売上原価を計算するために，**売上原価勘定**（費用）を設けて計算する方法もあります。この方法では，商品期首棚卸高および商品期末棚卸高を振り替える際の繰越商品勘定の相手勘定は売上原価勘定となります。また，当期商品仕入高を仕入勘定から売上原価勘定に振り替える仕訳も必要になります。

（借）	売 上 原 価	×××	（貸）	繰 越 商 品	×××
（借）	売 上 原 価	×××	（貸）	仕 　 　 入	×××
（借）	繰 越 商 品	×××	（貸）	売 上 原 価	×××

例題6－1

次の資料にもとづいて，3分法により仕訳しなさい。

[資　料]‥‥‥‥‥‥‥‥‥‥‥‥‥‥‥‥‥‥‥‥‥‥‥‥‥‥‥‥‥‥‥

4月25日　商品を@¥5,000にて10個仕入れ，代金は掛けとした。

　　27日　25日に仕入れた商品のうち1個を損傷のため返品し，掛代金から控除した。

　　29日　上記の商品を@¥7,500にて8個売り渡し，代金は先方振出しの小切手を受け取った。

　　30日　本日決算を迎えた。期首商品棚卸高はゼロ，売上原価は売上原価勘定で計算する。

😊 解答へのアプローチ

　10個仕入れたうち，1個返品し，8個売り上げたので，1個が期末商品棚卸高となります。また，本問では商品期首棚卸高はゼロですから，繰越商品勘定から売上原価勘定への振替仕訳はありません。

[解　答]··

4月25日	(借)	仕　　　　入	50,000	(貸)	買　掛　金	50,000	
27日	(借)	買　掛　金	5,000	(貸)	仕　　　　入	5,000	
29日	(借)	現　　　　金	60,000	(貸)	売　　　上	60,000	
30日	(借)	売　上　原　価	45,000	(貸)	仕　　　　入	45,000	
	(借)	繰　越　商　品	5,000	(貸)	売　上　原　価	5,000	

基本問題 6-1

　次の資料にもとづいて，3分法により仕訳しなさい。

[資　料]···

6月10日　商品を@¥4,000にて20個仕入れ，代金のうち半額は現金で支払い，残額は掛けとした。

　13日　10日に仕入れた商品のうち5個を品違いのため返品し，掛代金から控除した。

　19日　商品を@¥6,500にて10個売り渡し，代金は先方振出しの小切手を受け取った。なお，当店負担の送料¥1,000は小切手を振り出して支払った。

　30日　本日決算を迎えた。期首商品棚卸高は¥70,000，期末商品棚卸高は¥80,000である。また，当期中の総仕入高は¥900,000，仕入戻し高は¥40,000であった。なお，売上原価は売上原価勘定で計算する。

➡ 解答は303ページ

2 販売のつど売上原価勘定に振り替える方法による記帳 ·····

商品売買の記帳には，さまざまな方法がありますが，これまで学んできた3分法は，売上原価がわからなくても仕訳を行うことができる反面，その企業がどれくらいの利益をあげているのか期中においてはわからないという短所もあります。経営者の立場からすると，期中においても現在の経営状態を把握していれば迅速な経営判断を行うことができ，もし赤字であるならば早めの方策を講じることもできます。

実務では，会計期間を1年とし正式な決算は年1回であっても，月ごとに損益の概況を把握し（月次決算），早めに経営判断する企業が多くなっています。そのような企業では，3分法で期末になって初めて売上原価を把握するというのは実態に合わないことになります。

そこで，実務上の観点から好まれるのが，販売のつど売上原価勘定に振り替える方法です。この方法では，①商品の仕入れ時は**商品勘定**（資産）の借方に原価で記入し，②商品の販売時には，売り上げた額を売上勘定（収益）の貸方に記入するとともに，ただちに③売上原価の金額を商品勘定から**売上原価勘定**（費用）に振り替える方法です。そのため，④商品勘定の残高は常に商品の帳簿棚卸高を示すため，期末における決算整理仕訳は必要ありません。したがって，3分法で用いた繰越商品勘定は使用しません。また，売上

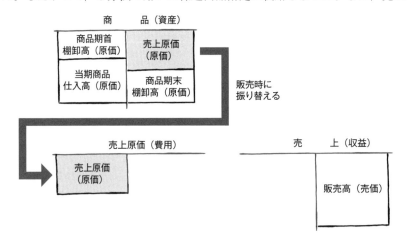

50

勘定と売上原価勘定を比較することで，すぐに売上総利益を計算することができるため，月次決算を行っている企業にとって早い段階で業績を把握しやすい利点があります。

① 商品を掛けで仕入れたとき

（借）商　　　品　×××（貸）買　掛　金　×××

② 商品を掛けで販売したとき

（借）売　掛　金　×××（貸）売　　　　上　×××

③ ②と同時に売上原価勘定に振り替える

（借）売　上　原　価　×××（貸）商　　　　品　×××

④ 決算整理仕訳

仕訳なし

なお，仕入戻し（返品）がある場合には，商品勘定の貸方に記入します。売上戻り（返品）の場合には，商品を販売したときの反対仕訳を行います。

例題6－2

次の資料にもとづいて，販売のつど売上原価勘定に振り替える方法で仕訳しなさい。なお，仕訳不要の場合には，「仕訳なし」と答えること。

[資　料]‥‥‥‥‥‥‥‥‥‥‥‥‥‥‥‥‥‥‥‥‥‥‥‥‥‥‥‥‥‥‥‥‥‥‥

3月10日　商品を@￥2,000にて30個仕入れ，代金は掛けとした。

　　11日　10日に仕入れた商品のうち10個を返品し，掛代金から控除した。

　　24日　上記の商品を@￥3,000にて15個販売し，代金は掛けとした。

　　25日　24日に販売した商品のうち3個が返品されたため，掛代金から控除した。

　　31日　本日決算日を迎えた。

😃 解答へのアプローチ

商品を30個仕入れたので，商品という資産が増えます。仕入れた商品を返品したときは，資産が減少します。商品を販売したときは，売上原価の額だけ資産が減少し，費用が発生します。また，販売のつど売上原価に振り替える方法では決算整理仕訳を行いません。

基本問題 6−2

　次の資料にもとづいて，販売のつど売上原価勘定に振り替える方法で仕訳しなさい。なお，仕訳不要の場合には，「仕訳なし」と答えること。

［資　料］
12月12日　商品を@¥4,300にて20個仕入れ，代金は掛けとした。

　　13日　12日に仕入れた商品のうち，4個返品し，掛代金から控除した。

　　25日　上記の商品を@¥5,000にて12個販売し，代金は掛けとした。

　　26日　25日に販売した商品のうち，2個が返品された。代金は掛代金から控除した。

　　31日　本日決算日を迎えた。

➡ 解答は304ページ

3 払出単価の決定方法

❶ 総平均法

　同じ商品でも，価格が上下することにより複数の仕入単価が生じることがあります。そこで，商品を払い出した場合，払出単価の決定方法には複数の方法があります。先入先出法および移動平均法は3級ですでに学びましたが，ここでは**総平均法**を取り上げます。

★**先入先出法**：先に仕入れたものから先に払い出すと仮定して払出単価を決める方法です。

★**移動平均法**：仕入れるたびに金額の合計を数量の合計で割って求めた平均単価を払出単価とする方法です。

★**総平均法**：一定期間に受け入れた総額を受入数量の合計で割って求めた総平均単価をその期間の払出単価とする方法です。

　総平均法は，一定期間（たとえば1カ月など）に受け入れた商品の総額をその受入数量の合計で除して総平均単価を求め，これをその期間の払出単価とする方法です。これを式の形で示せば，次のようになります。

$$総平均単価＝\frac{前月繰越高＋当月受入高}{前月繰越数量＋当月受入数量}$$

　総平均法によれば，複数の仕入単価が平均化されますので，期末商品棚卸高や売上原価の変動幅を抑える効果がありますが，一定期間が経過した後でなければ払出単価が決まらないという短所があります。

❷ 商品有高帳

　商品有高帳を作成している場合には，払出欄から売上原価，残高欄から期末商品棚卸高を知ることができるので，商品の在庫管理などに役立ちます。なお，商品の返品があった場合には，次のように記入します。

① 仕入戻し：払出欄に仕入れた単価，金額で記入します。

② 売上戻り：受入欄に払い出したときの単価，金額で記入します。

★**商品有高帳**：商品の種類ごとに受払いを記録し，現在の残高を明らかにする補助元帳です。

次の5月中の商品売買に関する資料により，下記の問いに答えなさい。

[資　料]‥‥‥‥‥‥‥‥‥‥‥‥‥‥‥‥‥‥‥‥‥‥‥‥‥‥‥‥‥‥‥‥

ポロシャツ	5月1日	前月繰越	10枚	@¥800	
	3日	売　　上	8枚	@¥1,500	
	5日	売上戻り	3枚		3日売上分
	9日	仕　　入	20枚	@¥1,000	
	17日	売　　上	15枚	@¥1,600	
	24日	仕　　入	14枚	@¥1,200	
	27日	仕入戻し	4枚		24日仕入分

問1　先入先出法により①商品有高帳を記入し，さらに当月の②売上原価，③5月末の商品棚卸高，および④売上総利益を答えなさい。

問2　移動平均法により①商品有高帳を記入し，さらに当月の②売上原価，③5月末の商品棚卸高，および④売上総利益を答えなさい。

問3　総平均法により①商品有高帳を記入し，さらに当月の②売上原価，③5月末の商品棚卸高，および④売上総利益を答えなさい。

😊解答へのアプローチ

(1)　商品有高帳は，原価で記入します。よって，売価は用いません。また，売上戻りは受入欄に記入し，仕入戻しは払出欄に記入します。

　　さらに，先入先出法では，単価が異なるものがある場合には，上下に併記し括弧でくくります。なお，総平均法の場合には，外部から仕入れた数量，単価および金額は記入しますが，それ以外は数量のみ記入し，単価および金額は空欄のままにし，一定期間経過後に総平均単価を求め，それを次月繰越の単価に用います。

(2)　売上総利益＝純売上高－売上原価

　　純売上高の算定方法は，商品の払出単価の決定方法にかかわらず，下記のとおりとなります。

　　総売上高＝1回目売上¥12,000（@¥1,500×8枚）＋2回目売上¥24,000（@¥1,600×15枚）＝¥36,000

- 売上戻り高　@¥1,500×3枚＝¥4,500

- 純売上高　総売上高¥36,000－売上戻り高¥4,500＝¥31,500

[解答]……………………………………………………………………………………

問1

①

商 品 有 高 帳

（先入先出法）　　　　　　　　ポロシャツ

20X1年		摘　要	受　入			払　出			残　高		
			数量	単価	金額	数量	単価	金額	数量	単価	金額
5	1	前月繰越	10	800	8,000				10	800	8,000
	3	売　　上				8	800	6,400	2	800	1,600
	5	**売上戻り**	3	800	2,400				{ 5	800	4,000
	9	仕　　入	20	1,000	20,000				{ 20	1,000	20,000
	17	売　　上				{ 5	800	4,000			
						{ 10	1,000	10,000	{ 10	1,000	10,000
	24	仕　　入	14	1,200	16,800				{ 14	1,200	16,800
	27	**仕入戻し**				4	1,200	4,800	{ 10	1,000	10,000
									{ 10	1,200	12,000
	31	**次月繰越**				{ 10	1,000	10,000			
						{ 10	1,200	12,000			
			47		47,200	47		47,200			
6	1	前月繰越	{ 10	1,000	10,000				{ 10	1,000	10,000
			{ 10	1,200	12,000				{ 10	1,200	12,000

② 売上原価　¥18,000

③ 5月末の商品棚卸高　¥22,000

④ 売上総利益　¥13,500

問2

①

商　品　有　高　帳

（移動平均法）　　　　　　　　　ポロシャツ

20X1年		摘　要	受　　入			払　　出			残　　高		
			数量	単価	金額	数量	単価	金額	数量	単価	金額
5	1	前月繰越	10	800	8,000				10	800	8,000
	3	売　上				8	800	6,400	2	800	1,600
	5	売上戻り	3	800	2,400				5	800	4,000
	9	仕　入	20	1,000	20,000				25	960	24,000
	17	売　上				15	960	14,400	10	960	9,600
	24	仕　入	14	1,200	16,800				24	1,100	26,400
	27	仕入戻し				4	1,200	4,800	20	1,080	21,600
	31	次月繰越				20	1,080	21,600			
			47		47,200	47		47,200			
6	1	前月繰越	20	1,080	21,600				20	1,080	21,600

② 売上原価　¥18,400

③ 5月末の商品棚卸高　¥21,600

④ 売上総利益　¥13,100

移動平均法による場合，平均単価は次のように計算します。

• 1回目（5月9日）の仕入時

$$平均単価 = \frac{仕入直前の残高¥4,000 + 受入高¥20,000}{仕入直前の数量5枚 + 受入数量20枚} = @¥960$$

• 2回目（5月24日）の仕入時

$$平均単価 = \frac{仕入直前の残高¥9,600 + 受入高¥16,800}{仕入直前の数量10枚 + 受入数量14枚} = @¥1,100$$

• 3回目（5月27日）の仕入戻し時

$$平均単価 = \frac{仕入戻し直前の残高¥26,400 - 戻し高¥4,800}{仕入戻し直前の数量24枚 - 戻し数量4枚} = @¥1,080$$

問3

①

商 品 有 高 帳

（総平均法）　　　　　　　ポロシャツ

20X1年		摘　要	受 入			払 出			残 高		
			数量	単価	金額	数量	単価	金額	数量	単価	金額
5	1	前月繰越	10	800	8,000				10	800	8,000
	3	売　上				8			2		
	5	**売上戻り**	3						5		
	9	仕　入	20	1,000	20,000				25		
	17	売　上				15			10		
	24	仕　入	14	1,200	16,800				24		
	27	**仕入戻し**				4			20		
	31	**次月繰越**				20	1,000	20,000			
			47			47					
6	1	前月繰越	20	1,000	20,000				20	1,000	20,000

②　売上原価　¥20,000

③　5月末の商品棚卸高　¥20,000

④　売上総利益　¥11,500

総平均法による場合，まず，総平均単価を求めます。

総平均単価　（前月末残高¥8,000＋1回目仕入高¥20,000＋2回目仕入高
　　　　　　¥16,800－仕入戻し高¥4,800）÷（前月繰越数量10枚＋1回目仕
　　　　　　入数量20枚＋2回目仕入数量14枚－仕入戻し数量4枚）＝
　　　　　　＠¥1,000

そのため，月末商品棚卸高は，＠¥1,000×20枚＝¥20,000

また，売上原価は，¥40,000－¥20,000＝¥20,000となります。

次の7月中の商品売買に関する資料にもとづいて，総平均法によった場合の当月における①売上原価，②7月末の商品棚卸高および③売上総利益を求めなさい。

[資　料]‥‥‥‥‥‥‥‥‥‥‥‥‥‥‥‥‥‥‥‥‥‥‥‥‥‥‥‥‥‥‥‥

Yシャツ	7月1日	前月繰越	10枚	@¥1,000
	4日	仕　入	12枚	@¥1,200
	10日	売　上	8枚	@¥1,800
	18日	仕　入	20枚	@¥1,100
	21日	売　上	15枚	@¥1,900
	26日	仕　入	8枚	@¥1,050

➡ 解答は304ページ

4 仕入割戻 ‥‥‥‥‥‥‥‥‥‥‥‥‥‥‥‥‥‥‥‥‥‥‥‥‥‥‥

　一定数量または一定金額以上購入したとき，代金の支払いの一部が免除されることがあります。これを**仕入割戻**といいます。仕入割戻を受けた場合，仕入高の減少と考えられますので，仕入勘定の貸方に記入します。なお，仕入勘定と区別して割戻額を把握するために**仕入割戻勘定**を設けて仕訳する場合もあります。

word

★**割戻**（わりもどし）：一定以上の金額・数量を購入した顧客に対して，代金の一部の支払いを免除することをいいます。リベートと呼ばれることもあります。

例題6-4

　次の取引について，買い手の仕訳を示しなさい。ただし，商品売買に関する記帳は，3分法によること。

　仙台商店は仕入先岩手商店より割戻が適用され，　同店に対する買掛金

¥500,000の２％の支払いが免除され，残額を現金で支払った。

☺ 解答へのアプローチ

　割戻の適用により，買い手は仕入を減少させます。なお，仕入に代えて仕入割戻勘定を用いてもかまいません。

[解　答]‥‥‥‥‥‥‥‥‥‥‥‥‥‥‥‥‥‥‥‥‥‥‥‥‥‥‥‥‥‥‥‥‥‥

(借)　買　　掛　　金　500,000　(貸)　現　　　　　金　490,000
　　　　　　　　　　　　　　　　　　　仕　　　　　入　 10,000

基本問題 6－4

　次の取引について，買い手の仕訳を示しなさい。ただし，商品売買に関する記帳は，３分法によること。

　栃木商店は得意先茨城商店に割戻を適用し，同店に対する売掛金¥450,000の２％の支払いを免除し，残額は同店振出しの小切手で受け取った。なお，本問では，仕入割戻勘定を用いて仕訳すること。

➡ 解答は305ページ

5 契約資産と契約負債 ‥‥‥‥‥‥‥‥‥‥‥‥‥‥‥‥‥‥‥

❶ 契約資産

　売り手が買い手に引き渡した商品やサービスと交換に受け取る対価に対する売り手の権利を**契約資産**といいます。ただし，買い手との契約から生じた売掛金などの債権は契約資産に含まれません。

　１つの契約に１つの履行義務，すなわち商品やサービスを買い手に提供する義務が１つしかない場合には，売り手がその履行義務を充足したときに買い手は支払義務を負い，売り手には買い手に対する法的な債権が生じているため売掛金などを計上します。

　他方，１つの契約のなかに複数の履行義務が盛り込まれ，すべての履行義務を充足して初めて買い手に支払義務が生じる旨の契約が締結されている場合もあります。この場合には，最初の履行義務を充足しても，まだすべての

履行義務を充足していないので，買い手の支払義務や売り手の債権は発生していません。しかし，移転した商品やサービスと交換に売り手が受け取る対価に対する権利は生じているため，これを契約資産として計上し，その対価の額を収益として認識する必要があります。その場合，契約資産の増加・減少を記録するために**契約資産勘定**（資産）を設けて記入します。

このように，契約資産は債権，すなわち対価に対する法的な請求権ではありませんが，債権に準じて会計処理を行います。したがって，決算時には売掛金や受取手形といった売上債権と同様に，貸倒引当金の設定対象となります（第8章**2**を参照）。なお，貸借対照表では一定の条件のもと契約資産を売掛金に含めて表示することも認められています。検定試験では問題文等の指示に従ってください。

> ★**契約資産**：企業が顧客に移転した財またはサービスと交換に受け取る対価に対する企業の権利のうち，顧客との契約から生じた債権以外のものをいいます。
> ★**履行義務**：売り手が商品やサービスを買い手に提供する約束をいいます。売り手が買い手に対し一時点または一定期間にわたり履行義務を充足することにより収益が認識されます。

❷ 契約負債

商品やサービスを買い手に引き渡す売り手の義務に対して，売り手が買い手から受け取った対価を**契約負債**といいます。3級では，代金の一部を手付金として受け取ったときは前受金として処理することを学びましたが，商品売買に関する前受金は契約負債に該当します。その場合，契約負債の増加・減少を記録するために**契約負債勘定**（負債）を設けて記入します。

なお，貸借対照表では契約負債を前受金として表示することも認められています。検定試験では問題文等の指示に従ってください。

★**契約負債**：財またはサービスを顧客に移転する企業の義務に対して，企業が顧客から対価を受け取ったもの，または対価を受け取る期限が到来しているものをいいます。

例題6－5

次の取引について，当社（売り手）の仕訳を示しなさい。ただし，商品売買に関する記帳は，3分法によること。

(1) 当社は神奈川商会に商品A￥200,000と商品B￥250,000を販売する契約を締結した。ただし，商品Aの引渡しと商品Bの引渡しは，それぞれ独立した履行義務として識別し，代金は商品Aと商品Bの両方を神奈川商会に移転した後に請求する契約となっている。契約締結後，ただちに商品Aを引き渡したが，商品Bは在庫がないので，後日引き渡すこととなった。

(2) 当社は神奈川商会に商品Bを引き渡した。当社は今月末に商品Aと商品Bの代金に対する請求書を送付する予定である。

(3) 当社は，商品C￥400,000を茨城商事に販売する契約を締結するとともに，手付金として￥120,000を同社振出しの小切手で受け取った。

(4) 当社は商品Cを茨城商事に引き渡し，残額は掛けとした。

😊 解答へのアプローチ

(1) 商品Aについては引渡しが済んでいるが，商品Bについてはまだ引渡しがされていないので，すべての履行義務を充足していません。したがって，この時点では代金を請求することができないため，売掛金を計上しません。そこで，商品Aに関する部分について，契約資産という資産を計上するとともに，同額の売上を計上します。

(2) 商品Bを引き渡すことによりすべての履行義務が充足されたので，この時点で代金を請求できます。したがって，商品Bに関する部分について売上を計上するとともに，(1)で計上した契約資産を売掛金に振り替えます。

(3) 顧客から商品売買の代金の一部を手付金として受け取った場合には，契約負債として処理します。なお，問題文に勘定科目として契約負債が示されず，

6
商品売買

前受金のみが指定されている場合は前受金とします。

(4) 商品を引き渡すという履行義務を充足したので，契約負債を減少させるとともに残額を売掛金とし，全額を売上として計上します。

[解 答]..

(1) （借）契 約 資 産 200,000 （貸）売 上 200,000

(2) （借）売 掛 金 450,000 （貸）売 上 250,000
契 約 資 産 200,000

(3) （借）現 金 120,000 （貸）契 約 負 債 120,000

(4) （借）契 約 負 債 120,000 （貸）売 上 400,000
売 掛 金 280,000

基本問題 6-5

　次の取引について，当社（売り手）の仕訳を示しなさい。ただし，商品売買に関する記帳は，3分法によること。

(1) 当社は和歌山商会に商品甲¥100,000と商品乙¥90,000を販売する契約を締結した。ただし，商品甲の引渡しと商品乙の引渡しは，それぞれ独立した履行義務として識別し，代金は商品甲と商品乙の両方を和歌山商会に移転した後に請求する契約となっている。契約締結後，ただちに商品甲を引き渡したが，商品乙は在庫がないので，後日引き渡すこととなった。

(2) 当社は和歌山商会に商品乙を引き渡した。当社は今月末に商品甲と商品乙の代金に対する請求書を送付する予定である。

(3) 当社は，商品丙¥300,000を神戸商事に販売する契約を締結するとともに，手付金として¥60,000を同社振出しの小切手で受け取った。

(4) 当社は商品丙を神戸商事に引き渡し，残額は掛けとした。

➡ 解答は305ページ

6 複数の履行義務を含む顧客との契約 ‥‥‥‥‥‥‥‥

　売り手が買い手との間で締結した契約のなかで複数の履行義務が含まれている場合には，原則として収益を別々に認識します。たとえば，例題6-5のように異なる種類の商品を引き渡す場合だけでなく，商品の引渡しと関連するサービスの提供がセットになっている場合などがこれに該当します。ただし，検定試験では2級の段階では契約のどの部分がどの履行義務に当たるのかが問題文で明示されるため，その指示に従って会計処理してください。

例題6-6

　次の取引について，当社（売り手）の仕訳を示しなさい。ただし，商品売買に関する記帳は，3分法によること。

(1)　11月1日，当社は静岡電機に工作機械の販売および当該工作機械の1年間のサポートサービスの提供を合計￥8,240,000（うち工作機械￥8,000,000，サポートサービス￥240,000）で行う契約を締結し，工作機械を引き渡すとともに，直ちにサポートサービスを開始した。代金は当社の当座預金口座に振り込まれた。当社では契約に含まれている複数の履行義務をそれぞれ別個に認識することとしており，サポートサービスについては時の経過に応じて履行義務を充足し，決算時に月割計算にて収益を計上する。

(2)　翌年3月31日，当社は決算日を迎えた。

☺解答へのアプローチ

　履行義務のうち，工作機械の引渡しについては行われているので売上を計上します。他方，サポートサービスについては引渡しから向こう1年間にわたって行われるため，当初の契約時点では収益を認識せず，サポートサービスの対価を契約負債として会計処理します。その後，契約負債については時の経過に応じて月割りで収益（役務収益）を決算時に計上しますが，サービス業の具体的な会計処理は第9章**2**で学習します。

(2)　役務収益計上額 ＝ ￥240,000 × $\dfrac{5\,\text{カ月}}{12\,\text{カ月}}$ ＝ ￥100,000

7 変動対価 ┈┈┈┈┈┈┈┈┈┈┈┈┈┈┈┈┈┈┈┈┈┈┈┈┈┈┈┈┈┈┈┈┈┈┈┈┈┈┈

　売り手が買い手と約束した対価のうち変動する可能性のある部分を**変動対価**といいます。契約において，対価に変動対価が含まれている場合，商品（またはサービス）の顧客への移転と交換に企業が権利を得ることとなる対価の額を見積もります。

word

　★**変動対価**：企業が顧客と約束した対価のうち，変動する可能性のある部分をいいます。

応用 word

　★**変動対価の取引例**：変動対価が含まれる取引の例として，値引き，割戻（リベート），返金，インセンティブ，業績に基づく割増金，ペナルティなどの形態により対価の額が変動する場合や返品権付きの販売などがあります。ただし，2級においては簡易なものに出題が限定されています。

　変動対価はさまざまなケースで生じると考えられますが，ここでは売上割戻を例に取り上げます。割戻（リベート）は**4**で学んだように，一定以上の金額・数量を購入した顧客に対し，代金の一部の支払いを免除することですが，割戻を行う売り手にとっては**売上割戻**となります。

　売り手が将来リベートを支払うことを予想し，収益の著しい減額が発生する可能性が高い場合，リベートの部分については売上を計上せずに，**返金負債**という負債を計上します。返金負債は顧客にリベートとして返金する義務の見込み額を負債として計上したものであり，その増加・減少を記録するため**返金負債勘定**（負債）を設けて記入します。そのうえで，リベートを支払うことが確定した時点で未払金勘定に振り替えるなどの処理を行います。

例題6−7

　次の取引について，当社（売り手）の仕訳を示しなさい。ただし，商品売買に関する記帳は，3分法によること。

(1)　10月1日，当社は福井商店に商品700個を1個当たり¥500で掛けにて販売した。当社は，福井商店との間で年間に商品を1,000個以上販売した場合には，販売額の3割をリベートとして支払う旨の契約を締結している。当社は，この条件が達成される可能性は高いと見込んでいる。

(2)　12月7日，当社は福井商店に商品600個を1個当たり¥500で掛けにて販売し，この時点で上記(1)のリベート契約の条件が達成された。リベートは翌月末に福井商店の指定する銀行口座に振り込むこととした。

(3)　1月31日，当社は福井商店にリベートを支払うため，普通預金から振り込んだ。

(･‿･)解答へのアプローチ

(1)　契約で定められたリベートの条件が達成される可能性は高いと見込まれているため，たとえ1個当たり¥500で販売していても3割の¥150は収益に認識せず，返金負債として計上します。

(2)　上記(1)と同様に売上ならびに返金負債を計上しますが，この時点でリベートの条件が達成され，後日返金することが確定したため，返金負債を未払金に振り替えます。

(3)　振込に伴い，未払金を減少させます。なお，実際には売掛金を回収する取引がありえますが，本問では省略されています。

[解　答]‥‥‥‥‥‥‥‥‥‥‥‥‥‥‥‥‥‥‥‥‥‥‥‥‥‥‥‥‥‥‥‥‥‥‥

(1)	(借) 売　掛　金	350,000	(貸) 売　　　　上	245,000
			返　金　負　債	105,000
(2)	(借) 売　掛　金	300,000	(貸) 売　　　　上	210,000
			返　金　負　債	90,000
	(借) 返　金　負　債	195,000	(貸) 未　　払　　金	195,000
(3)	(借) 未　　払　　金	195,000	(貸) 普　通　預　金	195,000

　次の取引について，当社（売り手）の仕訳を示しなさい。ただし，商品売買に関する記帳は，3分法によること。

(1)　6月1日，当社は高崎商店に商品800個を1個当たり¥300で掛けにて販売した。当社は，高崎商店との間で6月から3カ月以内に商品を2,000個以上販売した場合には，販売額の2割をリベートとして支払う旨の契約を締結している。当社は，この条件が達成される可能性は高いと見込んでいる。

(2)　7月8日，当社は高崎商店に商品1,500個を1個当たり¥300で掛けにて販売し，この時点で上記(1)のリベート契約の条件が達成された。リベートは翌月末に高崎商店の指定する銀行口座に振り込むこととした。

(3)　8月31日，当社は高崎商店にリベートを支払うため，当座預金から振り込んだ。

⇒ 解答は305ページ

8　棚卸減耗損と商品評価損 ……………………………

❶ 棚卸減耗損

　期末商品は帳簿どおりの数量が存在するはずですが，現実には紛失したり盗難にあうなどによって商品が数量不足に陥ることがあります。この数量不足による損失を**棚卸減耗損**といい，**棚卸減耗損勘定**（費用）の借方に記入します。

> 棚卸減耗損＝原価×（帳簿棚卸数量－実地棚卸数量）

基本 word

★**棚卸減耗**（たなおろしげんもう）：商品の帳簿上のあるべき数量（帳簿棚卸数量）と実際に確認した数量（実地棚卸数量）との間に生じた数量不足をいいます。

　棚卸減耗損は原価性がある場合には，損益計算書における売上原価の区分にその内訳科目として，あるいは販売費及び一般管理費の区分に記載されま

す。一方で原価性がない場合には，営業外費用または特別損失の区分に記載
されます。

応用 word

★**原価性の有無**：棚卸減耗が通常発生する程度であれば原価性があると認め
られ，発生の程度や原因が異常であれば，原価性がないと判断されます。

❷ 商品評価損

期末に保有している商品の価値が下落し，正味売却価額が原価よりも下回
っている場合には，正味売却価額まで資産の金額を減少させなければなりま
せん。この下落分を**商品評価損**といい，**商品評価損勘定**（費用）の借方に記
入します。

商品評価損＝（原価－正味売却価額）×実地棚卸数量

word

★**評価損**：原価と正味売却価額との差額です。ここで，正味売却価額
とは，売却市場の時価（売価）から販売のための諸費用を差し引いた
ものをいいます。

損益計算書における商品評価損は，原則として売上原価の区分にその内訳
科目として記載されます。ただし，臨時の事象に起因し，かつ金額が多額の
場合には特別損失の区分に記載されます。

例題6－8

次の資料にもとづいて，棚卸減耗損と商品評価損を求め，必要な決算整理仕
訳を示しなさい。ただし，商品売買の記帳は，3分法によること。

[資 料]

商品期首棚卸数量　　400個　　帳簿価額　　　　@¥200

商品期末帳簿棚卸数量　500個　　原　　価　　　@¥300

商品期末実地棚卸数量　470個　　正味売却価額　@¥280

なお，売上原価は仕入勘定で算定し，棚卸減耗損および商品評価損はともに
売上原価の内訳科目とすること。

　問題文の指示により棚卸減耗損および商品評価損は，売上原価の内訳科目として算入しなければなりませんので，仕入勘定に振り替える仕訳が必要となります。なお，売上原価に算入する旨の問題文の指示がない場合には，仕入勘定への振替仕訳は不要であり，損益計算書では独立した費用項目として表示されることになります。

　棚卸減耗損と商品評価損は，次のように縦軸に金額，横軸に数量をとった図を用いて計算します。

原価　@¥300

	商品評価損　¥9,400 （@¥300−@¥280）×470個	棚卸減耗損　¥9,000 @¥300×（500個−470個）

正味売却価額
　@¥280

貸借対照表価額　¥131,600

実地棚卸数量　　　　　　帳簿棚卸数量
　470個　　　　　　　　　500個

［解　答］..

（借）	仕　　　　入	80,000	（貸）	繰　越　商　品	80,000
（借）	繰　越　商　品	150,000	（貸）	仕　　　　入	150,000
（借）	棚　卸　減　耗　損	9,000	（貸）	繰　越　商　品	18,400
	商　品　評　価　損	9,400			
（借）	仕　　　　入	18,400	（貸）	棚　卸　減　耗　損	9,000
				商　品　評　価　損	9,400

　次の資料にもとづいて，棚卸減耗損と商品評価損を求め，報告式損益計算書（ただし，売上総利益まででよい）の空欄を埋めなさい。

[資　料]

1．繰越商品勘定決算整理前残高　¥73,000
2．仕入勘定決算整理前残高　¥925,000
3．商品期末帳簿棚卸数量　200個，　原　　価　@¥400
4．商品期末実地棚卸数量　180個，　正味売却価額　@¥360
5．棚卸減耗損および商品評価損はともに売上原価の内訳科目とする。

損 益 計 算 書

I　売　上　高　　　　　　　　　　　　　　　　　1,305,700
II　売上原価
　1．商品期首棚卸高　（　　　　　　　）
　2．当期商品仕入高　（　　　　　　　）
　　　　合　計　　　　（　　　　　　　）
　3．商品期末棚卸高　（　　　　　　　）
　　　　差　引　　　　（　　　　　　　）
　4．棚 卸 減 耗 損　（　　　　　　　）
　5．商 品 評 価 損　（　　　　　　　）（　　　　　　　）
　　　　売 上 総 利 益　　　　　　　　　（　　　　　　　）

➡ 解答は305ページ

第7章
固定資産

学習のポイント

➡工事完成前の固定資産への支出と，完成時の処理について学びます。

➡有形固定資産に対する支出について，現状を維持するための支出と資産価値を高めるための支出を区別して処理することを学びます。

➡減価償却の記帳方法（間接法と直接法）について学びます。

➡減価償却費の計算方法として，定額法，定率法，生産高比例法を学びます。

➡有形固定資産の売却と除却・廃棄について学びます。

➡無形固定資産の意義と償却方法について学びます。

➡投資その他の資産に含められる長期前払費用について学びます。

1 固定資産の分類

　固定資産とは，資産のうち，経営活動のために長期間使用する目的で所有している資産をいいます。

　固定資産は，有形固定資産，無形固定資産および投資その他の資産に区分されます。有形固定資産は，建物，備品，車両運搬具，機械装置，構築物，土地などのような具体的な形態をもつ資産と建設仮勘定に分類されます。無形固定資産は，物としての形はありませんが，使用することによって経済的便益が得られる固定資産であり，社内利用のソフトウェア，法律上の権利およびのれんが含まれます。投資その他の資産には，長期の投資や他企業を支配する等の目的で所有する有価証券や長期前払費用などが含まれます。

② 有形固定資産の取得 ·······················

❶ 有形固定資産の取得原価

　有形固定資産を購入した場合は，購入代価に買入手数料，運送費，荷役費，据付費，試運転費など，その固定資産を使用するまでに要した付随費用を加算して取得原価とします。購入にあたって値引または割戻を受けた場合には，購入代価からその金額を控除します。

❷ 建設仮勘定

　建物や機械装置などについて，完成して引渡しを受けるまでに長期間の建設工事期間が必要な場合に，建設途中に代金の一部を支払うことがあります。この支払時点では建物などは未完成なので，その支払額を建物勘定や機械装置勘定に計上できません。この支払額を一時的に記録する勘定が**建設仮勘定勘定**（資産）です。

　建設中の支払額は建設仮勘定勘定に借方記入し，建物などが完成して引渡しを受けた時に建物勘定など適切な勘定に振り替えます。

★建設仮勘定：建設中の固定資産への支払額を一時的に記録する勘定科目です。

例題7−1

　次の取引を仕訳しなさい。

(1)　営業用のトラック¥1,200,000を1台購入し，自動車取得税等の諸費用¥300,000を含めた支払額のうち40％を現金で支払い，残金は月末に支払うことにした。

(2)　金沢建設株式会社に，営業用倉庫の建築を¥9,000,000で請け負わせ，工事代金の一部¥4,000,000を小切手を振り出して支払った。

(3)　上記(2)の建築中の倉庫について，建築途中で工事代金の一部¥2,000,000を小切手を振り出して支払った。

(4) 上記(2)の請負工事代金の残金を小切手を振り出して支払った。また，倉庫が完成し，引渡しを受けた。

(◡) 解答へのアプローチ

(1) 使用するまでに要した付随費用は，取得原価に算入します。

(2), (3), (4) 工事完成前の請負代金の支払額は，建設仮勘定で処理します。

(4) 完成・引渡しを受けた時点で建設仮勘定から建物勘定に振り替えます。

[解 答]‥‥‥‥‥‥‥‥‥‥‥‥‥‥‥‥‥‥‥‥‥‥‥‥‥‥‥‥‥‥‥‥‥‥‥‥

(1)	(借)	車 両 運 搬 具	1,500,000	(貸)	現 金	600,000
					未 払 金	900,000
(2)	(借)	建 設 仮 勘 定	4,000,000	(貸)	当 座 預 金	4,000,000
(3)	(借)	建 設 仮 勘 定	2,000,000	(貸)	当 座 預 金	2,000,000
(4)	(借)	建 設 仮 勘 定	3,000,000	(貸)	当 座 預 金	3,000,000
	(借)	建 物	9,000,000	(貸)	建 設 仮 勘 定	9,000,000

❸ 割賦購入

　有形固定資産を購入する際に，代金を分割払い（割賦購入）する場合があります。割賦購入の場合には支払いが長期になるため，購入時に全額一括で代金を支払うよりも，利息分について支払総額が増加することが一般的です。

　割賦購入にあたっては，債務額を負債勘定の貸方に記入すると同時に，固定資産勘定の借方に現金購入価額で記入し，支払総額と現金購入価額との差額を支払利息勘定または前払利息勘定に記入します。そのうえで決算時には，支払利息または前払利息の期間配分に必要な決算整理を行います（前払利息勘定から支払利息勘定への振替えは，月次決算（第15章参照）で行うこともあります）。

例題7－2

次の取引を仕訳しなさい。なお，決算日は3月31日とする。

(1) 20X1年10月1日に，商品運搬用のトラック（現金購入価額¥3,000,000）を割賦契約で購入した。代金は，月末ごとに支払期限が順次到来する額面¥310,000の約束手形10枚を振り出して交付した。なお，利息相当分については，資産勘定で処理することにした。

(2) 20X1年10月31日 支払期日の到来した約束手形について，当座預金口座から引き落としが行われた。

(3) 20X2年3月31日 決算にあたり，利息を月割計算で期間配分する。

😊**解答へのアプローチ**

(1) 仕入取引以外の取引で約束手形を振り出した場合には，営業外支払手形勘定を用います。利息相当分については，問題文の指示に従って前払利息勘定で処理します。

(3) 購入時に前払利息勘定で処理した利息について，当期に経過した分（6カ月）を支払利息勘定に振り替えます。

[解 答]・・

(1) （借）車 両 運 搬 具 3,000,000 （貸）営業外支払手形 3,100,000
　　　　 前 払 利 息 100,000

(2) （借）営業外支払手形 310,000 （貸）当 座 預 金 310,000

(3) （借）支 払 利 息 60,000 （貸）前 払 利 息 60,000

次の取引を仕訳しなさい。

(1) 商品の陳列棚¥200,000を購入し，代金は小切手を振り出して支払った。なお，運送費¥15,000と据付費¥25,000は現金で支払った。

(2) 外部に発注していた製造用の機械の代金について，5回に分けて¥3,000,000ずつ分割払いする契約を締結し，すでに4回目までの支払分を建設仮勘定勘定に計上している。最終回の支払いを当座預金口座から行い，発注先が入金を確認したため，機械の引渡しを受け，代金の総額を適切な勘定に振り替えた。

⇒ 解答は306ページ

次の取引を仕訳しなさい。なお，決算日は3月31日とする。

(1) 20X1年6月1日　新規に商品陳列用の棚（現金購入価額¥5,400,000）を分割払いで購入した。代金は毎月月末ごとに支払期日が到来する額面¥350,000の約束手形16枚を振り出して支払った。なお，利息相当分については，費用勘定で処理することにした。

(2) 20X2年3月31日　決算にあたり，利息を月割計算で期間配分する。

⇒ 解答は307ページ

3 修繕・改良

有形固定資産の取得後に行われる支出は，修繕と改良とに区別されます。

修繕とは有形固定資産の価値または性能を現状維持するための支出で，支出額を修繕費として支出期間の費用として計上します。これを**収益的支出**といいます。

改良とは有形固定資産の価値を高めたり，耐用年数を延長させる効果をもつ支出であり，その支出額を対象となった資産の原価に加算します。これを**資本的支出**といいます。

基本word

★**収益的支出**：有形固定資産に対する支出のうち，支出した年度の費
用として処理される支出をいいます。
★**資本的支出**：有形固定資産に対する支出のうち，その資産の原価に
加算される支出をいいます。

7
固定資産

例題7-3

次の取引を仕訳しなさい。

店舗の内装について改良と修繕を行い，工事代金¥800,000を小切手を振り
出して支払った。なお，このうち25％は改良のための支出とみなされた。

☺ **解答へのアプローチ**

改良のための支出は資産の原価に加算し，そうでない支出は費用として処理
します。

[解 答]..

(借) 建　　　　物 200,000 (貸) 当 座 預 金 800,000
　　 修　繕　費 600,000

基本問題7-3

建物の定期修繕を行い，あわせて傷んだ屋根材を新しい屋根材にふき
替えた。このふき替えによって，建物の耐用年数が3年延びた。代金
¥700,000は小切手を振り出して支払い，このうち¥200,000は定期修繕の
ための支出であった。

➡ 解答は307ページ

4 減価償却 ···

❶ 減価償却

有形固定資産は，長期にわたり使用する間に使用や時の経過などさまざま
な理由によってその価値を減少させていきます（ただし，土地は使用しても
価値が減少せず，建設仮勘定もまだ使用していないので価値は減少しないと

75

捉えられています）。価値減少は使用期間中の収益獲得に貢献するものとして，期末に有形固定資産の取得原価を価値減少に応じて費用配分する手続を行います。この手続を減価償却といいます。配分される原価は，減価償却費として費用計上されます。

　減価償却の記帳方法には，間接法のほかに直接法があります。間接法では，減価償却費を計上するとともに有形固定資産ごとに設けた減価償却累計額勘定の貸方に記入します。これに対し，直接法では，減価償却費を計上するとともに該当する有形固定資産勘定の貸方に記入します。

★**減価償却**：有形固定資産の取得原価を，価値減少に応じて耐用年数にわたり費用として配分する手続をいいます。

❷ 減価償却費の計算方法

　減価償却は一定の計画的・規則的な方法で費用配分します。減価償却費の計算方法として3級では**定額法**のみを学習しましたが，2級では**定率法，生産高比例法**も学びます。

① 定額法

　毎期一定額を減価償却費とする方法で，次のように計算されます。

$$減価償却費＝\frac{取得原価－残存価額}{耐用年数}$$

　ただし，期中で取得した有形固定資産の取得年度の減価償却費については，取得した月から決算までの月数に応じて月割計算して求めます。

　なお，税法では2007年4月1日以降に取得した有形固定資産について，残存価額を廃止して備忘価額（1円）まで償却することとしています。

② 定率法

　毎期の減価償却費を，有形固定資産の期首未償却残高（取得原価からその減価償却累計額を差し引いた金額）に一定の償却率を乗じて計算する方法です。定率法によると，耐用年数の初期に近いほど多額の減価償却費が計上され，その額が年数の経過とともに逓減するという特徴があります。

> **減価償却費＝期首未償却残高×償却率**

　税法では，2012年4月1日以降に取得した固定資産を定率法で償却する場合，その償却率を定額法による償却率（1÷耐用年数）の2.0倍した率としています。これを200％定率法といいます。たとえば耐用年数を10年とすると定額法の償却率は10％（＝1÷10年×100％）となりますが，200％定率法では償却率は20％（＝定額法の償却率10％×2.0）となります。

　200％定率法では，償却率によって計算される年度ごとの償却額について，償却保証額が設けられています。

　償却保証額は，取得原価に保証率を乗じて算出します。

> **期首未償却残高 ×償却率 ＜ 償却保証額**

となる場合には，当該年度の期首の未償却残高（改定取得原価といいます）に改定償却率とよばれる償却率を用いて，当該年度以降の減価償却費とし，備忘価額の1円まで償却します。

　たとえば，20X1年度期首に備品（取得原価¥1,000,000，耐用年数5年）を取得し，200％定率法によって減価償却を行うとします。200％定率法の償却率は40％（＝1÷5年×200％）であり，定められている保証率は0.1080，改定償却率は0.500です。この場合の，償却保証額は¥108,000（取得原価¥1,000,000×保証率0.1080）となります。各年度の減価償却費は，次のようになります。

　20X1年度　¥400,000　：¥1,000,000×40％
　20X2年度　¥240,000　：（¥1,000,000－¥400,000）×40％
　20X3年度　¥144,000　：（¥1,000,000－¥640,000）×40％
　20X4年度　¥108,000　：（¥1,000,000－¥784,000）×40％
　　　　　　　　　　　　＜償却保証額¥108,000

　したがって，20X4年度の減価償却費は改定取得原価¥216,000×改定償却率0.500で計算します。

　20X5年度　¥107,999：最終年度では帳簿価額¥108,000（¥1,000,000－¥892,000）から備忘価額の1円が残るように，差額を減価償却費として計上します。

77

③ 生産高比例法

有形固定資産の利用度に比例して毎期の減価償却費を計算する方法です。たとえば，鉱山のように埋蔵量が予測可能で，その推定埋蔵量に対するその期の採掘量の割合を利用度として把握できる鉱業用の機械装置などに適用できます。

$$減価償却費＝（取得原価－残存価額）\times \frac{当期利用量}{総利用可能量}$$

例題7－4

次の有形固定資産の減価償却費を計算しなさい。なお，備品は定率法，機械装置（鉱山の採掘に使用している）は生産高比例法で減価償却する。

(1) 備品…取得原価¥5,000,000，減価償却累計額残高¥1,800,000
　　　　　 償却率20%

(2) 機械装置…取得原価¥900,000，残存価額は取得原価の10%
　　　　　　　　推定総埋蔵量100,000トン，当期採掘量20,000トン

[解答]..

(1) （¥5,000,000－¥1,800,000）×20％＝¥640,000

(2) （¥900,000－¥900,000×10％）×$\dfrac{20,000トン}{100,000トン}$＝¥162,000

例題7－5

次の有形固定資産の減価償却（決算日：20X4年3月31日）に関する仕訳を示しなさい。この資産の減価償却の計算方法には200％定率法を用いており，記帳方法は直接法を用いている。

機械装置…取得原価¥4,000,000，取得日は20X2年4月1日，耐用年数10
　　　　　 年（償却率については各自計算すること。）

☺ **解答へのアプローチ）**

200％定率法の償却率＝定額法の償却率（1÷10年×100％）×2.0＝20％

20X3年 3 月31日決算時の減価償却費 ＝ ¥4,000,000 × 20％ ＝ ¥800,000

20X4年 3 月31日決算時の減価償却費 ＝（¥4,000,000 － ¥800,000）× 20％ ＝

¥640,000

　本問での記帳方法は直接法によるとの指示があるので，帳簿価額から直接減額します。

[解　答]・・・

（借）　減 価 償 却 費　640,000　（貸）　機　械　装　置　640,000

基本問題 7－4

　取得原価¥2,000,000の鉱山採掘用の機械装置について，生産高比例法による減価償却に関する決算整理仕訳（直接法）を示しなさい（残存価額は取得原価の10％，推定総埋蔵量150,000トン，当期採掘量20,000トン）。

➡ 解答は307ページ

基本問題 7－5

　20X1年 4 月 1 日に購入した備品（取得原価¥2,000,000）について，200％定率法（耐用年数は 8 年）により減価償却を行っている。決算日20X3年 3 月31日における決算整理仕訳（間接法）を示しなさい。

➡ 解答は307ページ

基本問題 7－6

　20X1年度期首に取得した備品（取得原価：¥2,000,000）について，以下の資料にもとづいて各年度末の減価償却費を計算しなさい。

　減価償却方法：200％定率法　　耐用年数：5 年　　償却率：各自算定
　保証率：0.10800　　改定償却率：0.5　　➡ 解答は308ページ

5 有形固定資産の売却・買換えと除却・廃棄 ・・・・・・・・・

❶ 売　却

　有形固定資産を売却した場合は，その資産がなくなることから，対象とな

る有形固定資産勘定に取得原価で貸方記入し，減価償却累計額を対象となる減価償却累計額勘定に借方記入します（間接法の場合）。売却価額と帳簿価額（取得原価－減価償却累計額）の差額は**固定資産売却損勘定**（費用）（売却価額＜帳簿価額の場合）の借方，または**固定資産売却益勘定**（収益）（売却価額＞帳簿価額の場合）の貸方に記入します。

　期中に売却を行った場合，売却が行われた会計期間の期首から売却月までの減価償却費を月割計算で計上したうえで，売却の処理を行います（生産高比例法を除きます）。これは，その資産の価値が使用期間分だけ減少しているからです。

❷ 買換え

　売却に関連して，古い有形固定資産を下取りに出して新資産を購入する場合（買換え）があります。この場合には，古い固定資産を下取り価額でいったん売却し，続けて新資産を購入するように考えます。下取りとは，旧資産の売却で受け取る現金を，新資産の購入支払いに充てること，すなわち支払う現金と受け取る現金を差引きすることをいいます。

❸ 除却・廃棄

　耐用年数の経過や物理的，機能的原因で使用できなくなったなどの理由で有形固定資産を事業の用途から除き，帳簿から除外することを除却といいます。資産の除却処理も売却と同様に対象となる有形固定資産勘定の貸方に取得原価で記入し，減価償却累計額を対象となる減価償却累計額勘定に借方記入します。この際，除却した資産に処分価値があると認められる場合は，その処分価値を見積もって**貯蔵品勘定**（資産）に借方記入し，見積処分価値と帳簿価額との差額を固定資産除却損勘定（見積処分価値＜帳簿価額の場合）の借方，または固定資産除却益勘定（見積処分価値＞帳簿価額の場合）の貸方に記入します。

　売却や再利用ができないなどの理由で除却する資産を廃棄する場合は，その帳簿価額を固定資産除却損勘定の借方に記入します。

★**除却**：有形固定資産を，事業に使用できなくなったなどの理由によって帳簿から除外することをいいます。

★**貯蔵品勘定**：除却した資産について見積もった処分価値を，売却するまで資産として計上する勘定です。

例題7－6

次の取引を仕訳しなさい。

(1) 20X1年度期首に購入した備品（取得原価：¥1,600,000，耐用年数5年，残存価額：ゼロ，償却方法：定額法，記帳方法：間接法）を，20X5年6月30日に新しい備品に買い換えた。新しい備品の取得原価は¥1,500,000であり，旧備品の下取り価額¥200,000を差し引き，残額を現金で支払った。なお，決算日は3月31日であり，買換えにあたり旧備品について当年度の減価償却費を月割計算により計上すること。

(2) 20X1年7月1日に取得した備品（取得原価：¥600,000，耐用年数5年，残存価額：ゼロ，償却方法：定額法，記帳方法：間接法）を，20X5年8月31日に除却した。この備品は処分価値¥80,000があると認められ，倉庫に保管することにした。なお，決算日は3月31日であり，除却にあたり当年度の減価償却費を月割計算により計上すること。

😊解答へのアプローチ

(1) まず，20X1年度から20X4年度までの減価償却累計額を求めます。

（取得原価¥1,600,000－残存価額¥0）÷耐用年数5年×4年分＝¥1,280,000

次に，20X5年度期首から買換え時までの減価償却費を求めます。

（取得原価¥1,600,000－残存価額¥0）÷耐用年数5年×$\dfrac{3カ月}{12カ月}$＝¥80,000

減価償却費の計上，旧備品の下取り価額での売却，新備品の購入が組み合わさった取引として考えます。

（借）	減 価 償 却 費	80,000	（貸）	備品減価償却累計額	80,000
（借）	備品減価償却累計額	1,360,000	（貸）	備　　　　　品	1,600,000
	現　　　　　金	200,000			
	固定資産売却損	40,000			

（借）備　　　　　品　1,500,000　（貸）現　　　　　金　1,500,000

(2)　まず，前期末までの減価償却累計額を求めます。

（取得原価¥600,000－残存価額¥0）÷耐用年数5年× $\frac{45カ月}{12カ月}$ ＝¥450,000

次に，20X5年度期首から除却時までの減価償却費を求めます。

（取得原価¥600,000－残存価額¥0）÷耐用年数5年× $\frac{5カ月}{12カ月}$ ＝¥50,000

　　備品を処分価値で貯蔵品勘定に振り替え，帳簿価額と処分価値との差額を
固定資産除却損勘定で処理します。

　　（借）減　価　償　却　費　　50,000　（貸）備品減価償却累計額　50,000
　　（借）備品減価償却累計額　500,000　（貸）備　　　　　品　600,000
　　　　　貯　　蔵　　品　　80,000
　　　　　固定資産除却損　　20,000

［解　答］･･

(1)　（借）減　価　償　却　費　　80,000　（貸）備　　　　　品　1,600,000
　　　　　備品減価償却累計額　1,280,000　　　　　現　　　　　金　1,300,000
　　　　　固定資産売却損　　40,000
　　　　　備　　　　　品　1,500,000

　　別解として，20X5年度の買換え時までの3カ月間の減価償却累計額をいっ
たん計上し，これを含めた減価償却累計額を借方に計上する方法もあります。
この場合の仕訳は次のとおりです。

　　（借）減　価　償　却　費　　80,000　（貸）備品減価償却累計額　80,000
　　（借）備品減価償却累計額　1,360,000　（貸）備　　　　　品　1,600,000
　　　　　固定資産売却損　　40,000　　　　　現　　　　　金　1,300,000
　　　　　備　　　　　品　1,500,000

(2)　（借）減　価　償　却　費　　50,000　（貸）備　　　　　品　600,000
　　　　　備品減価償却累計額　450,000
　　　　　貯　　蔵　　品　　80,000
　　　　　固定資産除却損　　20,000

　　別解として，20X5年度の除却時までの減価償却累計額をいったん計上し，

これを含めた減価償却累計額を借方に計上する方法もあります。この場合の仕訳は次のとおりです。

（借）	減 価 償 却 費	50,000	（貸）	備品減価償却累計額	50,000
（借）	備品減価償却累計額	500,000	（貸）	備　　　　品	600,000
	貯　　蔵　　品	80,000			
	固 定 資 産 除 却 損	20,000			

基本問題 7-7

次の取引を仕訳しなさい。

(1) 20X1年9月30日に営業用自動車（取得原価：¥1,600,000，期首減価償却累計額：¥400,000，耐用年数4年，残存価額：ゼロ，償却方法：定額法，記帳方法：間接法）を新しい営業用自動車に買い換えた。新しい車両の取得原価は¥2,000,000であり，旧車両の下取り価額¥900,000を差し引き，残額を現金で支払った。なお，決算日は3月31日であり，買換えにあたり旧自動車について当年度の減価償却費を月割計算により計上すること。

(2) 20X1年10月1日に取得した備品（取得原価：¥900,000，耐用年数5年，残存価額：ゼロ，償却方法：定額法，記帳方法：間接法）を，20X6年5月31日に除却した。この備品について処分価値はなく，廃棄した。なお，決算日は3月31日であり，除却にあたり当年度の減価償却費を月割計算により計上すること。

⇒ 解答は308ページ

6 無形固定資産 ……………………………………………

❶ 無形固定資産

　無形固定資産とは，物としての具体的な形はないものの，所有することによって長期間にわたり経済的な便益が得られる固定資産をいい，社内利用のソフトウェアや法律上・契約上の権利とのれんが含まれます。

　社内利用の目的でソフトウェアを購入し，その利用により将来の収益獲得

または費用削減が確実と認められる場合には，取得に要した金額を**ソフトウェア勘定**（資産）で計上します。

　なお，社内利用目的のソフトウェアの開発を外部に依頼し完成して引渡しを受けるまで長期間かかる場合に，開発途中に代金の全部あるいは一部を支払うことがあります。この支払額を一時的に記録するために**ソフトウェア仮勘定勘定**（資産）を用います。したがって，引渡し前の支払額はソフトウェア仮勘定勘定に借方記入し，ソフトウェアの引渡しを受けたときにソフトウェア勘定に振り替えます。

　法律上・契約上の権利としては，特許権，借地権，商標権などがあります。これらは，通常，金銭を支払って取得します。このような有償取得の場合，取得に要したすべての支出額を取得原価とします。

　のれんは，企業が他の同種企業と比較して平均以上の収益が上げられる場合の，その超過収益部分を稼ぎ出す源泉となるものです。その源泉には，その企業の持つ信用力，製造ノウハウ，立地条件や特殊技術などがあります。

　のれんが資産計上されるのは，他の企業から有償取得した場合だけに限られます。たとえば，他の企業を構成する事業の全部または一部を有償で取得（事業の譲り受け）したり他の企業との合併を行う場合，事業の譲り受けや合併に要した金額が譲り受けた事業や他企業の純資産額（資産合計額−負債合計額）を超過する部分がのれんとなり，**のれん勘定**（資産）の借方に記入されます。なお，他の企業から事業を譲り受けたときや合併したとき，譲り受けた資産と引き受けた負債を時価で受け入れます。

★のれん：合併や事業の譲り受けによって取得した他企業の超過収益力で，合併・買収に要した金額が合併や譲り受けた他企業・事業等の純資産額を超過する部分をいいます。

　他の企業から事業を譲り受けて対価を当座預金から支払った場合，次のように処理します。

（借）	資	産	A	×××	（貸）	負	債	A	×××
	資	産	B	×××		負	債	B	×××
	資	産	C	×××		当	座	預 金	×××
	の	れ	ん	×××					

　なお，事業の譲り受けに要した金額が譲り受けた事業の純資産額（資産合計額－負債合計額）を下回ったときは，その差額は**負ののれん発生益勘定**（収益）の貸方に記入されます。損益計算書上，負ののれん発生益は特別利益の区分に表示されます。

　合併に関する処理は，第10章「株式会社の純資産（資本）」で学習します。

❷ 無形固定資産の償却

　社内利用目的のソフトウェアについては，一般的には定額法による償却を行います。

　法律上・契約上の権利については，法律・契約に定める有効期間を償却期間として，定額法により計画的・規則的に償却します。

　のれんについては，20年以内のその効果の及ぶ期間にわたって定額法その他の合理的な方法によって規則的に償却します。

　いずれの場合も残存価額をゼロとし，直接法によって記帳します。有形固定資産の減価償却費勘定に代わり，無形固定資産の償却の場合には，無形固定資産の貸方に記入をすると同時に，その固定資産の勘定科目に「償却」を付した勘定（たとえば**のれん償却勘定**（費用）など）の借方に記入を行います。

| （借） | の れ ん 償 却 | ××× | （貸） | の　　れ　　ん | ××× |

例題7−7

　次の(1)の問いは金額を計算し，(2)以降は仕訳を示しなさい。

(1)　千葉商工株式会社の事業の一部（資産合計￥62,000,000，負債合計￥46,000,000）を期首に￥20,000,000の対価を支払って譲り受けたが，この譲り受けにより取得したのれんの金額を計算しなさい。

(2)　上記ののれんを償却（毎期均等額を20年で償却）する。

(3) 期首に自社利用目的でソフトウェア¥450,000を購入し，代金は小切手を
　　振り出して支払った。なお，このソフトウェアの利用は，将来の経費削減に
　　確実に役立つものと認められる。

(4) 決算にあたり，上記の自社利用目的で購入したソフトウェアについて定額
　　法により償却する。なお，このソフトウェアの利用可能期間は3年と見積も
　　っている。

(5) 社内利用目的ソフトウェアの開発を外部に依頼し，契約総額¥2,500,000
　　全額を当座預金口座から支払った。

(6) (5)で依頼したソフトウェアが完成し使用を開始した。このソフトウェアの
　　使用により将来の費用削減は確実と認められている。

☺）解答へのアプローチ

(1) 事業の譲り受けによるのれんの取得価額は，支払った対価が譲り受けた事
　　業の純資産額（資産合計額－負債合計額）を超過する金額です。

(2) 償却は直接法で処理し，のれん償却勘定を用います。

(5) 社内利用目的のソフトウェアの開発を外部に依頼し引渡し前に支払った代
　　金の全部あるいは一部については，ソフトウェア仮勘定の借方に記入します。

(6) (5)について，ソフトウェアの引渡しを受けたときにソフトウェア仮勘定勘
　　定からソフトウェア勘定に振り替えます。

[解　答]..

(1) 千葉商工株式会社から譲り受けた事業の純資産額

　　　資産合計額¥62,000,000－負債合計額¥46,000,000＝¥16,000,000

　　のれん

　　　支払対価¥20,000,000－純資産額¥16,000,000＝¥4,000,000

(2) （借）の れ ん 償 却　　200,000　（貸）の　　れ　　ん　　200,000

(3) （借）ソフトウェア　　450,000　（貸）当 座 預 金　　450,000

(4) （借）ソフトウェア償却　150,000　（貸）ソフトウェア　150,000

(5) （借）ソフトウェア仮勘定 2,500,000　（貸）当 座 預 金 2,500,000

(6) （借）ソフトウェア　2,500,000　（貸）ソフトウェア仮勘定 2,500,000

基本問題 7-8

次の取引を仕訳しなさい。

(1) 期首に甲府工業株式会社から特許権を取得し，購入に要した費用とともに¥4,000,000の小切手を振り出して支払った。

(2) 決算にあたり，上記の特許権を償却する。なお，償却期間は8年である。

(3) 社内利用目的ソフトウェアの開発を外部に依頼し，契約総額¥800,000のうち¥500,000を当座預金口座から支払った。

(4) (3)で依頼したソフトウェアについて，残金を当座預金口座から支払った。

(5) (3)で依頼したソフトウェアが完成し使用を開始した。このソフトウェアの使用により将来の費用削減は確実と認められている。

(6) 決算にあたり，(5)で使用を開始したソフトウェアについて償却する。このソフトウェアの利用可能期間は5年と見積もられ，使用開始月から決算日まで3カ月経過している（月割計算）。

⇒ 解答は309ページ

基本問題 7-9

(1) 期首に山形商工株式会社の事業の一部を譲り受け，譲渡代金¥9,700,000を当座預金口座から支払った。譲り受けた資産の評価額は，商品¥1,200,000，建物¥5,500,000，備品¥1,600,000であり，引き受けた負債はなかった。なお，商品については3分法による。

(2) 決算にあたり，上記ののれんの償却を行う。なお，償却期間は20年である。

⇒ 解答は310ページ

7 投資その他の資産

❶ 投資その他の資産の項目

投資その他の資産には，長期の投資（満期保有目的債券，その他有価証券，

長期貸付金など），他の企業を支配する等の目的で所有する有価証券（子会社株式，関連会社株式），長期前払費用などがあります。

　貸借対照表上では，満期保有目的債券について，満期，すなわち償還期限まで１年以内のものについては有価証券として流動資産に区分表示し，償還期限まで１年を超えるものについては投資有価証券として固定資産の部の投資その他の資産に区分表示します。

※　参考
- 子会社株式と関連会社株式は，貸借対照表上，関係会社株式として表示します。
- その他有価証券は，貸借対照表上，投資有価証券として表示します。

（問題文に指示がある場合は，その指示に従います。）

❷ 長期前払費用

　前払費用のうち，貸借対照表日の翌日から起算して１年以内に前払いした金額に対応するサービスの提供を受けることがない（サービスを費消しない）部分を長期前払費用といい，貸借対照表上，流動資産に区分表示される前払費用（１年以内に費消される部分）とは区別します。

　たとえば，保険料を３年分前払いした場合，支払った会計期間の決算において，決算時に未経過（すなわち支払った金額のうちのサービスが未費消の部分）となっている金額のうち貸借対照表日の翌日からの１年分は前払費用（前払保険料勘定）とし，残額は長期前払費用（長期前払保険料勘定）とします。

★**長期前払費用**：貸借対照表日の翌日から起算して１年を超える期間を経て費用となる前払費用をいいます。

例題７－８

　次の取引を仕訳しなさい。
(1)　20X1年10月１日に，向こう２年分の保険料¥48,000を小切手を振り出して支払った。
(2)　20X2年３月31日，決算に際し，上記(1)の保険料の前払い分を適正に処理

する。

😊 解答へのアプローチ

(2)　支払った保険金額のうち20X2年4月1日から20X3年3月31日に対応する
金額¥24,000は前払保険料勘定に振り替え，20X3年4月1日から20X3年9月
30日に対応する金額¥12,000は長期前払保険料勘定に振り替えます。なお，
(1)の支払時に当期分¥12,000との差額をいったん長期前払保険料勘定で処理
し，(2)の決算時に貸借対照表日からの1年分を前払保険料勘定に振り替える
方法が採られることもあります。いずれの方法によったとしても，貸借対照
表および損益計算書の金額に変わりはありません。

［解　答］……………………………………………………………………………
(1)　(借)　保　　険　　料　　48,000　(貸)　当　座　預　金　　48,000
(2)　(借)　前 払 保 険 料　　24,000　(貸)　保　　険　　料　　36,000
　　　　　　長期前払保険料　　12,000

(別解)
(1)　(借)　保　　険　　料　　12,000　(貸)　当　座　預　金　　48,000
　　　　　　長期前払保険料　　36,000
(2)　(借)　前 払 保 険 料　　24,000　(貸)　長期前払保険料　　24,000

基本問題 7-10

　次の取引を仕訳しなさい。会計期間は，20X1年4月1日から20X2年3
月31日である。

(1)　12月1日に向こう3年分の保険料¥36,000を支払い，保険料勘定で
処理していたが，決算に際し，保険料の前払い分を適正に処理する。

(2)①　20X1年7月1日に向こう3年分の保険料¥720,000を小切手を振
り出して支払った。支払った保険料については，いったん資産（長
期前払費用勘定）で処理することにした。

②　決算にあたり，①の保険料について必要な期間配分手続を行う。

⇒ 解答は311ページ

第8章

引当金

学習のポイント

➡貸倒引当金の設定時，貸倒時の処理を学びます。

➡商品（製品）保証引当金の設定時，保証時の処理を学びます。

➡賞与引当金の設定時，賞与支給時の処理を学びます。

➡退職給付引当金の設定時，退職給付時と掛金支払時の処理を学びます。

➡修繕引当金の設定時，修繕時の処理を学びます。

1 引当金の意義と分類 ···

　引当金は，将来の費用を決算時に見積りで計上した際に生じた貸方項目を
いいます。引当金は，その性質により次のように分類されます。

引当金 ｛評価性引当金（資産の控除項目）…貸倒引当金
　　　　負債性引当金（負債）…商品（製品）保証引当金，賞与引当金，
　　　　　　　　　　　　　　　　退職給付引当金，修繕引当金

　貸倒引当金は，将来において売掛金，契約資産，受取手形，電子記録債権，
および貸付金等の債権等が回収不能（貸倒れ）になることが見込まれる場合，
それを決算時に見積もって費用計上する際に生じる貸方科目をいいます。貸
倒引当金は，特定の資産に対する見積もりによるマイナスを意味することか
ら，評価性引当金とよばれます。

　貸倒引当金が設定されていれば，その後に債権等が回収不能になった時点
では費用を計上する代わりに引当金を取り崩すことになり，期間損益計算を
適正に行うことが可能となります。

★**貸倒引当金**：将来における債権等の貸倒れに備える引当金です。
★**貸倒引当金繰入**：貸倒引当金設定における費用科目です。

　一方，負債性引当金は，将来において特定の支出等が見込まれる場合，それを見越して決算で費用を計上する際に生じる貸方項目をいいます。負債性引当金が設定されていれば，その後に支出等が実際に生じた時点では費用を計上する代わりに引当金を取り崩すことになり，期間損益計算を適正に行うことが可能となります。

　負債性引当金には，商品（製品）保証引当金，賞与引当金，退職給付引当金，修繕引当金などがあります。

2 貸倒引当金 ···

　当期に発生した債権等が翌期以後に回収不能となる可能性が高い場合には，決算において回収不能となる金額を見積もり，**貸倒引当金繰入勘定**（費用）の借方に記入するとともに，**貸倒引当金勘定**（資産控除）の貸方に記入します。

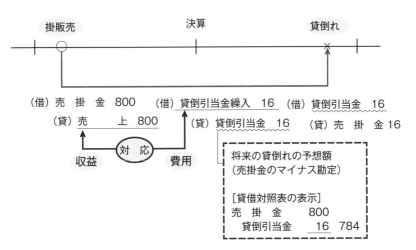

　貸倒引当金の設定金額は，経営状態に重大な問題が生じていない債務者に対する債権等（一般債権等）については当該金額に過去の実績率等を乗じて

算定し，一般債権等以外の債権等については回収可能性を判断し，個別に設定します。

　前期に設定した貸倒引当金が全額取り崩されず，当期末において残高がある場合には，貸倒引当金の設定金額からその残高を控除した金額をもって繰入金額とします。これを**差額補充法**（差額調整法）といいます。その際，貸倒引当金繰入の損益計算書における表示は，設定対象債権等が売掛金，契約資産，受取手形のような売上に起因するものである場合には販売費及び一般管理費とされ，貸付金のような売上に起因するもの以外の金銭債権の場合には営業外費用とされます。

　また，貸倒引当金の設定金額が適切でありながら，決算における貸倒引当金の設定金額よりも貸倒引当金の残高のほうが大きい場合には，その差額だけ貸倒引当金を減額するとともに**貸倒引当金戻入勘定**（収益）の貸方に記入します。その際の損益計算書における表示は，一般に営業外収益とします。

貸倒引当金設定における勘定

[貸倒引当金勘定残高＜貸倒引当金設定金額]の場合

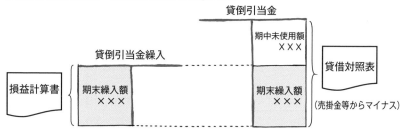

[貸倒引当金勘定残高＞貸倒引当金設定金額]の場合

貸倒引当金繰入・貸倒損失の損益計算書表示区分

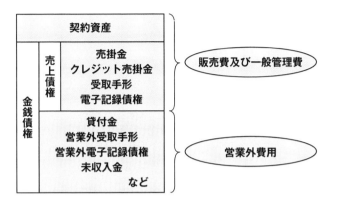

例題8−1

次の取引を仕訳しなさい。

⑴ 本日決算につき，下記の残高試算表（一部）にもとづき，売上債権等に対し，貸倒引当金を設定する。貸倒引当金の設定率は2％であり，決算整理前残高試算表（一部）は次のとおりである。

残高試算表（一部）

受 取 手 形	70,000	貸倒引当金	3,000
電子記録債権	50,000		
売 掛 金	250,000		
契 約 資 産	80,000		

⑵ 本日決算につき貸倒引当金を売掛金¥300,000に対し3％設定する。貸倒引当金の残高は¥12,000であり，設定金額は適切と認められる。

⑶ 本日決算につき貸付金¥770,000に対し貸倒引当金を設定する。債務者にあっては経営状態に重大な問題が生じているため，担保物の処分見込額¥310,000を差し引いた金額に対し50％設定する。

😊 解答へのアプローチ

⑴ 貸倒引当金繰入額＝（¥70,000＋¥50,000＋¥250,000＋¥80,000）× 2 ％−

¥3,000

(2) 貸倒引当金の設定金額と残高の差額は，貸倒引当金戻入とします。

　　貸倒引当金戻入額＝¥12,000−¥300,000×3％

(3) 担保金額を控除した債権金額に対して貸倒引当金を設定します。

　　貸倒引当金繰入額＝（¥770,000−¥310,000）×50％

[解　答]・・・

(1) （借）　貸倒引当金繰入　　6,000　（貸）　貸 倒 引 当 金　　6,000

(2) （借）　貸 倒 引 当 金　　3,000　（貸）　貸倒引当金戻入　　3,000

(3) （借）　貸倒引当金繰入　230,000　（貸）　貸 倒 引 当 金　230,000

　当期に発生した債権等が当期に回収不能となった場合には，その債権等を減額するとともに，**貸倒損失勘定**（費用）の借方に記入します。貸倒損失の損益計算書における表示は，貸倒引当金繰入と同様，対象債権等が売上債権等である場合には販売費及び一般管理費とされ，売上債権等以外の金銭債権の場合には営業外費用とされます。

　これに対し，前期以前に発生した債権等が当期に回収不能となった場合には，その債権等を減額するとともに，貸倒引当金勘定の借方に記入します。なお，貸倒引当金の設定金額が適切でありながらその設定金額を超える債権等が回収不能となった場合には，その超過額は貸倒損失勘定の借方に記入します。

　過年度に貸倒れとして処理した債権等の一部または全部が当期になって回収された場合には，当該回収額を現金または預金勘定で処理するとともに，**償却債権取立益勘定**（収益）の貸方に記入します。損益計算書上，償却債権取立益は営業外収益の区分に表示されます。

例題8−2

　次の取引を仕訳しなさい。

(1) 前期に発生した売掛金¥180,000が貸し倒れた。ただし，貸倒引当金が¥130,000設定してあり，設定金額は適切と認められる。

(2) 前々期に発生した売掛金¥380,000につき，前期に貸し倒れた際，貸倒引

当金を充当していたが，当期において，このうち¥200,000が現金で回収された。

8
引
当
金

☺ 解答へのアプローチ

(1) 貸倒引当金を全額取り崩し，残額は貸倒損失とされます。

[解　答]……………………………………………………………………………

(1) （借）貸 倒 引 当 金　130,000　（貸）売　　掛　　金　180,000
　　　　　貸 倒 損 失　　50,000
(2) （借）現　　　　　金　200,000　（貸）償却債権取立益　200,000

基本問題 8-1

次の取引を仕訳しなさい。

(1) 得意先の津産業株式会社が倒産し，同社に対する売掛金¥370,000が回収不能となったため貸倒れとして処理する。回収不能となった同社に対する売掛金のうち，¥230,000は前期の販売から生じたもので，残額は当期の販売から生じたものである。なお，貸倒引当金の残高は¥290,000であり，設定金額は適切と認められる。

(2) 得意先の和歌山商事株式会社に対して前期に償還請求をしていた不渡手形の額面¥650,000と償還請求費用¥23,000のうち¥210,000を現金で回収したが，残額は回収の見込みがないため貸倒れの処理を行った。なお，貸倒引当金の残高は¥320,000であり，設定金額は適切と認められる。

(3) 本日決算につき，売上債権に対して貸倒引当金を設定する。貸倒引当金の設定率は1.5％であり，決算整理前残高試算表は次のとおりである。

残高試算表（一部）

| 受 取 手 形 | 480,000 | 貸倒引当金 | 4,200 |
| 売　掛　金 | 620,000 | | |

➡ 解答は311ページ

3 商品（製品）保証引当金 ··················

　顧客との契約にもとづき，商品について合意された仕様に従っているという保証（補修や交換）を付して販売を行うことがあります。当期に販売した商品を対象として翌期以後に保証が行われる可能性が高い場合には，決算において補修や交換の金額を見積もり，**商品保証引当金繰入勘定**（費用）の借方に記入するとともに，**商品保証引当金勘定**（負債）の貸方に記入します。なお，製品を販売する場合は，**製品保証引当金勘定**（負債）となります。

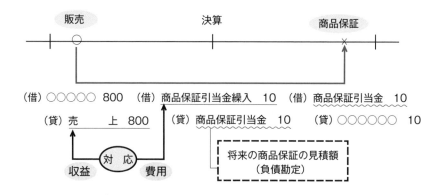

　翌期以後に，実際に保証が行われた際には，商品保証引当金勘定を借方に記入することで取り崩し，商品保証引当金の残高を超える場合はその超過額を商品保証費勘定の借方に記入します。なお，すでに補修が済んでいる場合には，借方記入する商品保証引当金勘定の相手勘定として，補修時に計上した勘定（商品保証費勘定など），交換の場合は仕入勘定などの貸方に記入します。

　翌期の期末において商品保証引当金勘定の残高がある場合には借方に記入して取り崩すとともに，**商品保証引当金戻入勘定**（収益）の貸方に記入します。その際の損益計算書における表示は，原則として商品保証引当金戻入勘定を商品保証引当金繰入勘定と相殺し，相殺しきれない場合には営業外収益とします。

★**商品（製品）保証引当金**：将来における商品（製品）保証に備える引当金です。

★**商品（製品）保証引当金繰入**：商品（製品）保証引当金設定における費用科目です。

例題8-3

次の取引を仕訳しなさい。

(1) 当社は保証書（合意仕様に従う保証）を付して商品を販売している。過去の実績より翌期に0.5％の保証実行が見積もられるため，本日決算につき商品保証引当金を設定する。当期の売上高総額は¥7,200,000であった。

(2) 顧客に対し，商品補修による保証¥3,100を実行した。この保証は前期の売上を対象としたものであり，補修時において商品保証費を計上していた。

☺解答へのアプローチ

(1) 商品保証引当金繰入額＝¥7,200,000×0.5％

(2) 前期の売上を対象とする保証は，商品保証引当金を取り崩します。

[解 答]……………………………………………………………………

(1) （借） 商品保証引当金繰入　36,000　（貸） 商品保証引当金　36,000

(2) （借） 商品保証引当金　3,100　（貸） 商 品 保 証 費　3,100

基本問題8-2

次の取引を仕訳しなさい。なお，当社は保証書（合意仕様に従う保証）をつけて商品を販売している。商品売買の記帳は，3分法による。

(1) 過去の実績より翌期に1％の保証実行が見積もられるため，本日決算につき商品保証引当金を設定する。当期の売上高総額は¥4,780,000であった。

(2) 本日，顧客に対し商品交換による保証¥13,000を実行した。この保証は前期の売上を対象としたものである。

➡ 解答は312ページ

4 賞与引当金 ·····································

従業員と締結した労働協約等にもとづいて，夏季や冬季に支払われる賞与（ボーナス）は，労働対価の後払い的性格を有します。そのため，当期の労働を対象として翌期に賞与が支払われる可能性が高い場合には，決算においてその支払額のうち当期に属する金額を見積もり，**賞与引当金繰入勘定**（費用）の借方に記入するとともに，**賞与引当金勘定**（負債）の貸方に記入します。

なお，役員に対して支払われる賞与においては，役員賞与引当金が設定されます。

★**賞与引当金**：将来における賞与支給に備える引当金です。
★**賞与引当金繰入**：賞与引当金設定における費用科目です。

翌期において，賞与の支払いが行われた際には，賞与引当金勘定を借方に記入することで取崩しを行い，現金または預金勘定の貸方に記入します。

例題8-4

次の一連の取引を仕訳しなさい。

(1) 当社の規程では，年2回（6月および12月），それぞれ月額給与の1カ月分が賞与として支給されることとなっている。支給対象期間は6月賞与が1月から6月，12月賞与が7月から12月である。本日3月31日決算を迎えたため，6月賞与の支給見込総額¥7,200,000に対して賞与引当金を設定する。

(2) 6月末日，予定どおり賞与¥7,200,000が当座預金口座より支払われた。

😊 解答へのアプローチ

(1) 支給対象期間中，当期分のみが引当対象となります。

$$賞与引当金繰入額 = ¥7,200,000 \times \frac{3カ月}{6カ月}$$

(2) 賞与引当金を超える金額は，その年度の費用とされます。

賞与 ＝ 賞与支払額¥7,200,000 － 賞与引当金取崩額¥3,600,000

[解　答]..

(1) （借）賞与引当金繰入　3,600,000　（貸）賞 与 引 当 金　3,600,000

(2) （借）賞 与 引 当 金　3,600,000　（貸）当 座 預 金　7,200,000

　　　　　賞　　　　与　3,600,000

基本問題 8-3

次の一連の取引を仕訳しなさい。

(1) 当社の規程では，年 2 回（ 6 月および12月），それぞれ月額給与の 1.5カ月分が賞与として支給されることとなっている。支給対象期間は 6 月賞与が12月から 5 月，12月賞与が 6 月から11月である。本日12月 31日に決算を迎えたため， 6 月賞与の支給見込総額¥6,240,000に対して賞与引当金を設定する。

(2) 6 月末日，予定どおり賞与¥6,240,000が当座預金口座より支払われた。その際，源泉所得税額¥312,000と社会保険料¥624,000が差し引かれている。

⇒ 解答は312ページ

5 退職給付引当金 ....

　従業員と締結した労働協約等にもとづいて，従業員の退職時以後に支払われる退職一時金や退職年金（退職給付）は，労働対価の後払い的性格を有します。そのため，当期の労働を対象として退職時以後に退職給付が行われる可能性が高い場合には，決算においてその支払額のうち当期の労働に属する金額を見積もり，**退職給付費用**（または退職給付引当金繰入）**勘定**（費用）の借方に記入するとともに，**退職給付引当金勘定**（負債）の貸方に記入します。

★**退職給付引当金**：将来における退職給付に備える引当金です。
★**退職給付費用**：退職給付引当金設定における費用科目です。

退職給付は，企業が内部で積立てを行い，退職時以後に企業が退職給付を直接行う方式（内部積立方式）と，外部の基金に掛金を支払うことで積立てを行い，退職時以後に基金が退職給付を行う方式（外部積立方式）があります。このうち外部積立方式において，外部の基金に掛金を支払った際には，退職給付引当金勘定を借方に記入することで取り崩し，現金または預金勘定の貸方に記入します。

　将来において退職給付がなされた際，内部積立方式の場合には，退職給付引当金勘定を借方に記入することで取り崩し，現金または預金勘定の貸方に記入します。これに対し，外部積立方式の場合には，仕訳は行われません。

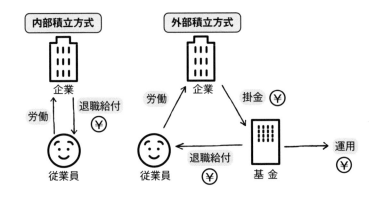

例題8-5

　次の一連の取引を仕訳しなさい。なお，仕訳が不要の場合には，「仕訳なし」と記しなさい。

(1) 従業員の退職時における退職一時金および退職後における退職年金を見積もった結果，当期の負担に属する金額は¥320,000と計算されたため，決算に際し退職給付引当金を設定した。

(2) 外部の基金に対し，退職年金の掛金¥60,000を現金で支払った。

(3) 従業員A氏が本日退職し，退職一時金¥4,800,000につき当座預金口座より支払った。なお，退職給付引当金の残高は¥38,200,000である。

(4) 外部の基金より，退職従業員B氏に退職年金¥18,000が支払われた。

解答へのアプローチ

(1) 退職給付費用と退職給付引当金を計上します。

(2) 退職給付引当金を取り崩します。

(3) 退職給付引当金を取り崩します。

(4) 仕訳は行われません。

[解 答]

(1)	(借)	退 職 給 付 費 用	320,000	(貸)	退 職 給 付 引 当 金	320,000
(2)	(借)	退職給付引当金	60,000	(貸)	現 金	60,000
(3)	(借)	退職給付引当金	4,800,000	(貸)	当 座 預 金	4,800,000

(4) 仕訳なし

基本問題 8-4

次の一連の取引を仕訳しなさい。

(1) 従業員の退職給付を見積もった結果, 当期の負担に属する金額は¥270,000と計算されたため, 決算に際し退職給付引当金を設定した。

(2) 従業員甲氏が本日退職し, 退職一時金¥2,340,000を小切手を振り出して支払った。なお, 退職給付引当金の残高は¥16,300,000である。

(3) 外部の基金に対し, 退職年金の掛金¥33,000につき当座預金口座より支払った。

⇒ 解答は312ページ

6 修繕引当金

有形固定資産の機能維持のために, 企業は毎期経常的に修繕を実施します。しかし, 事情によりその修繕を見送ることがあります。その際, 翌期以後に修繕が行われる可能性が高い場合には, 決算において修繕金額のうち当期使用分を見積もり, **修繕引当金繰入勘定**（費用）の借方に記入するとともに, **修繕引当金勘定**（負債）の貸方に記入します。

数年に一度の大修繕を実施する有形固定資産もあります。そのような有形固定資産については，決算において翌期以後に行われる修繕金額のうち当期使用分を見積もり，修繕引当金繰入勘定の借方に記入するとともに，修繕引当金勘定の貸方に記入します。貸借対照表上，修繕引当金は固定負債の区分に特別修繕引当金として表示されるのが一般的です。ただし，修繕の予定が1年以内になった時点では，流動負債に表示されます。

翌期以後において，実際に修繕が行われた際には，修繕引当金勘定を借方に記入することで取り崩し，修繕引当金の残高を超える場合はその超過額を修繕費勘定の借方に記入します。また，現金または預金払いの場合は現金勘定または預金勘定，代金後払いの場合は未払金勘定の貸方に記入します。

なお，翌期以後の期末において修繕引当金勘定の残高がある場合には借方に記入して取り崩すとともに，**修繕引当金戻入勘定**（収益）の貸方に記入します。その際の損益計算書における表示は，原則として修繕引当金戻入勘定を修繕引当金繰入勘定と相殺し，相殺しきれない場合には営業外収益とします。

例題8－6

次の一連の取引を仕訳しなさい。

(1) 当社は例年3月中に建物の修繕を実施している。しかし，本年度は都合により修繕が実施できなかったため，本日決算につき修繕引当金¥120,000を設定する。

(2) 建物の修繕¥170,000を実施し，代金は小切手を振り出して支払った。なお，当該修繕に備え，前期に修繕引当金が¥120,000設定されていた。

☺ 解答へのアプローチ

(1) 修繕引当金を設定します。

(2) 修繕引当金を取り崩します。

[解 答]..

(1) （借） 修繕引当金繰入　120,000　（貸） 修　繕　引　当　金　120,000

(2) （借） 修　繕　引　当　金　120,000　（貸） 当　座　預　金　170,000

　　　　　　 修　　繕　　費　 50,000

基本問題 8-5

次の一連の取引を仕訳しなさい。

(1) 当社は2台の車両を保有し，事業の用に供している。その車両は3年に1度の修繕を定期的に行っており，本日決算につき修繕引当金¥96,000を設定する。

(2) 保有する車両のうち1台を廃棄し，すでに適切に処理がなされていたが，その車両にかかる修繕引当金が¥72,000設定してあったため，取り崩すこととした。

(3) 車両の改良・修繕¥180,000を実施し，代金は翌月払いとした。このうち40％相当は車両の性能を高めるためのものであった。なお，その車両においては，修繕引当金が¥96,000設定されている。

➡ 解答は313ページ

第9章

収益と費用

学習のポイント

➡サービス業の役務収益・役務原価について学びます。

➡研究開発費の処理について学びます。

➡給料支払い時の所得税等の控除について学びます。

➡費用・収益の期間発生分と収支との差額について，繰延処理と見越処
　理を再確認します。

1 収益および費用の区分 ･･････････････････････････

　収益および費用は，その性質に応じていくつかのグループに分類されます
（区分表示に関する内容は，第15章で詳しく学習します）。収益と費用は，ま
ず経常的な性質をもつものと非経常的な性質をもつものに大別されます。こ
のうち経常的な性質をもつ収益と費用は，営業活動にかかわるものとそれ以
外のもの（営業外収益と営業外費用にグループ化されます）に分類されます。
営業活動にかかわる費用は，物品販売業を前提とすれば，売上原価と販売費
及び一般管理費に分類されます。分類を図示すると，次のようになります。

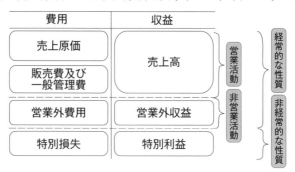

2 売上高 ....

❶ 営業活動における収益の認識

　収益には，顧客（取引先）に財（商品や製品）またはサービスを移転することにより，一時点で履行義務（財またはサービスを移転する約束）が充足されるときに認識されるものと，顧客に一定の期間にわたり財またはサービスを移転することにより，一定期間にわたり履行義務を充足し認識されるものがあります。企業は約束した財またはサービスを顧客に移転することにより履行義務を充足したとき，または充足するにつれて収益を認識します。

❷ 売上収益

　売上収益は，商品や製品の販売の時点で認識されます。販売の時点とは，商品等の支配が顧客に移転されるときです。商品等の国内の販売において，出荷時から商品等の支配が顧客に移転されるときまでの期間が通常の期間である場合には，出荷時から商品等の支配が顧客に移転されるときまでの間の一時点（たとえば，出荷時や着荷時）に収益を認識することができます。
　売上収益を認識する時点として，次のものが挙げられます。

売上収益の認識基準	売上収益の認識時点
出荷基準	商品等を出荷した時点
着荷基準	商品等が得意先に到着した時点
検収基準	商品等を得意先が検収した時点

例題9−1

　次の取引を，出荷基準を採用した場合と検収基準を採用した場合のそれぞれについて，仕訳を示しなさい。商品売買に関する記帳は3分法による。なお，仕訳不要の場合には，「仕訳なし」と答えること。

(1)　遠隔地にある得意先から，商品¥110,000の注文があり，代金は掛けとして本日発送した。

(2)　上記商品に関し，得意先より注文どおり届き検収が完了した旨の連絡があった。

105

[解　答]‥‥‥‥‥‥‥‥‥‥‥‥‥‥‥‥‥‥‥‥‥‥‥‥‥‥‥‥‥‥‥‥‥‥

出荷基準

(1)　（借）売　掛　金　110,000　（貸）売　　上　110,000

(2)　仕訳なし

検収基準

(1)　仕訳なし

(2)　（借）売　掛　金　110,000　（貸）売　　上　110,000

❸ 役務収益と役務原価

　これまで，主たる営業活動が商製品売買である企業を前提にして，簿記処理を学習してきました。そこでは商品等を顧客に移転した時点で売上を認識し，その商品等の売上によって引き渡された商品の原価を売上原価という費用として認識しました。

　このような商製品売買を前提としたビジネススタイルのみならず，具体的な形のある商製品の売買ではなく，顧客へのサービスの提供を営む企業の社会的影響も大きくなっています。そこで，ここではサービス業を営む企業の役務収益という収益認識（物品販売業の売上に相当）と役務原価という費用認識（物品販売業の売上原価に相当）について学びます。

　サービス業を営む企業においては，顧客との契約にもとづくサービスの移転に応じて役務収益を認識し，**役務収益勘定**（収益）の貸方に記入します。役務収益の計上よりも前に発生したサービスの移転にともなう諸費用については，これをいったん**仕掛品勘定**（資産）に振り替える処理を行い，サービスを移転した時点で，収益の認識をすると同時に仕掛品勘定から**役務原価勘定**（費用）の借方に振り替えます。ただし，役務収益と役務原価がほぼ同時に発生し，タイムラグが生じていない場合には，仕掛品勘定を通さずに，支払額をそのまま役務原価勘定に計上します。

　第6章で学習したように，サービスの対価として代金の一部を手付金として受け取ったときは契約負債勘定を用いて処理します。なお，貸借対照表では契約負債を前受金として表示することも認められています。問題文の指示に従ってください。

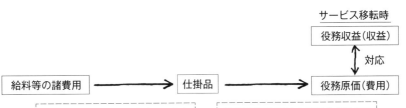

サービス移転時

役務収益（収益）

↕ 対応

給料等の諸費用 ──→ 仕掛品 ──→ 役務原価（費用）

費用勘定で計上していたもののうち，サービスの移転に係るものを仕掛品勘定（資産）に振り替えます。

仕掛品勘定に計上していた金額のうち，サービスの移転に応じた金額を役務原価勘定に振り替えます。

例題9−2

次の取引を仕訳しなさい。

(1) 市場リサーチを行い，情報提供サービス業を営む当社は，顧客から依頼のあった国外の新規市場開拓に関する調査を実施し，給料¥450,000，旅費交通費¥300,000，通信費¥30,000および消耗品費¥20,000を当該サービスに係るものとして，仕掛品勘定に振り替えた。

(2) 上記調査について調査報告書を提供し，調査の代金として¥1,200,000が当座預金口座に振り込まれた。

(3) 広告業を営む当社は，契約総額¥3,000,000で広告サービスの依頼を受け，契約対価の40%である¥1,200,000が当座預金口座に振り込まれた。

(4) 上記(3)の広告制作につき，当該サービスに係るものとして給料¥950,000，旅費交通費¥150,000，水道光熱費¥210,000および消耗品費¥90,000を仕掛品勘定に振り替えた。

(5) 決算にあたり，当期中に上記(3)の広告サービスの30%の提供が完了した。

☺ 解答へのアプローチ

(1) 情報のサービス移転前に発生している諸費用等は仕掛品勘定に振り替えます。

(2) サービスの移転が行われた時点で，役務収益を計上するとともに，仕掛品勘定から役務原価勘定に振り替えます。

(3) 代金の一部を手付金として受け取ったときは，契約負債勘定で処理します。

(4) サービス提供に伴う諸費用については，これをいったん仕掛品勘定に振り替えます。

(5) サービス提供が30%なされたので，契約額の30%分である¥900,000を役務収益として認識します。また，仕掛品勘定からも¥420,000（¥1,400,000 × 30%）を役務原価に振り替えます。

[解　答]..

(1)	（借）	仕　掛　品	800,000	（貸）	給　　　料				450,000
					旅 費 交 通 費				300,000
					通　信　費				30,000
					消 耗 品 費				20,000
(2)	（借）	当 座 預 金	1,200,000	（貸）	役　務　収　益				1,200,000
	（借）	役　務　原　価	800,000	（貸）	仕　掛　品				800,000
(3)	（借）	当 座 預 金	1,200,000	（貸）	契　約　負　債				1,200,000
(4)	（借）	仕　掛　品	1,400,000	（貸）	給　　　料				950,000
					旅 費 交 通 費				150,000
					水 道 光 熱 費				210,000
					消 耗 品 費				90,000
(5)	（借）	契　約　負　債	900,000	（貸）	役　務　収　益				900,000
	（借）	役　務　原　価	420,000		仕　掛　品				420,000

基本問題 9－1

次の取引を仕訳しなさい。

(1) 広告業を営む当社は，広告制作の依頼を受け，給料¥250,000と消耗品費¥320,000および水道光熱費¥30,000を当該サービス提供に係るものとして，仕掛品勘定に振り替えた。

(2) サービス提供開始前に顧客から上記契約の対価の全額¥900,000が，当座預金口座に振り込まれた。

(3) 決算にあたり，当期中に広告サービスとして60％の提供が完了した。

⇒ 解答は313ページ

3 販売費及び一般管理費 ‥‥‥‥‥‥‥‥‥‥‥‥‥‥

❶ 販売費及び一般管理費の種類

　販売費及び一般管理費とは，主たる営業活動としての販売業務および管理業務に関連して発生する費用の総称です。販売費と一般管理費に大別されますが，厳密な区分が困難なものもあります。

　主な勘定として，給料，発送費，通信費，広告宣伝費，交際費，保険料，旅費交通費，水道光熱費，消耗品費，租税公課，研究開発費，減価償却費，貸倒引当金繰入（売上債権等を対象としたもの），のれん償却などがあります。

❷ 研究開発費の支出

　研究とは，新しい知識の発見を目的とした計画的な調査および探究をいいます。開発とは，新しい製品等についての計画もしくは設計または既存の製品等を著しく改良するための計画もしくは設計として，研究の成果その他の知識を具体化することをいいます。

　研究開発費には，たとえば人件費や原材料費，固定資産の減価償却費や研究開発の目的のみに使用する設備を取得した原価などを含み，これらが発生した期に**研究開発費勘定**（費用）の借方に記入します。

 ★**研究開発費**：研究開発のために発生した費用をいいます。

❸ 租税公課の納付

　租税公課勘定は，固定資産税，印紙税（収入印紙）など費用として処理することが認められている税金を記録する勘定科目です。企業が支払う税金には，その他に法人税，住民税，関税，不動産取得税，自動車取得税などがありますが，法人税，住民税および事業税は法人税，住民税及び事業税勘定で処理され（第11章**❷**），関税，不動産取得税，自動車取得税などはその税金を支払う原因となった購入資産の取得原価に含めます。

　固定資産税は，納税通知書を受け取ったときに納税額を**租税公課勘定**（費

用）の借方と**未払固定資産税勘定**（負債）の貸方に記入します。実際の納付時には納付額だけ未払固定資産税勘定の借方に記入して，減額処理を行います。印紙税は，収入印紙を使用したときに納付したことになり，租税公課勘定の借方に記入します。

例題9－3

次の取引を仕訳しなさい。

(1) 研究開発目的による人件費¥300,000，原材料費¥200,000および機械装置¥500,000に対する支出について，小切手を振り出して支払った。

(2) 当期に給料勘定で処理していた金額のうち¥250,000，水道光熱費として処理していた金額のうち¥110,000および機械装置の減価償却費¥800,000のうち30％分を，研究開発目的のものと把握した。

(3) 固定資産税¥560,000の納税通知書が送付されてきた。

(4) 上記固定資産税の第1期分¥140,000が当座預金から引き落とされた。

解答へのアプローチ

(1) 研究開発目的で要した支出額（研究開発のための固定資産の取得に要した金額を含む）または発生した費用は，研究開発費勘定で処理します。

(2) 当期にそれぞれ給料，水道光熱費，減価償却費などの勘定で処理していたもののうち，研究開発目的として把握された金額分を研究開発費勘定に振り替えます。

機械装置の減価償却費の研究開発費への振替額：¥800,000×30％＝¥240,000

(3) 固定資産税は租税公課として納税通知書が送付されてきた時点で費用計上すると同時に，その税額を未払固定資産税勘定に貸方記入します。

[解 答].......

(1) （借）研 究 開 発 費　1,000,000　（貸）当 座 預 金　1,000,000

(2) （借）研 究 開 発 費　600,000　（貸）給　　　料　250,000

水 道 光 熱 費　110,000

減 価 償 却 費　240,000

(3)	(借)	租 税 公 課	560,000	(貸)	未払固定資産税	560,000
(4)	(借)	未払固定資産税	140,000	(貸)	当 座 預 金	140,000

基本問題 9−2

次の取引を仕訳しなさい。

(1) 当期に支出した人件費（給料勘定で処理）のうち¥300,000，消耗品費のうち¥500,000および機械装置の減価償却費として処理した金額のうちの¥1,000,000が，研究開発目的のものと把握された。

(2) 山梨商店から商品陳列用の棚¥500,000と研究開発にのみ使用する目的の機械装置¥2,000,000を購入し，代金のうち¥1,500,000は小切手を振り出して支払い，残額は月末払いとした。

(3) 固定資産税¥600,000の納税通知書が送付されてきた。

(4) (3)の固定資産税につき，固定資産税第2期分¥150,000を当座預金から支払った。

➡ 解答は314ページ

4 営業外費用 ·····································

　営業外費用は，企業の主たる営業活動に付帯して行う副次的活動から生じる費用で，そのほとんどが資金調達に関連する財務上の費用か資金運用に関連する損失です。主な項目に，支払利息，手形売却損，有価証券売却損，有価証券評価損などがあります。

　支払利息のような時の経過に伴うサービスの提供を受けたことにより発生すると認識される費用は，その期間の支払額とは異なっている場合があるため，決算において，サービスの費消の事実に照らして，支払額で記帳されている費用の金額を修正する必要があります。

　たとえば利息について，当期に発生していても期末時点で支払日が来ていない場合には，支払利息勘定の借方記入を行うと同時に未払利息勘定の貸方に記入を行います。また，当期中に支払済みであっても時間が経過していない（すなわち次期以降の前払分がある）ために当期の費用とならない利息分

は，支払利息勘定から前払利息勘定の借方に振り替えます。未払分または前払分は，翌期首において反対仕訳を行って再振替します。

例題9－4

次の取引を仕訳しなさい。

⑴ 関東商店から下記の条件で¥600,000を借り入れ，当座預金口座に払い込まれた（借入期間：5カ月，利率：年6％，利息は元本の返済時に支払う）。

⑵ 上記の借入金について，借入れから3カ月経過して決算日を迎えた。

😊 **解答へのアプローチ**

⑵ 利息費用は発生していますが，支払いが行われていない部分について未払費用の決算整理仕訳を行います。

支払利息の未払額＝借入金¥600,000 × 6％ × $\dfrac{3カ月}{12カ月}$ ＝¥9,000

[解 答]

⑴ （借）当 座 預 金 600,000 （貸）借 入 金 600,000
⑵ （借）支 払 利 息 9,000 （貸）未 払 利 息 9,000

基本問題 9－3

次の利息に関する一連の取引を仕訳しなさい。

⑴ 金融機関から7カ月後に返済する契約で¥500,000を借り入れた。借入利率は年利6％であり，利息は借入時に差し引かれ，残金が当座預金口座に振り込まれた。

⑵ 借入れから4カ月経過して決算日を迎えた。

⑶ 上記決算日の翌日，次の会計年度が開始し，前期末の決算整理の再振替を行う。

⑷ ⑴の借入金について，小切手を振り出して返済した。

➡ 解答は314ページ

5 営業外収益 ･･･

営業外収益には，主として資金運用など企業の財務活動に関連して発生する収益が該当します。受取配当金（他社発行の株式を所有していて，その会社から受け取った配当金）や，受取利息，有価証券売却益，有価証券評価益などがあります。

時の経過に伴いサービスを提供することにより発生すると認識される受取利息などの収益は，決算時にその期間の受取額と発生額が異なる場合には，追加の処理が必要となります。受取利息未収分があるときには，未収利息勘定の借方と受取利息勘定の貸方に未収額を記入します。前受分があるときは，受取利息勘定から前受利息勘定の貸方に振り替えます。未収分または前受分は，翌期首において反対仕訳を行って再振替します。

例題9－5

次の取引を仕訳しなさい。

(1) 千葉商店に対して次の条件で¥600,000を貸し付け，利息を差し引いた残額について，小切手を振り出した（貸付期間：5カ月，利率：年6％）。

(2) 上記の貸付金について，貸付けから3カ月経過して決算日を迎えた。

(3) 株式を保有している中央商事株式会社が配当を実施し，配当金領収証 ¥20,000が送付された。

⌣ 解答へのアプローチ

(1) 当座預金口座から¥600,000を貸し付けると同時に利息を受け取ると考えます。

$$受取利息の金額 = ¥600,000 \times 6\% \times \frac{5カ月}{12カ月} = ¥15,000$$

(2) 貸付時に利息収益を受取額で記帳していますが，用役提供が行われた期間分についてのみ収益を認識するので，次期の2カ月分について収益の前受けの処理を行います。

$$受取利息の前受額 = 貸付金¥600,000 \times 6\% \times \frac{2カ月}{12カ月} = ¥6,000$$

---

(3) 保有している株式に対して，配当が実施された場合には，配当額を受取配
当金で処理します。また，配当金額収証は，簿記上の現金として取り扱いま
す（通貨代用証券）。

[解　答]‥‥

(1) （借）貸　　付　　金　600,000　（貸）当　座　預　金　585,000
　　　　　　　　　　　　　　　　　　　　　受　取　利　息　 15,000

(2) （借）受　取　利　息　　6,000　（貸）前　受　利　息　　6,000

(3) （借）現　　　　　金　 20,000　（貸）受 取 配 当 金　 20,000

基本問題 9－4

次の取引を仕訳しなさい。

(1) 東洋商店に対して¥500,000を貸し付け，同額の小切手を振り出した。
貸付期間は9カ月，利率は年利6％であり，利息は元本の返済時に受
け取る。

(2) 貸付けから4カ月経過して決算日を迎えた。

(3) 上記決算日の翌日，次の会計年度を開始し前期末の決算整理の再振
替を行う。

(4) (1)の貸付金について，元本・利息とともに小切手で受領した。

➡ 解答は315ページ

第 **10** 章

株式会社の純資産（資本）

学習のポイント

➡株式会社の純資産の構成要素を確認します。

➡会社設立時の資本金勘定の記帳方法と，設立と開業に必要な諸費用の処理方法について学習します。

➡会社設立後に資本金を増加させた場合の記帳方法と，新株の発行に必要となる諸費用の処理方法について学習します。

➡会社法で積立てが強制されている準備金の積立方法とその記帳方法について学習します。

➡剰余金の処分方法とその記帳方法について学習します。

➡複数の会社が１つの会社になるときの処理方法について学習します。

➡株主資本以外の純資産には，特定の資産・負債を時価評価した場合の評価差額である評価・換算差額等があります。２級ではその他有価証券評価差額金の処理について学習します。

➡その他有価証券を期末に時価で評価し，その評価差額はその他有価証券評価差額金勘定として処理し，評価・換算差額等に直接計上します。

1 株式会社の純資産（資本）の意義 ....

　資産総額と負債総額との差額を資本といいますが，会社法などでは貸借対照表における資産総額と負債総額との差額を**純資産**とよんでいます。負債総額と純資産とをあわせて総資本といいます。

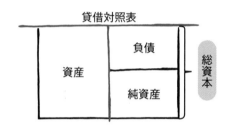

　純資産は，株主に帰属する株主資本と，株主資本以外の部分（評価・換算差額等）から構成されます。また，株主資本は，株主が出資した元本部分である資本金，資本剰余金と，これらを活用して獲得した成果である利益部分の利益剰余金から構成されています。詳しくは**2**以降で説明します。

　評価・換算差額等には，その他有価証券を期末に時価評価した際に生じるその他有価証券評価差額金などが含まれます。その他有価証券を時価評価して評価益が生じた場合は，その他有価証券評価差額金がプラスとなるため，その分純資産の部の金額を直接増加させ，評価損が生じた場合は，評価差額金がマイナスとなるため純資産の部の金額を減少させることになります。

	資本金	株主が出資した金額のうち，資本金に計上された部分		
株主資本	資本剰余金	株主が出資した金額のうち，資本金に計上されなかった部分	資本準備金	株主によって払い込まれた金額のうち，会社法によって積立てが強制された金額
			その他資本剰余金	資本剰余金のうち資本準備金以外の部分
	利益剰余金	株主資本のうち，資本金と資本剰余金以外の部分	利益準備金	会社の利益の中から会社法によって積立てが強制された金額
			その他利益剰余金 任意積立金	繰越利益剰余金のうち，任意に積み立てた金額
			その他利益剰余金 繰越利益剰余金	その他利益剰余金のうち，任意積立金以外の部分
評価・換算差額等				

★**株式会社**：株式会社とは，株主の出資にもとづいて形成される法人です。株主は，会社に対して自ら保有する株式の引受額しか責任を負いません。そのため，会社法では会社に対する債権者を保護するため，また株式会社の資産を確保するために，さまざまな規制を行っています。

2 株式会社の設立・開業 ･････････････････････････････････

❶ 株式会社の設立

① 株式の発行と資本金

　株式会社を設立するためには，発起人が会社の商号や目的などの基本規則を定めた定款を作成する必要があります。この定款には，設立に際して出資される財産の価額（またはその最低額）や会社が発行することができる株式の総数（**発行可能株式総数**）を記載しなければなりません。この発行可能株式総数の範囲内であれば，会社は取締役会の決議にもとづいて自由に株式を発行することができます。ただし，会社の設立にあたっては，公開会社（株式譲渡制限の付されていない株式を発行している会社）の場合，発行可能株式総数の4分の1以上の株式を発行しなければなりません。

　株式会社設立時の資本金は，株主となる者が会社に対して払込みまたは給付をした財産の額で，会社法上，原則としてその全額を資本金で処理しなければなりません。ただし，払込金額の2分の1を超えない額については資本金としないことも認めています。この資本金に計上しない部分を株式払込剰余金といい，**資本準備金勘定**（純資産）の貸方に記入します。

例題10-1

　次の取引の仕訳を示しなさい。

　公開会社の設立にあたって，定款において発行可能株式総数を20,000株と定め，そのうち会社法の定める最低限の発行株式数を1株につき¥40,000で発行し，全額の払込みを受け，これを当座預金とした。なお，資本金には会社法の定める最低額を組み入れることにした。

会社法上，公開会社を設立する時に最低限発行しなければならない株式数は，発行可能株式総数の4分の1です。また，株式の払込金額の2分の1を資本金としなければなりません。

発行株式数 = 20,000株 × $\frac{1}{4}$ = 5,000株

資本金とすべき金額 = 5,000株 × ¥40,000 × $\frac{1}{2}$ = ¥100,000,000

[解　答]‥‥‥‥‥‥‥‥‥‥‥‥‥‥‥‥‥‥‥‥‥‥‥‥‥‥‥‥‥‥‥‥‥

(借)	当 座 預 金	200,000,000	(貸)	資　　本　　金	100,000,000
				資 本 準 備 金	100,000,000

基本問題 10-1

次の取引の仕訳を示しなさい。

(1) 公開会社の設立にあたり定款において発行可能株式総数を10,000株と定め，そのうち会社法の定める最低限の発行株式数を1株につき¥90,000で発行し，全額の払込みを受け，これを当座預金とした。なお，資本金には会社法の定める原則的な金額を計上することとした。

(2) 公開会社の設立にあたり定款において発行可能株式総数を12,000株と定め，そのうち会社法の定める最低発行株式数を1株につき¥70,000で発行し，全額の払込みを受け，これを当座預金とした。なお，資本金には会社法が定める最低額を計上することにした。

➡ 解答は315ページ

② 創立費

会社設立までに要する定款作成費，株式の発行費用，設立登記のための費用などを**創立費**といいます。こうした設立費用を支払ったときは，**創立費勘定**（費用）の借方に記入します。

❷ 株式会社の開業

　会社設立後から営業を開始（開業）するまでの間に支出した経費で，広告宣伝費，通信費，水道光熱費など開業のために必要な開業準備費用を**開業費**といい，**開業費勘定**（費用）の借方に記入します。

例題10−2

　次の取引の仕訳を示しなさい。

(1)　会社創立総会後に発起人が立替払いをしていた会社設立のための諸費用¥600,000と発起人の報酬¥300,000を現金で支払った。

(2)　開業準備のための諸費用¥800,000を小切手を振り出して支払った。

☺解答へのアプローチ

　創立費や開業費は，原則として支出時の費用として処理します。

[解　答]..

(1)　(借)　創　　立　　費　900,000　(貸)　現　　　　　金　900,000
(2)　(借)　開　　業　　費　800,000　(貸)　当　座　預　金　800,000

基本問題10−2

　次の一連の取引の仕訳を示しなさい。なお，会計期間は1年とする。

(1)　20X1年4月1日，公開会社の設立にあたり定款において発行可能株式総数を8,000株と定め，そのうち会社法の定める最低発行株式数を1株につき¥30,000で発行し，全額の払込みを受け，これを当座預金とした。なお，資本金には会社法が定める最低額を計上することにした。また，株式の発行費用¥600,000と設立のための諸費用¥250,000については現金で支払った。

(2)　20X1年4月3日，営業用店舗開設のための準備費用¥1,200,000とチラシの印刷代¥150,000を小切手を振り出して支払った。

➡ 解答は316ページ

3 増 資 ·······························

❶ 増資の意義

　会社設立後に資本金を増加させることを**増資**といいます。増資には，資本金の増加にともない実質的に純資産が増加する実質的増資（有償増資）と，資本金は増加しても純資産は増加しない名目的増資（無償増資）があります。実質的増資には，通常の新株発行や株式交付による他企業の合併などがあり，名目的増資には，資本準備金や利益準備金の資本組入や分配可能な剰余金の資本組入があります。

❷ 通常の新株発行による増資

　会社は，発行可能株式数の枠内であれば，自由に新株を発行して資金を調達することができます。新株発行にあたって，不特定多数の出資者から株主を募集して新株を発行する方法を公募増資といいます。また，既存の全株主に対して持株数に応じて新株を優先的に引き受ける権利を割り当てて新株を発行する方法を株主割当増資といい，取引先や提携先といった特定の第三者に株式の引受けを呼びかけて新株を発行する方法を第三者割当増資といいます。

　いずれの形で新株を発行する場合でも，株式の引受人から払い込まれた金額は**株式申込証拠金勘定**（純資産）で処理しておき，引受人が株主となる払込期日に株式申込証拠金勘定から**資本金勘定**へ振り替えます。会社法上は，このとき株主からの払込額の総額を資本金とするのが原則です。ただし，設立時と同様に，払込金額の2分の1を超えない額を資本金としないことも認めています。この払込金額のうち資本金に組み入れなかった部分を株式払込剰余金といい，資本金とは区別して**資本準備金勘定**で処理します。

例題10-3

　次の一連の取引の仕訳を示しなさい。

(1)　金沢工業株式会社は，新株の募集にあたって，未発行株式のうち300株を1株につき￥70,000で発行することとし，申込期日までに330株の申込みが

120

あり，同額の申込証拠金が取引銀行の別段預金に払い込まれた。

(2) 新たに発行する300株の株式を抽選によって割り当て，割り当てられなかった30株分の申込証拠金については，別段預金から払戻しを行った。

(3) 新株式払込期日にあたる本日，(1)の申込証拠金を資本金に振り替えるとともに，別段預金を当座預金に預け入れた。なお，資本金には発行価額のうち会社法で認められる最低額を計上することにした。

😊 解答へのアプローチ

(1) 払い込まれた株式申込証拠金は，払込期日まで株式申込証拠金勘定の貸方に記入しておきます。

(2) 申込証拠金を払い戻したときは，株式申込証拠金勘定の借方に記入します。

(3) 株式の払込金のうち，資本金となるのはその2分の1で，残額は株式払込剰余金となり，資本準備金勘定の貸方に記入します。

[解答]..

(1)	(借)	別段預金	23,100,000	(貸)	株式申込証拠金	23,100,000
(2)	(借)	株式申込証拠金	2,100,000	(貸)	別段預金	2,100,000
(3)	(借)	株式申込証拠金	21,000,000	(貸)	資本金	10,500,000
					資本準備金	10,500,000
	(借)	当座預金	21,000,000	(貸)	別段預金	21,000,000

❸ 株式交付費

会社設立後に，事業規模拡大などのため，新たに株式を発行するために要した諸費用を**株式交付費**といい，**株式交付費勘定**（費用）の借方に記入します。

例題10−4

次の取引の仕訳を示しなさい。

20X1年4月1日，事業規模拡大のための増資を行うにあたり，新株式発行に要した諸費用¥600,000を小切手を振り出して支払った。

会社設立時の株式発行費用は創立費勘定で処理しますが，設立後の新株発行のための費用については，株式交付費勘定で処理します。

[解　答]‥‥‥‥‥‥‥‥‥‥‥‥‥‥‥‥‥‥‥‥‥‥‥‥‥‥‥‥‥‥‥‥‥

(借)　株 式 交 付 費　　600,000　(貸)　当 座 預 金　　600,000

基本問題 10－3

次の取引の仕訳を示しなさい。

20X1年4月1日，事業規模拡大のための増資を行うにあたり，株式1,000株を1株当たり¥50,000で発行することとし，払込金は当座預金とした。また，株式募集のための広告費¥400,000と証券会社への取扱手数料¥200,000については現金で支払った。なお，資本金には発行価額のうち会社法で認められる最低額を計上することにした。

➡ **解答は316ページ**

---

4 剰余金の配当および処分 ‥‥‥‥‥‥‥‥‥‥‥‥‥‥‥‥

❶ 剰余金の意義

株式会社では，損益勘定で当期純利益または当期純損失が計算されると，それを繰越利益剰余金勘定に振り替えます。そのため，繰越利益剰余金勘定では，決算直前の繰越利益剰余金の残高と当期純利益が合算され次期に繰り越されます。通常はこの範囲で株主への配当が行われます。しかし，この範囲で配当が賄いきれない場合には，任意積立金やその他資本剰余金を取り崩して配当を行うことも認められています。そのため，会社法では，その他資本剰余金とその他利益剰余金をあわせて**剰余金**とよび，株主に対する配当，資本金や準備金の減少にともなう払戻しを一括して剰余金の配当とよんでいます。

剰余金の配当は，純資産が300万円以上であれば，株主総会の決議によっていつでも行うことができます。ただし，剰余金の配当を行う場合，その原資となる剰余金の金額の10分の1を準備金として積み立てなければなりません。

この処理については，次の資本剰余金と利益剰余金のところで詳述します。

❷ 資本剰余金

　資本剰余金は株主が出資した金額のうち，資本金に計上されなかった部分で，会社法によって積立てが強制されている**資本準備金**と，それ以外の**その他資本剰余金**から構成されています。

　資本準備金とは，株主から払い込まれた資本のうち資本金とされなかった部分で，会社法および会社計算規則等で資本準備金とすることが定められているものに限られます。資本準備金は，資本金には算入されないものの，実質的には株主の出資した資本金と同等の性質であるため，その維持・拘束性は強いものとなっています。ただし，株主総会の決議により取り崩すことができます。資本準備金が取り崩された場合は，その他資本剰余金に含められます。

　会社法では，その他資本剰余金を原資として剰余金を配当するたびに，配当によって減少するその他資本剰余金の額に10分の1を乗じた金額を，資本準備金と下記の利益準備金とを合わせた額が資本金の4分の1（これを**基準資本金額**といいます）に達するまでその他資本剰余金を減少させて資本準備金として積み立てることを強制しています。

❸ 利益剰余金

　利益剰余金は，株主資本のうち，資本金と資本剰余金以外の部分で，利益準備金とその他利益剰余金に分けられます。また，その他利益剰余金は任意積立金と繰越利益剰余金に分けられます。

① 利益準備金

　利益準備金は，資本準備金と同様に，剰余金の配当にあたって会社法上積み立てることが強制されている準備金です。会社法では，その他利益剰余金を原資として剰余金を配当するたびに，配当によって減少するその他利益剰余金の額に10分の1を乗じた金額を，上記の資本準備金と利益準備金とを合わせた額が資本金の4分の1に達するまでその他利益剰余金を減少させて利益準備金として積み立てることを強制しています。利益準備金の積立てを必

要とするのは，その他利益剰余金を原資として剰余金を配当した場合であって，その他資本剰余金を原資として剰余金の配当を行った場合は，資本準備金に積み立てなければなりません。資本準備金と利益準備金を合わせた準備金の合計額が基準資本金額に達すれば，それ以上の準備金を積み立てる必要はありません。

　会社法が利益準備金の積立てを要求するのは，その他利益剰余金の一部を留保させて会社の財政基盤を強化することで債権者の保護を達成しようとする目的があるからです。そのため，その維持・拘束性は資本準備金と並んで強いものとなっています。ただし，資本準備金と同様に，利益準備金も株主総会の決議により取り崩すことができます。利益準備金が取り崩された場合には，その積立て前のその他利益剰余金に戻すことになります。

② 任意積立金

　任意積立金には，特定の使用目的を持って積み立てられる新築積立金，配当平均積立金などと，特定の使用目的のない別途積立金があります。剰余金の処分で，任意積立金の積立てを決定したときは，その内容を明示した積立金勘定の貸方に記入しておき，取り崩したときに借方に記入します。取り崩したときは，積立前の繰越利益剰余金に振り戻します。

　任意積立金の積立ても，剰余金の配当および処分として行われるため，原則として株主総会の決議を経て行われますが，一定の条件を満たせば取締役会の決議で行うこともできます。そのため，その積立ての処理は通常株主総会の決議後に行われますが，一定の条件を満たした会社では，取締役会の決議後に行われます。

③ 繰越利益剰余金

　会社法では，株主に対する配当，資本金や準備金の減少に伴う払戻しを一括して剰余金の配当としているため，当期の純損益はいったん繰越利益剰余金勘定へ振り替えられて当期以前の繰越利益剰余金残高と合算されます。そして，その後株主総会の決議を経て，繰越利益剰余金の処分または処理を行うことになります。ただし，一定の条件を満たせば取締役会の決議だけで配当を行うこともできます。

④ 剰余金の処分

　繰越利益剰余金の処分が決定されれば，繰越利益剰余金勘定から未払配当金，利益準備金，任意積立金といった処分対象となる勘定へ振り替えます。なお，一部が処分されずに繰越利益剰余金勘定の貸方に残高が残る場合は，そのまま次期へと繰り越されます。

　一方，繰越利益剰余金が借方残高の場合は，マイナスの繰越利益剰余金となり，その後の株主総会で処理の対象となります。マイナスとなった繰越利益剰余金を塡補するために，通常は，任意積立金を取り崩してその取崩額を充当します。しかし，それで塡補しきれない場合は，その他資本剰余金があれば，それを取り崩し，任意積立金やその他資本剰余金で塡補しきれない場合は，繰越利益剰余金を借方残高のまま残して，将来の利益で塡補するか，準備金や資本金を減少させて塡補することになります。

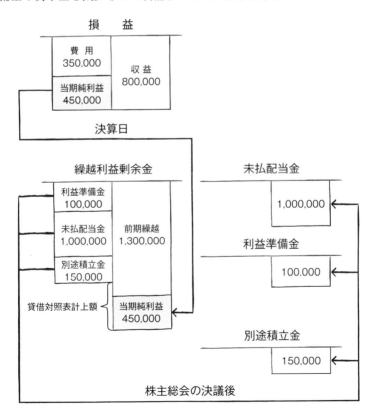

次の取引の仕訳を示しなさい。

株主総会において，その他資本剰余金¥560,000およびその他利益剰余金（繰越利益剰余金）¥840,000を財源として，株主への配当金を¥1,400,000とすることが決議された。なお，決算時点における純資産の各勘定の残高は次のとおりである。

資　本　金	¥20,000,000	資本準備金	¥1,100,000
その他資本剰余金	¥800,000	利益準備金	¥1,300,000
任意積立金	¥1,000,000	繰越利益剰余金	¥2,000,000

解答へのアプローチ

配当にともない，資本準備金については¥56,000$\left(¥560,000\times\frac{1}{10}\right)$，利益準備金については¥84,000$\left(¥840,000\times\frac{1}{10}\right)$を新たに積み立てます。資本準備金と利益準備金は，資本金の4分の1の¥5,000,000$\left(¥20,000,000\times\frac{1}{4}\right)$まで積み立てることになっているため，すでに積み立てられている資本準備金と利益準備金の合計（¥1,100,000＋¥1,300,000）と，新たに積立てを要する準備金の合計（¥56,000＋¥84,000）が，資本金の4分の1の¥5,000,000に満たなければ，資本準備金と利益準備金をともに，全額積み立てなければなりません。

[解　答]……………………………………………………………………………

（借）	その他資本剰余金	616,000	（貸）	未 払 配 当 金	1,400,000
	繰越利益剰余金	924,000		資 本 準 備 金	56,000
				利 益 準 備 金	84,000

次の一連の取引の仕訳を示しなさい。

(1) 20X1年3月31日，決算の結果，当期純利益¥8,400,000を計上した。なお，繰越利益剰余金勘定の貸方に¥5,600,000の残高がある。

(2) 20X1年6月29日，株主総会において繰越利益剰余金の処分を次のとおり行うこととした。なお，資本金勘定の残高は¥80,000,000，資本準備金勘定の残高は¥10,000,000，利益準備金勘定の残高は¥9,600,000である。

　　　利益準備金　会社法の定める金額　　　配当金　¥7,000,000

　　　別途積立金　¥4,500,000

(3) 20X1年7月4日，配当金全額を小切手を振り出して支払った。

😊**解答へのアプローチ**

　利益準備金には配当金の10分の1を積み立てなければなりません。ただし，準備金の合計が資本金の4分の1に達していればその必要はありません。

　利益準備金の積立額は，次のように計算されます。

a．資本金¥80,000,000$\times\dfrac{1}{4}$－（資本準備金¥10,000,000＋利益準備金¥9,600,000）

　＝¥400,000

b．配当金¥7,000,000$\times\dfrac{1}{10}$＝¥700,000

c．a＜b　∴400,000

[解　答]‥‥‥‥‥‥‥‥‥‥‥‥‥‥‥‥‥‥‥‥‥‥‥‥‥‥‥‥‥‥‥‥‥‥

(1) （借）損　　　　益　8,400,000　（貸）繰越利益剰余金　8,400,000

(2) （借）繰越利益剰余金　11,900,000　（貸）未 払 配 当 金　7,000,000

　　　　　　　　　　　　　　　　　　　　　利 益 準 備 金　　400,000

　　　　　　　　　　　　　　　　　　　　　別 途 積 立 金　4,500,000

(3) （借）未 払 配 当 金　7,000,000　（貸）当 座 預 金　7,000,000

　次の取引の仕訳を示しなさい。

(1)　株主総会の決議にもとづいて，繰越利益剰余金の処分を次のとおり
　　行った。

　　　利益準備金　　会社法の定める金額

　　　配　当　金　　　　　　¥400,000

　　　別途積立金　　　　　　¥60,000

　なお，当期首の資本金勘定，資本準備金勘定および利益準備金勘定の
残高は，それぞれ¥6,000,000，¥380,000，¥320,000である。

(2)　決算が確定し，当期純利益は¥950,000であった。

➡ 解答は316ページ

　次の一連の取引の仕訳を示しなさい。

(1)　20X1年3月31日，決算の結果，当期純損失¥4,600,000を計上した。
　なお，繰越利益剰余金勘定の貸方に¥1,230,000の残高がある。

(2)　20X1年6月25日，株主総会において別途積立金¥5,000,000を取り崩
　　して繰越利益剰余金の借方残高を填補することとした。

➡ 解答は317ページ

❹ 株主資本の計数の変動

① 株主資本の計数の変動の意義

　形式的増資や準備金の取崩しの処理に見られるように，株主資本を構成す
る資本金，準備金および剰余金の間における金額の振替えを，計数の変動と
いいます。また，増資や減資のほかにも，準備金から剰余金への振替えや，剰
余金から準備金への振替えも，計数の変動となります。

　これらの振替えについては，資本と利益の区別さえ基本的に守られていれ
ば，比較的自由に行うことができます。したがって，払込資本内の振替えや
留保利益内の振替えは広く認められています。また，株主総会の決議を経て
いれば利益準備金やその他利益剰余金を資本金に振り替えることも認められ

ています。

例題10-7

次の取引の仕訳を示しなさい。

(1) 川崎物産株式会社は，資本準備金¥750,000と利益準備金¥600,000を資本金へ組み入れることとした。

(2) 鎌倉通商株式会社は，その他資本剰余金¥600,000と繰越利益剰余金¥800,000を準備金に組み入れることとした。

(3) 松戸興業株式会社は，株主総会の決議により，資本準備金¥500,000と利益準備金¥500,000を取り崩すこととした。なお，利益準備金の取崩額は繰越利益剰余金とすることとした。

😃 解答へのアプローチ

払込資本内の振替えや留保利益内の振替えは比較的自由に行えます。しかし，その他利益剰余金を資本準備金に組み入れたり，その他資本剰余金を利益準備金に組み入れることは，資本剰余金と利益剰余金を混同することになるため，会社法では認められていません。

[解 答]⋯⋯⋯⋯⋯⋯⋯⋯⋯⋯⋯⋯⋯⋯⋯⋯⋯⋯⋯⋯⋯⋯⋯⋯⋯⋯⋯

(1)	(借)	資 本 準 備 金	750,000	(貸)	資 本 金	1,350,000
		利 益 準 備 金	600,000			
(2)	(借)	その他資本剰余金	600,000	(貸)	資 本 準 備 金	600,000
	(借)	繰越利益剰余金	800,000	(貸)	利 益 準 備 金	800,000
(3)	(借)	資 本 準 備 金	500,000	(貸)	その他資本剰余金	500,000
	(借)	利 益 準 備 金	500,000	(貸)	繰越利益剰余金	500,000

② 株主資本等変動計算書

会社法では，剰余金の配当が同一年度内に何回でも，しかも随時行えるため，株主資本の構成を柔軟に変動させることが可能となっています。そこで，純資産の変動を示すために，財務諸表の1つとして，**株主資本等変動計算書**があります。繰越利益剰余金の処分または処理の内容も，この株主資本等変

動計算書で示されます。株主資本等変動計算書については，第15章で学習します。

5 会社の合併

❶ 合併の意義と形態

　複数の会社が1つの会社となることを合併といいます。合併には，ある会社（合併会社）が他の会社（被合併会社）を吸収する形で行う吸収合併と，合併する複数の会社（被合併会社）が消滅して新設会社（合併会社）を設立する新設合併があります。

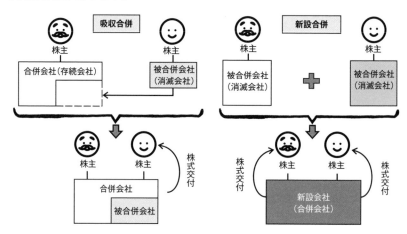

❷ 合併の処理

　合併が行われると，合併会社は被合併会社の資産と負債を時価で受け入れ，合併の対価として合併会社の株式などを被合併会社の株主に交付します。合併の処理も，この手続に即して次のように行っていきます。

(1)　被合併会社から引き継いだ資産を借方に，負債を貸方にそれぞれ時価にもとづいて記入します。

(2)　交付した株式の時価総額を，合併契約にもとづいて，資本金勘定と資本準備金勘定の貸方にそれぞれ記入し，残額がある場合はその他資本剰余金とします。

(3) 合併の対価から引き継いだ純資産を差し引いて差額が生じる場合は，その差額を**のれん**（資産）として処理します。のれんが計上された場合は，20年以内のその効果が及ぶ期間にわたって毎決算時に定額法などで規則的に償却します。

(4) 合併会社と被合併会社との間に債権・債務があれば，それらを相殺消去します。

この一連の処理方法を**パーチェス法**といいます。

例題10-8

A社は，決算日に次のような財政状態にあるB社を吸収合併し，新株30,000株（合併時点の時価@¥600）を交付した。合併にあたっては，1株につき400円を資本金に組み入れ，¥5,000,000は資本準備金として計上することとした。B社の諸資産・諸負債を時価にもとづいて評価したところ，B社の土地の時価については¥15,000,000であった。B社株主に対して交付した株式の時価評価額のうち，資本金および資本準備金に計上しなかった残額はすべてその他資本剰余金とする。この吸収合併の処理に必要な仕訳を示しなさい。なお，商品売買の記帳は3分法によっている。

貸 借 対 照 表

B社		20X1年3月31日		（単位：円）
当 座 預 金	2,000,000	支 払 手 形		1,500,000
売 掛 金	4,000,000	借 入 金		8,500,000
商 品	6,000,000	資 本 金		10,000,000
土 地	13,000,000	資 本 剰 余 金		1,500,000
		利 益 剰 余 金		3,500,000
	25,000,000			25,000,000

☺ 解答へのアプローチ）

のれんは，合併の対価（30,000株×@¥600）－純資産（総資産¥27,000,000－総負債¥10,000,000）＝¥1,000,000となります。合併の対価のうち，資本金や資本準備金に組み入れられなかった金額¥1,000,000（¥18,000,000－30,000株×@¥400－資本準備金¥5,000,000）はその他資本剰余金として処理します。

131

[解　答]‥‥‥‥‥‥‥‥‥‥‥‥‥‥‥‥‥‥‥‥‥‥‥‥‥‥‥‥‥‥‥‥‥‥‥
（借）当 座 預 金　2,000,000　（貸）支 払 手 形　1,500,000
　　　売 　掛 　金　4,000,000　　　　借 　入 　金　8,500,000
　　　繰 越 商 品　6,000,000　　　　資 　本 　金　12,000,000
　　　土 　　　地　15,000,000　　　　資 本 準 備 金　5,000,000
　　　の 　れ 　ん　1,000,000　　　　その他資本剰余金　1,000,000

基本問題 10-6

　秋田商事株式会社は，決算日に能代商事株式会社を吸収合併して，新株10,000株（時価@¥10,000）を交付し，資本金には交付した株式1株につき¥6,000を組み入れ，¥30,000,000は資本準備金に計上することとした。合併直前の能代商事㈱の貸借対照表は以下のとおりである。なお，合併にあたって能代商事㈱の保有する土地（簿価：¥40,000,000）は時価では¥60,000,000と評価されている。この合併の処理に必要な仕訳を示しなさい。

貸 借 対 照 表

能代商事㈱	20X1年 3 月31日		（単位：円）
当 座 預 金	20,000,000	支 払 手 形	15,000,000
売 　掛 　金	45,000,000	借 　入 　金	75,000,000
商 　　　品	55,000,000	資 　本 　金	50,000,000
土 　　　地	40,000,000	資 本 準 備 金	10,000,000
		利 益 準 備 金	10,000,000
	160,000,000		160,000,000

➡ 解答は317ページ

6 株主資本以外の純資産 ‥‥‥‥‥‥‥‥‥‥‥‥‥‥‥‥‥‥‥

　純資産には，払込資本と留保利益から構成される株主資本以外にも，特定の資産・負債を時価評価等した場合の評価差額である評価・換算差額等が含まれています。その代表的な例は，その他有価証券を時価評価した際に生じるその他有価証券評価差額金です。

その他有価証券も売買目的有価証券と同様に期末に時価で評価されます。ただし，その評価差額については，値上がりしたときも値下がりしたときも，その他有価証券評価差額金勘定で処理し，その差額については損益計算書には含めずに，貸借対照表の純資産の部における評価・換算差額等の区分に直接計上します。これを**全部純資産直入法**といいます。

［値上がりした場合］

（借）　その他有価証券　　×××　（貸）　その他有価証券評価差額金　　×××

［値下がりした場合］

（借）　その他有価証券評価差額金　　×××　（貸）　その他有価証券　　×××

翌期首には期末と貸借反対の仕訳を行い，取得原価へと戻す仕訳が行われます。つまり，洗替処理が適用されます。

なお，これらの処理については，税効果会計が適用されますが，税効果会計を含む処理は第14章で学習します。

例題10-9

次の所有有価証券の第1期末，第2期首および第2期末の評価に関する仕訳を示しなさい。

銘　柄	取得原価	期　末　時　価		備　　　考
		第1期末	第2期末	
甲社株式	¥550,000	¥620,000	¥520,000	その他有価証券として処理
乙社株式	¥360,000	¥260,000	¥430,000	〃

☺解答へのアプローチ

その他有価証券の期末評価は時価で行い，翌期首には洗替法を適用します。そのため，第2期末においても取得原価と第2期末の時価との差額がその他有価証券評価差額金として計上されます。

［解　答］……………………………………………………………………

第1期末　（借）　その他有価証券評価差額金　　30,000　（貸）　その他有価証券　　30,000

第2期首　（借）　その他有価証券　　30,000　（貸）　その他有価証券評価差額金　　30,000

第2期末　（借）　その他有価証券　　40,000　（貸）　その他有価証券評価差額金　　40,000

次の当期末における取引を仕訳しなさい。

投資目的でその他有価証券として保有している道南商事株式会社株式5,000株の当期末時点の時価は1株当たり¥1,250である。なお，同社の株式については，前期中に1株当たり¥1,100で取得したものであり，前期末時点の時価は1株当たり¥980であった。

⇒ 解答は317ページ

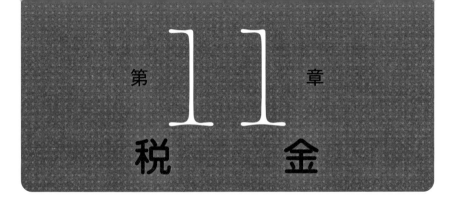

第11章

税　金

学習のポイント

➡株式会社の利益に対して課される税金の種類と，これらの税金を申告・納付するときの記帳方法について学習します。

➡物品やサービスを購入したり，販売したときの消費税の記帳方法について学習します。

➡決算時ならびに申告・納付時の消費税の記帳方法について学習します。

➡税引前当期純利益と課税所得との相違点を把握した上で，課税所得の算定方法を学習します。

➡国庫補助金や工事負担金の交付を受けて固定資産を取得した場合の圧縮記帳について学びます。

1 法人税における課税所得の計算方法 ·················

❶ 法人税額の計算

　税引前当期純利益は，会計上の収益と費用の差額として算出されます。しかし，法人税はこの税引前当期純利益に税率を乗じて求められるわけではありません。まず，課税標準となる各事業年度の課税所得を求め，この課税所得に一定の税率を乗じて法人税額を算定します。

法人税額＝課税所得×税率

★**課税所得**：課税対象となる物や行為その他の事実を金額などで表したものを課税標準といいます。課税所得とは，法人税率を適用して税額を計算する基礎となる金額で，法人税の課税標準です。

❷ 税引前当期純利益と課税所得の相違

　課税所得は，**益金**と**損金**の差額として計算されます。次の図から明らかなように，益金は会計上の収益から益金不算入項目を控除し，益金算入項目を加算して算出されます。損金についても，益金と同様に，会計上の費用から損金不算入項目を控除し，損金算入項目を加算して算出されます。こうして算出された課税所得に税率を乗じて法人税額が求められます。

課税所得の計算

損金不算入 ←	会計上の費用	損金	益金	会計上の収益	→ 益金不算入
損金算入 →					
法人税額 ← 税率×			課税所得		← 益金算入

　会計上の収益であっても益金に含められない項目を益金不算入項目といい，これには受取配当金，資産の評価益，還付金などがあります。逆に会計上の収益ではないが益金に含められる項目を益金算入項目といい，これには特別償却準備金の取崩額などがあります。　同様に，会計上の費用であっても損金に含められない項目を損金不算入項目といい，これには減価償却超過額，

136

貸倒引当金繰入超過額，交際費限度超過額，罰金などがあります。逆に会計上の費用ではないが損金に含められる項目を損金算入項目といい，これには過年度減価償却超過額の当期認容額などがあります。

2 法人税等 ···

❶ 法人税・住民税・事業税

株式会社の利益（所得）に対しては，法人税，住民税および事業税の3種類の税金が課されます。

① 法人税

法人税は，株式会社など法人の当期純利益をもとに税法の規定にもとづいて調整計算を行って求められる課税所得に，一定の税率を乗じて計算されます。会社は，こうして計算された法人税額を，決算日の翌日から2カ月以内に確定申告を行って国に納付しなければなりません。ただし，営業年度を1年とする会社は，期首から6カ月経過後2カ月以内に中間申告を行わなければなりません。中間申告では，前年度の法人税額の2分の1か，中間決算によって計算した半年分の法人税額のいずれかを納付しなければなりません。

② 住民税

住民税は，都道府県および市区町村がその地域の住民である法人および個人に対して課す税金で，株式会社の場合，資本金等の額に応じて課される均等割額と法人税額に一定の税率を乗じて課される法人税割額の合計です。

③ 事業税

事業税は，事業活動を行っている法人および個人に対して課される地方税で，当期純利益にもとづいて求められる課税所得に，一定の税率を乗じて計算されます。

★**国税と地方税**：国が課す税金を国税，都道府県や市町村等が課す税金を地方税といいます。法人税は国税ですが，住民税と事業税はともに地方税です。

❷ 法人税等の記帳

　法人税，住民税および事業税は，基本的に会社の所得に対して課される税金であるという点で共通した性質をもっており，申告や納付の方法が同じであるため，実務上はまとめて**法人税，住民税及び事業税勘定**で処理されます。

　中間申告を行って中間納付額を納めたときは，**仮払法人税等勘定**の借方に記入します。また，個人や企業が預金の利息や配当を受け取る場合は，源泉所得税控除後の純額で受領していますが，法人がこれを記録する場合は純額ではなく，源泉所得税を法人税，住民税及び事業税に含めて処理しなければなりません。そのため，これらの受取利子・配当等に課される源泉所得税については，期中，仮払法人税等勘定で処理しておき，年間の法人税額を計算する確定申告の際に調整を行います。そして，決算によって法人税等の納付額が確定したときに，法人税，住民税及び事業税勘定の借方に記入するとともに，中間納付額や源泉所得税額の合計額を仮払法人税等勘定の貸方に記入し，すでに納付した中間納付額および源泉所得税額との差額については，**未払法人税等勘定**の貸方に記入します。

　確定申告を行って法人税等の未払分を納付したときに，未払法人税等勘定の借方に記入します。以上の法人税等の納税のスケジュールとそれぞれの時期の処理を示すと次の図表のようになります。

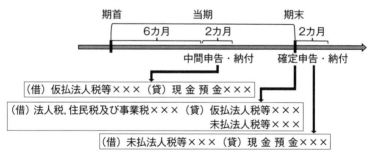

❸ 法人税等の追徴と還付

　過年度に納付した法人税等に不足額がある場合，税務当局から追加の納付を求められることがあります。これを追徴といいます。また，過年度の法人税等を過剰に納付してしまった場合は，申告することによって払戻しを受けることができます。これを還付といいます。

法人税の追徴や還付が過去の誤りに起因する場合は，過去の財務諸表を修正しなければなりません。過去の誤りに起因するものではない場合で，法人税等の追徴を求められたときには，**追徴法人税等勘定**（費用）の借方に記入し，法人税等の還付が確定している，および還付額を合理的に見積ることができるときには，**還付法人税等勘定**（収益）の貸方に記入します。なお，追徴税額のうち未納付額がある場合は未払法人税等勘定の貸方に記入し，還付税額のうち未収額がある場合は**未収還付法人税等勘定**（資産）の借方に記入します。

追徴法人税等または還付法人税等については，損益計算書上，法人税，住民税及び事業税の次に記載します。

例題11-1

次の一連の取引の仕訳を示しなさい。

(1)　20X1年11月30日，法人税等の中間申告を行い，前年度の法人税等の50％に相当する¥950,000を現金で納付した。

(2)　本日，ネットバンキングで当座預金口座の残高を確認したところ，所有する日本商工株式会社株式に対する期末配当金¥560,000の振込みがあったことが判明した。なお，期末配当金の額は源泉所得税20％控除後の金額である。

(3)　20X2年3月31日，決算を行ったところ，法人税は¥1,150,000，住民税は¥550,000，事業税は¥410,000と確定した。

(4)　20X2年5月31日，確定申告を行って(3)の法人税，住民税および事業税のうち中間納付額と源泉所得税額を除く税額を現金で納付した。

😊 解答へのアプローチ

法人税等の納付額が確定したときに，法人税等勘定の借方に記入するとともに，中間納付額を仮払法人税等勘定の貸方に，中間納付額との差額については未払法人税等勘定の貸方に記入します。

(2)　受取配当金¥700,000＝¥560,000÷（100％－20％）
　　　仮払法人税等¥140,000＝700,000×20％

139

[解　答]‥‥‥‥‥‥‥‥‥‥‥‥‥‥‥‥‥‥‥‥‥‥‥‥‥‥‥‥‥‥‥‥‥‥‥‥‥‥

(1)　(借) 仮 払 法 人 税 等　950,000　(貸) 現　　　　　金　950,000

(2)　(借) 当 座 預 金　560,000　(貸) 受 取 配 当 金　700,000

　　　　　仮 払 法 人 税 等　140,000

(3)　(借) 法人税,住民税及び事業税　2,110,000　(貸) 仮 払 法 人 税 等　1,090,000

　　　　　　　　　　　　　　　　　　　　　　　未 払 法 人 税 等　1,020,000

(4)　(借) 未 払 法 人 税 等　1,020,000　(貸) 現　　　　　金　1,020,000

基本問題 11−1

次の取引を仕訳しなさい。

(1)　決算にあたって，法人税￥1,225,000，住民税￥386,000および事業税
￥290,000と確定した。なお，このうちすでに￥900,000は中間納付して
いる。

(2)　過年度の法人税について税務当局から指摘を受け，追徴額￥650,000
の連絡を受けた。

➡ 解答は318ページ

3　消費税 ‥‥‥‥‥‥‥‥‥‥‥‥‥‥‥‥‥‥‥‥‥‥‥‥‥‥‥‥‥‥‥‥

商製品を販売したり，サービスを提供した場合，事業者（会社）はその売
買代金に**消費税**を加算して徴収し，国に納めなければなりません。納税義務
者は事業者となりますが，税の負担者は消費者となります。そのため，会社
の立場からすると，消費者から税金を徴収したときは，納付するまでの間，一
種の預り金となります。一方，会社が物品やサービスを消費する場合は，税
金を負担する側になります。このような税金を間接税といいます。

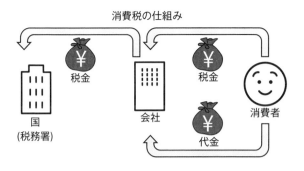

消費税の仕組み

基本 word

★**間接税**：所得税や法人税のように，税を負担する者と税を納める者
とが同一の税金を直接税というのに対して，消費税に代表されるよう
に，税を負担する者と納める者とが異なる税金を間接税といいます。
酒税や揮発油税なども間接税です。

　消費税の記帳にあたっては，消費税部分を区別して処理します。これを**税
抜方式**といいます。

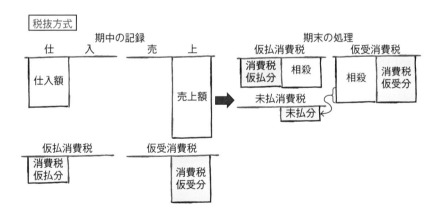

　税抜方式では，商品の仕入時などに消費税部分を**仮払消費税勘定**の借方に
記入し，商品の売上時などに消費税部分を**仮受消費税勘定**の貸方に記入して
おきます。そして，決算時に仮払消費税勘定と仮受消費税勘定とを相殺し，
仮払分より仮受分が多いときはその差額を**未払消費税勘定**の貸方に記入しま

す。反対に，仮受分より仮払分が多いときはその差額を**未収還付消費税勘定**（資産）の借方に記入します。

例題11-2

次の一連の取引を税抜方式で記帳しなさい。なお，消費税率は10%とし，商品売買の記帳は3分法による。

(1) 商品¥4,500,000を仕入れ，代金は消費税を含めて掛けとした。

(2) 商品¥6,000,000を売り渡し，代金は消費税を含めて掛けとした。

(3) 決算に際し，商品売買にかかる消費税の納付額を計算し，これを確定した。なお，本年度の商品売買取引は先の(1)と(2)のみである。

(4) 確定申告を行い，先の決算で確定した消費税を現金で納付した。

解答へのアプローチ

(1) 消費税の支払額は仮払消費税勘定の借方に記入します。

(2) 消費税の受取額は仮受消費税勘定の貸方に記入します。

(3) 決算の際に，仮払消費税と仮受消費税を相殺し，差額を未払消費税勘定の貸方に記入します。

[解答]

(1)	(借) 仕　　　　入	4,500,000	(貸) 買　掛　金	4,950,000
	仮 払 消 費 税	450,000		
(2)	(借) 売　掛　金	6,600,000	(貸) 売　　　　上	6,000,000
			仮 受 消 費 税	600,000
(3)	(借) 仮 受 消 費 税	600,000	(貸) 仮 払 消 費 税	450,000
			未 払 消 費 税	150,000
(4)	(借) 未 払 消 費 税	150,000	(貸) 現　　　　金	150,000

基本問題11-2

次の取引の仕訳を示しなさい。なお，消費税率は10%とする。

(1) 決算に際し，商品売買にかかる消費税の納付額を計算し，これを確定する。なお，仮払消費税勘定は¥325,000の借方残高であり，仮受消

142

142

費税勘定は¥435,000の貸方残高である。

(2) 決算に際し，商品売買にかかる消費税の納付額を計算し，これを確定する。なお，仮払消費税勘定は¥360,000の借方残高であり，仮受消費税勘定は¥295,000の貸方残高である。

➡ 解答は318ページ

4 圧縮記帳 ···

　企業は，国庫補助金や工事負担金の交付を受けて，固定資産を取得する場合があります。その際に，取得した固定資産の取得価額から交付された国庫補助金等の金額を控除する処理を圧縮記帳といいます（直接控除方式）。

　国庫補助金等の金額が当座預金口座に入金された場合，貸方には収益として**国庫補助金受贈益勘定**（収益）（工事負担金の場合には**工事負担金受贈益勘定**（収益））を用いて，次のような仕訳を行います。

（借）当 座 預 金 ×××　（貸）国庫補助金受贈益 ×××

備品を取得して，代金は小切手を振り出して支払ったときに，次のように仕訳します。

（借）備 品 ×××　（貸）当 座 預 金 ×××

　圧縮記帳は国庫補助金等の金額を当該固定資産の金額から直接減じて，借方に費用の勘定として**固定資産圧縮損勘定**（費用）を用いて，次のように仕訳します。

（借）固定資産圧縮損 ×××　（貸）備 品 ×××

　国庫補助金等を受領して取得した資産の圧縮記帳を行うことは，受領した年度の国庫補助金受贈益を固定資産圧縮損で相殺し，減額された資産の取得価額をもとに算定された減価償却費（圧縮記帳をしなかった場合より少ない金額）を償却期間にわたって計上していくことになります。たとえば，20X1年度期首に¥1,000,000の機械装置（償却方法：定額法，耐用年数：5年，残存価額ゼロ）を取得し，当該資産の取得にあたり¥300,000の国庫補助金の交付を受けて期首から使用したとします。

	圧縮記帳をしなかった場合		圧縮記帳をした場合		
	国庫補助金受贈益	減価償却費	国庫補助金受贈益	固定資産圧縮損	減価償却費
20X1年度	¥300,000	¥200,000	¥300,000	¥300,000	¥140,000
20X2年度		¥200,000			¥140,000
20X3年度		¥200,000			¥140,000
20X4年度		¥200,000			¥140,000
20X5年度		¥200,000			¥140,000

　会社が納める法人税等は，本章の冒頭でも触れたとおり，税引前当期純利益をもとに税法の規定にもとづいて調整計算を行って求められる課税所得に，一定の税率を乗じて計算されます。圧縮記帳をする場合と圧縮記帳をしない場合とを比べると，圧縮記帳をする場合には20X1年度の課税所得は少なくなり，20X2年度以降は減価償却費が少ないことから課税所得は多くなるという，課税の繰延効果があります。

例題11-3

　次の一連の取引を仕訳しなさい。

⑴　期首（20X1年4月1日）に備品の取得にあたり国庫補助金¥500,000の交付を受け，当座預金とした。

⑵　同期首に備品¥2,500,000を取得し，代金のうち¥500,000は小切手を振り出し，残額は今月末に支払うことにした。

⑶　決算日，この備品について，補助金に相当する額の圧縮記帳（直接控除方式）を行う。

⑷　決算日，上記備品について定額法（残存価額ゼロ，耐用年数5年）により減価償却を行う。なお，記帳は間接法による。

😊 解答へのアプローチ

　補助金を受け取った際には国庫補助金受贈益勘定（収益）に記入し，圧縮記帳を行う際に固定資産圧縮損勘定（費用）への記入を行います。

⑷　減価償却費の金額は，取得価額¥2,500,000から国庫補助金相当額¥500,000を控除した価額を耐用年数で除して求めます。

144

減価償却費 ＝（¥2,500,000 － ¥500,000）÷ 5 年

[解答] ....

(1)	(借)	当 座 預 金	500,000	(貸)	国庫補助金受贈益	500,000
(2)	(借)	備 品	2,500,000	(貸)	当 座 預 金	500,000
					未 払 金	2,000,000
(3)	(借)	固定資産圧縮損	500,000	(貸)	備 品	500,000
(4)	(借)	減 価 償 却 費	400,000	(貸)	備品減価償却累計額	400,000

基本問題 11−3

次の取引を仕訳を示しなさい。

(1) 期首（20X1年4月1日）に機械装置の取得のための国庫補助金 ¥1,200,000を受け取り，当座預金に預け入れた。

(2) 20X1年7月1日に機械装置¥5,000,000を取得し，代金は小切手を振り出して支払った。機械装置の据付けにかかった費用¥200,000は現金で支払った。

(3) 決算日，この機械装置について，補助金相当額の圧縮記帳（直接控除方式）を行う。

上記機械装置について定額法（残存価額ゼロ，耐用年数5年）により減価償却を行う。記帳方法は間接法による。

11
税

金

第12章

リース会計

学習のポイント

➡リース取引の意義とリース取引の分類について学びます。

➡ファイナンス・リース取引における，借手の売買処理に準じた処理の
うちで利子込み法とよばれる処理について学びます。

➡ファイナンス・リース取引における，借手の売買処理に準じた処理の
うちで利子抜き法（定額法）とよばれる処理について学びます。

➡オペレーティング・リース取引における，借手の賃貸借処理について
学びます。

1 リース取引の意義と分類

❶ リース取引の意義

リース取引とは，特定の物件の所有者である貸手が，当該物件の借手に対
し，リース期間にわたりこれを使用する権利を与え，借手がリース料を貸手
に支払う取引をいいます。

貸手
（リース会社）

リース物件

リース料

借手
（当社）

❷ リース取引の分類

リース取引は，法的には賃貸借取引です。ただし，リース契約によっては

実質的にその物件を売買したのと同様の経済的実態をもつリース取引があります。たとえば，①リース期間の中途で契約を解除することができない取引またはこれに準ずる取引で，②借手がリース物件を自己所有しているのと同様の経済的利益を享受し，かつ使用に伴って生じるコスト（当該リース物件の取得価額相当額等）を実質的に負担することとなるリース取引があります。このようなリース契約による取引を，**ファイナンス・リース取引**といい，経済的実質として借手は当該物件を購入したのと同様に，通常の売買処理に準じた会計処理をする必要があります。

ファイナンス・リース取引以外のリース取引を，**オペレーティング・リース取引**といいます。

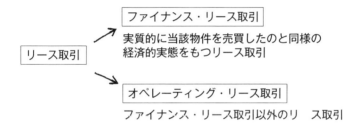

ファイナンス・リース取引とオペレーティング・リース取引では会計処理が異なります。

2 ファイナンス・リース取引の借手の処理 …………

❶ 売買処理に準じた会計処理

ファイナンス・リース取引は，借手がリース期間にわたってリース料を支払うことにより，当該物件を実質的に所有して経済的利益を獲得するために使用できるという経済的効果をもっています。ファイナンス・リース取引として判定されたリース取引について，借手は当該物件を購入したのと同様に通常の**売買処理に準じた会計処理**をする必要があります。その際，リース取引開始日においてリース物件を**リース資産勘定**（資産），これにかかる債務を

リース債務勘定（負債）で処理します。なお，リース資産勘定に代えて固定資産の各勘定に含めることも認められています。

（借）リ ー ス 資 産 ×××（貸）リ ー ス 債 務 ×××

 ★リース資産勘定：ファイナンス・リース取引について，リース物件を通常の売買処理に準じて会計処理する際の資産勘定。

 ★リース債務勘定：ファイナンス・リース取引について，リース物件を通常の売買処理に準じて会計処理する際の負債勘定。

　通常，リース期間は長期にわたることから，支払うリース料の総額は当該物件を現金購入して支払うであろう金額（**見積現金購入価額**）より高くなります。その際のリース料総額と見積現金購入価額の差額は，利息の性格をもっています（第7章「**2**有形固定資産の取得**3**割賦購入」を参照）。
　リース契約によって定められたリース料には，このような利息相当額が含まれています。この利息相当額の処理について，**利子込み法**と**利子抜き法**という会計処理方法があります。

❷ 利子込み法
　リース取引開始時に合意されたリース料総額に含まれている利息相当額を控除しない金額で，リース資産・リース債務を計上する方法をいいます。
　取引開始日：リース資産・リース債務につき，利息相当額を含めたリース料総額で計上します。

（借）リ ー ス 資 産 ×××（貸）リ ー ス 債 務 ×××

　リース料支払日：リース債務を減額させます。

（借）リ ー ス 債 務 ×××（貸）当 座 預 金 ×××

　決算日：リース資産について，減価償却を行います。

（借）減 価 償 却 費 ×××（貸）リース資産減価償却累計額 ×××

例題12-1

次のリース取引を，利子込み法によって仕訳しなさい。仕訳不要の場合には「仕訳なし」と記入しなさい。

(1) 当社は当期首（4月1日）に下記の条件でリース会社とコピー機のリース契約を結んだ。なお，このリース取引はファイナンス・リース取引である。

リース期間：5年間

リース料：年額¥120,000（毎年3月31日支払い）

リース資産の見積現金購入価額：¥540,000

(2) 3月31日　1回目のリース料を当座預金口座から支払った。

(3) 3月31日　本日決算日につき，コピー機について減価償却（定額法により耐用年数：5年，残存価額：ゼロ）を行う。

☺解答へのアプローチ

(1) 利子込み法では，リース取引開始日に，リース期間にわたるリース料総額でリース資産とリース債務を計上します。利息相当額はリース債務に含めて処理されます。

リース資産およびリース債務の金額＝年額¥120,000×5年＝¥600,000

(2) リース料の支払いは，リース債務の減少を意味します。

(3) 減価償却の計算は取得原価¥600,000をもとに行います。

[解　答]..

(1) （借）リ ー ス 資 産　600,000　（貸）リ ー ス 債 務　600,000

(2) （借）リ ー ス 債 務　120,000　（貸）当 座 預 金　120,000

(3) （借）減 価 償 却 費　120,000　（貸）リース資産減価償却累計額　120,000

❸ 利子抜き法

　リース取引開始時に合意されたリース料総額に含まれている利息相当額を控除した金額（見積現金購入価額）で，リース資産・リース債務を計上する方法です。

　取引開始日：リース資産・リース債務を見積現金購入価額で計上します。

（借）リ ー ス 資 産　×××（貸）リ ー ス 債 務　×××

リース料支払日：リース債務を減額させるとともに支払利息を認識します。支払利息は，支払ったリース料とリース債務減少額の差額です。これについては，リース期間にわたり均等額で配分する方法（定額法）が，2級で出題されます。

（借）リ ー ス 債 務　×××　（貸）当 座 預 金　×××
　　　支 払 利 息　×××

決算日：リース資産について，減価償却を行います。

（借）減 価 償 却 費　×××　（貸）リース資産減価償却累計額　×××

　また，決算日において，支払利息の期間配分により，追加の処理が必要になる場合があります。利息相当額の期間配分で未払い分がある場合には，支払利息勘定の借方に記入するとともに，未払利息勘定の貸方に記入します。

（借）支 払 利 息　×××　（貸）未 払 利 息　×××

例題12－2

　例題12－1の取引を，利子抜き法によって仕訳しなさい。仕訳不要の場合には「仕訳なし」と記入しなさい。なお，利息相当額の期間配分の計算は定額法による。

😊 解答へのアプローチ

(1)　利子抜き法では，リース取引開始日に見積現金購入価額（リース期間のリース料総額から利息相当額を控除した額）でリース資産とリース債務を計上します。利息相当額はリース料総額¥600,000と見積現金購入価額¥540,000の差額なので，¥60,000となります。

(2)　リース料¥120,000のうち，リース債務の減少は¥108,000（¥540,000÷5年），支払利息は¥12,000（利息相当額¥60,000÷5年）と算定されます。

(3)　減価償却は取得原価¥540,000をもとに行います。リース料の支払いは期末に行われているため，利息について追加の処理は必要ありません。

基本問題 12-1

次の取引につき，下記の問いに答えなさい。

(1)　20X1年4月1日（期首）　当社は，ABCリース会社と備品のリース
契約（ファイナンス・リース）を下記のように結び，リース取引を開
始した。

　　　リース期間：6年間

　　　リース料　：年額¥150,000（毎年3月31日支払い）

　　　リース資産の見積現金購入価額：¥840,000

(2)　3月31日　1回目のリース料を当座預金口座から支払った。

(3)　3月31日　本日決算日につき，備品について減価償却（定額法によ
り耐用年数：6年，残存価額：ゼロ，記帳方法：間接法）を行う。

問1　(1)～(3)について，利子込み法によって仕訳しなさい。仕訳不要の
場合には「仕訳なし」と記入しなさい。

問2　(1)～(3)について，利子抜き法（利息相当額の期間配分の計算は定
額法による）によって仕訳しなさい。仕訳不要の場合には「仕訳な
し」と記入しなさい。

➡ 解答は319ページ

基本問題 12-2

次の一連の取引につき，下記の問いに答えなさい。

（会計期間は20X1年4月1日～20X2年3月31日）

(1)　20X1年7月1日　佐賀リース会社と備品のリース契約を下記のよ
うに結び，リース取引を開始した。

リース期間：5年間

リース料　：年額¥240,000

（支払日：6月末日と12月末日に¥120,000ずつの支払い）

リース資産の見積現金購入価額：¥1,080,000

(2)　12月31日　1回目のリース料を当座預金口座から支払った。

(3)　3月31日　本日決算日につき，決算整理としてリース資産とリース債務について必要な処理を行う。なお，リース資産の減価償却については，リース期間を耐用年数として定額法（残存価額：ゼロ），月割計算，記帳方法は間接法による。

問1　(1)～(3)について，利子込み法によって仕訳しなさい。

問2　(1)～(3)について，利子抜き法（利息相当額の期間配分の計算は定額法で月割計算による）によって仕訳しなさい。

➡ 解答は320ページ

3 オペレーティング・リース取引の借手の処理 ……

　オペレーティング・リース取引は，通常の賃貸借処理に準じて会計処理を行います。

　借手がリース料を支払った際には，**支払リース料勘定**（費用）を用いて次のように処理します。

（借）支 払 リ ー ス 料　×××　（貸）当 座 預 金　×××

例題12-3

　次の取引を仕訳しなさい。仕訳不要の場合には「仕訳なし」と記入しなさい。

(1)　20X1年4月1日　当社はリース会社と下記の条件で備品のリース契約を結んだ。なお，このリース取引はオペレーティング・リース取引である。

リース期間：5年間

リース料　：年額¥60,000

（支払日は奇数月の月末に２カ月分の支払いを行う）

(2)　20X1年５月31日　リース契約にもとづき１回目の支払いを当座預金口座から振り込んで行った。

😊解答へのアプローチ

(1)　オペレーティング・リース取引と判定されたリース取引は，通常の賃貸借取引として処理されます。したがって，契約を結んだだけでは会計処理は行われません。

(2)　奇数月の月末に支払うリース料の金額は，年間リース料¥60,000×$\frac{2カ月}{12カ月}$＝¥10,000となります。

[解答]..

(1)　仕訳なし

(2)　（借）支 払 リ ー ス 料　　10,000　（貸）当 座 預 金　　10,000

基本問題 12-3

　次の取引を仕訳しなさい。仕訳不要の場合には「仕訳なし」と記入しなさい。なお，会計期間は20X1年４月１日から20X2年３月31日である。

(1)①　20X1年７月１日　当社はリース会社と下記の条件で備品のリース契約を結んだ。なお，このリース取引はオペレーティング・リース取引である。

　　　リース期間：４年間

　　　リース料　：年額¥120,000（毎年６月末日に当座預金口座から支払い）

　②　20X2年３月31日　　　　　決算日

　③　20X2年６月30日　　　　　支払日

(2)①　20X1年８月１日　当社はリース会社と下記の条件の備品のリース契約を結んだ。なお，このリース取引はオペレーティング・リース取引である。

　　　リース期間：５年間

　　　リース料　：年額¥180,000（毎年８月１日，２月１日の半年払いで

② 20X2年2月1日　　　支払日

③ 20X2年3月31日　　　決算日

➡ 解答は321ページ

第 **13** 章

外貨建取引

学習のポイント

➡外貨建取引の記帳方法について学習します。

➡外貨建取引を行うことから生じる為替差損を回避するために為替予約
を行った場合の処理方法について学習します。

➡外貨建金銭債権債務の換算方法について学習します。

1 外貨建ての営業取引

❶ 外貨建取引の意義と換算

　売買価額その他取引価額が外国の通貨で表示される取引を**外貨建取引**とい
います。企業が，海外の企業と取引を行ったり，海外に支店や子会社を設け
ていれば，日本円による取引や財務諸表の表示項目と，外貨で表示された取
引や財務諸表の表示項目とが混在することになります。しかし，取引や表示
項目が外貨で表示されていても，最終的には自国通貨で記録されている表示
項目と合算する必要があります。異なる尺度で表示された項目を財務諸表に
まとめることはできないからです。このように外貨で表示された会計項目を
自国通貨に変換することを**換算**といいます。

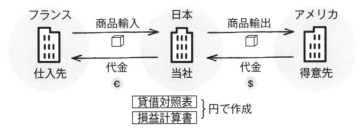

155

外貨換算で問題となるのは，①国内企業の外貨建取引の処理，②為替予約の処理，および③決算時の処理などです。

❷ 外貨建ての営業取引の記帳

企業が外国の取引先との間で行う外貨建取引は，適切な外国為替相場（自国通貨と外国通貨の交換比率）にもとづいて自国通貨の金額に換算した上で記帳しなければなりません。換算が必要となる外貨建取引には，(a)取引価額が外国通貨で表示されている商品・物品の売買やサービスの授受，(b)外国通貨による前払金・仮払金，または契約負債（前受金）・仮受金などがあります。

これらの外貨建取引は，原則として，取引が発生した時点の為替相場による円換算額で記帳しなければなりません。外国為替相場には，外貨との交換が当日または翌日中に行われる場合に適用される**直物為替相場**と，将来の時点で外貨と交換することを約束する取引に適用される**先物為替相場**とがありますが，この取引が発生した時点の為替相場とは，その時点における直物為替相場を指します。

★**直物為替相場**：通貨の売買契約が成立してから数日のうちに外国為替と自国通貨との受渡しが行われる取引を直物為替といい，そのときの通貨間の交換比率を直物為替相場といいます。

★**先物為替相場**：将来の一定期日に契約時に定めた条件で外国為替と自国通貨との受渡しが行われる取引を先物為替といい，そのときの条件の1つである通貨間の交換比率を先物為替相場といいます。

例題13-1

次の一連の取引の仕訳を示しなさい。

(1)　4月1日，米国のA社に商品1,000ドルを発注し，輸入に先だって，輸入代金の一部として200ドルを現金で支払った。このときの直物為替相場は1ドル¥105であった。

(2)　5月31日，先に米国のA社に発注していた商品1,000ドルを受け取り，代

金のうち200ドルは注文時に支払った手付金と相殺し，残額は掛けとした。このときの直物為替相場は1ドル¥108である。

(3) 6月15日，米国のB社から商品1,500ドルの注文を受け，輸出に先だって，輸出代金の一部として300ドルを現金で受け取った。このときの直物為替相場は1ドル¥107であった。

(4) 7月20日，先に米国のB社に発送していた商品1,500ドルがB社に到着した旨の連絡を受けた。代金のうち300ドルは注文時に受け取った手付金と相殺し，残額は掛けとした。このときの直物為替相場は1ドル¥109である。

(5) 11月8日，自社で利用する目的で備品（購入価額7,500ドル）を米国から輸入し，代金は2カ月後に支払うこととした。このときの直物為替相場は1ドル¥112である。

13

外貨建取引

😊 解答へのアプローチ

　外貨建取引については，取引が発生したそれぞれの時点における直物為替相場の円換算額で記帳しなければなりません。

[解　答]‥‥‥‥‥‥‥‥‥‥‥‥‥‥‥‥‥‥‥‥‥‥‥‥‥‥‥‥‥‥‥‥‥

(1)　(借)　前　払　金　　21,000　(貸)　現　　　　金　　21,000

(2)　(借)　仕　　　入　　107,400　(貸)　前　払　金　　21,000
　　　　　　　　　　　　　　　　　　　　　買　掛　金　　86,400

　　　買掛金＝800ドル×@¥108＝¥86,400

(3)　(借)　現　　　金　　32,100　(貸)　契　約　負　債　　32,100

(4)　(借)　契　約　負　債　　32,100　(貸)　売　　　上　　162,900
　　　　　　売　掛　金　　130,800

　　　売掛金＝1,200ドル×@¥109＝¥130,800

(5)　(借)　備　　　品　　840,000　(貸)　未　払　金　　840,000

2 外貨建取引と決算および決済取引の処理 ‥‥‥‥‥‥

　外貨建取引とその決済取引については，会計上，それぞれ別々の取引であると考えて記帳します。これを**二取引基準**といいます。

157

二取引基準では，決算日に換算替えをするため，取引時の為替相場による円換算額と決算日の為替相場による円換算額の間に差が生じています。このように2時点で異なる為替相場が付されていることによって生じる差額を為替差損益といい，**為替差損益勘定**（費用または収益）に計上します。また，決済時に為替相場が変動していれば，さらに為替差損益が計上されます。たとえば，2月1日に米国のA社から商品10,000ドル（取引日の為替相場は1ドル¥104）を掛けで仕入れ，3月31日にその買掛金は未決済のまま決算を迎え（決算日の為替相場は1ドル¥103），4月30日に買掛金が決済された場合（決済日の為替相場は1ドル¥101），次のように処理します。

2/ 1	（借）	仕	入	1,040,000	（貸）	買　掛　金		1,040,000
3 /31	（借）	買　掛　金		10,000	（貸）	為替差損益		10,000
4 /30	（借）	買　掛　金		1,030,000	（貸）	現 金 預 金		1,010,000
						為替差損益		20,000

　このように，二取引基準では為替相場変動の影響は為替差損益（営業外収益または営業外費用）として把握され，売上総利益の計算には含めずに処理されます。

　為替差損益は，為替差益と為替差損の相殺後の純額で原則として把握されますが，取引ごとに為替差益と為替差損とを把握する必要がある場合には，為替差益勘定と為替差損勘定とを使い分けて仕訳する場合もあります。

★**二取引基準**：輸出入などの外貨建取引とそれにともなう売掛金や買掛金などの決済取引は，それぞれ別の取引であると考えて処理を行うのが二取引基準です。そのため，決済日が決算日をまたがる場合，決算日に債権・債務の換算を行い，為替差損益が計上されます。また，決済時に為替相場が変動していれば，さらに為替差損益が計上されます。

例題13-2

次の一連の取引を仕訳を示しなさい。

(1) 20X1年2月1日，米国のB社に商品30,000ドル（取引日の為替相場は1ドル¥103）を掛けで売り上げた。

(2) 20X1年3月31日，B社に対する売掛金が未決済のまま決算を迎えた（決算日の為替相場は1ドル¥101）。

(3) 20X1年4月30日，B社に対する売掛金が決済され，代金は当座預金口座に振り込まれた（決済日の為替相場は1ドル¥100）。

☺️解答へのアプローチ

取引基準では為替相場変動の変動によって債権・債務を増減させるとともに，その変動額を為替差損益として計上します。

[解　答]••

2/ 1	（借）	売　　掛　　金	3,090,000	（貸）	売		上	3,090,000
3/31	（借）	為 替 差 損 益	60,000	（貸）	売	掛	金	60,000
4/30	（借）	当 座 預 金	3,000,000	（貸）	売	掛	金	3,030,000
		為 替 差 損 益	30,000					

3 為替予約の処理 ••

外貨建てで輸出入取引を行う企業にとって，為替相場の変動は目の離せない問題です。というのも，次の図に示すように，為替相場の変動によっては，売上債権が減少したり，仕入債務が膨らむ可能性があるからです。このような為替相場の変動によるリスクを**為替リスク**といいます。企業がこの為替リスクを回避するために，もっとも一般的に用いられるのが**為替予約**です。

為替予約とは，将来，外貨と円とを交換する際に適用される為替相場をあらかじめ契約しておくことです。この為替予約には，将来外貨を銀行に売ることを約定する売り予約と，将来外貨を銀行から買うことを約定する買い予約とがあります。この為替予約をしておくと，為替相場が将来どのように変動しても，あらかじめ契約しておいた為替相場（先物為替相場）で，将来，外

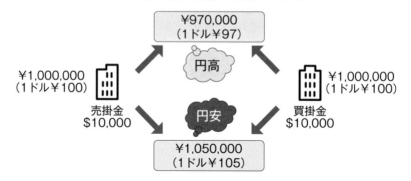

為替相場の外貨建債権・債務への影響

¥970,000
（1ドル¥97）
円高

¥1,000,000
（1ドル¥100）
売掛金
$10,000

¥1,000,000
（1ドル¥100）
買掛金
$10,000

円安
¥1,050,000
（1ドル¥105）

貨を売買することができます。そのため，為替相場の変動によるリスクを回避することが可能になります。このような為替予約取引の性格から明らかなように，為替予約は外貨を取引対象とする先物取引の１つです。

為替予約が付された外貨建取引を処理する場合，為替予約で確定した円換算額で記録します。為替予約によって固定されたキャッシュ・フローを外貨建取引に振り当てるため，このような記録方法を**振当処理**といいます。為替予約については，外貨建取引と同時に行われる場合もありますが，外貨建取引発生後に行われる場合もあります。また，一定の要件を満たせば，外貨建取引前に予約が行われて取引時に振当処理される場合もあります。この場合は外貨建取引時に振当処理を行います。

次の図から明らかなように，商品10,000ドルを掛けで販売した場合，取引時点では売掛金の円貨額は¥1,000,000ですが，将来円高が予想される場合，何も手を施さなければ円建ての回収額は目減りします。そこで，円高の進行によって売掛金の円建ての回収額の目減りを回避するために為替予約を付しておきます。図のように販売後のある時点で１ドル¥98で為替予約を付しておけば，その後どれだけ円高が進行しても売掛金を¥980,000で回収することが可能になります。そこで，振当処理ではこの¥980,000を予約時点で売掛金に振り当てる処理を行います。この時点で回収できる売掛金は¥20,000減少しますが，これは取引時点の直物為替相場と予約時点における決済日の先物為替相場との差額なので，**為替差損益勘定**で処理します。

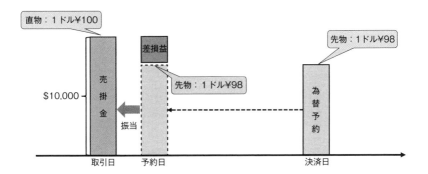

外貨建の買掛金については，円安が進行すると円建ての支払額がかさんでいきますので，為替予約を付しておくと，やはりこうしたリスクも回避することができます。

このように為替予約を行い，外貨建取引時または予約時点で振当処理を行うことで，外貨建ての債権・債務の円貨額は固定されるため，決済前に決算を迎えても換算する必要はなくなります。

例題13-3

次の一連の取引の仕訳を示しなさい。仕訳不要の場合には「仕訳なし」と記入しなさい。商品売買の記帳は3分法による。

(1) 20X1年2月1日，米国のC社から商品50,000ドル（取引日の為替相場は1ドル¥100）を掛けで仕入れた。なお，この買掛金については4月30日に決済する予定である。

(2) 20X1年3月1日，取引銀行との間で4月30日の買掛金支払いのために50,000ドルを1ドル¥102で購入する為替予約を行った。振当処理を適用することとし，2月1日の為替相場による円への換算額と，為替予約による円への換算額との差額はすべて当期の損益として処理する。なお，本日の為替相場は1ドル¥103である。

(3) 20X1年3月31日，C社に対する買掛金が未決済のまま決算を迎えた（決算日の為替相場は1ドル¥104）。

(4) 20X1年4月30日，C社に対する買掛金50,000ドルの支払期日を迎えた

ため，取引銀行との為替予約契約にもとづき，仕入先に50,000ドルを当座預金口座から送金した（決済日の為替相場は１ドル￥106）。

(╹◡╹) 解答へのアプローチ

　為替予約によって固定されたキャッシュ・フローを外貨建取引に振り当てる振当処理を行います。そのとき，取引日の直物為替相場による債権・債務の円貨額と予約時における決済時の先物為替相場で換算した円貨額とに差額が生じる場合は，その差額を為替差損益として処理します。

[解　答]……………………………………………………………………………

(1)	(借)	仕			入	5,000,000	(貸)	買	掛	金	5,000,000
(2)	(借)	為	替	差	損	益	100,000	(貸)	買	掛	金	100,000

(3)　仕訳なし

(4)	(借)	買	掛	金	5,100,000	(貸)	当	座	預	金	5,100,000

例題13-4

　次の一連の取引の仕訳を示しなさい。仕訳不要の場合には「仕訳なし」と記入しなさい。商品売買の記帳は３分法による。

⑴　20X1年５月25日，米国のＤ社に商品40,000ドルを発注した（決済日は８月31日）。この代金40,000ドルに対して先物為替相場１ドル￥107で為替予約（ドル買いの予約）を付した。

⑵　20X1年６月１日，当初の予定どおりＤ社に発注した商品40,000ドルが到着した。本日の直物為替相場は１ドル￥108であるが，５月25日に為替予約を行っていたため，この為替予約によって振当処理を行う。

⑶　20X1年８月31日，米国Ｄ社に対する買掛金40,000ドルについて，取引銀行との為替予約契約にもとづいて当座預金口座から送金した。なお，本日の直物為替相場は１ドル￥111である。

(╹◡╹) 解答へのアプローチ

　外貨建取引に先立って為替予約が行われ，これを後の外貨建取引に振り当て

る場合には，予約時に特段の処理は必要ありません。後に外貨建取引が行われ
たときに予約時の為替相場で振当処理をします。

［解　答］..

(1) 仕訳なし

(2) （借） 仕　　　　　　入 4,280,000 （貸） 買　　　掛　　　金 4,280,000

(3) （借） 買　　掛　　金 4,280,000 （貸） 当　座　預　金 4,280,000

基本問題 13-1

　　次の一連の取引について仕訳を示しなさい。商品売買の記帳は３分法
による。

(1)　20X1年４月25日，米国のＡ社に対して甲商品2,000ドルと乙商品
　　3,000ドルを発注し，輸入に先だって，輸入代金の一部としてそれぞれ
　　の商品につき代金の10％を当座預金口座から送金した。このときの直
　　物為替相場は１ドル¥98である。

(2)　５月20日，先に米国のＡ社に発注していた商品を受け取り，代金の
　　うち500ドルは注文時に支払った手付金と相殺し，残額は掛けとした。
　　このときの直物為替相場は１ドル¥99である。

(3)　６月１日，甲商品の買掛金決済について当座預金口座からＡ社に送
　　金した。このときの為替相場は１ドル¥100である。また，乙商品の買
　　掛金の決済は７月末であるが，今後の円安が予測されたため，取引銀
　　行との間で買掛金支払いのために2,700ドルを１ドル¥102で購入する
　　為替予約を行った。なお，振当処理を適用することとするが，５月20
　　日の為替相場による円への換算額と，為替予約による円への換算額と
　　の差額はすべて当期の損益として処理する。

(4)　20X1年７月31日，Ａ社に対する買掛金2,700ドルの支払期日を迎え
　　たため，取引銀行との為替予約契約にもとづき，Ａ社に2,700ドルを当
　　座預金口座から送金した（決済日の為替相場は１ドル¥104）。なお，こ
　　の買掛金2,700ドルについては去る６月１日に１ドル¥102で購入する
　　為替予約を行っており，すでに振当処理を行っている。

➡ 解答は322ページ

　次の一連の取引について仕訳を示しなさい。商品売買の記帳は3分法による。

(1)　6月15日，米国のB社から商品7,000ドルの注文を受け，輸出に先だって，輸出代金の10％が手付金として当座預金口座に振り込まれた。このときの為替相場は1ドル¥100である。

(2)　8月10日，先に米国のB社に発送していた商品7,000ドルがB社に到着した旨の連絡を受けた。代金のうち，注文時に受け取った手付金と相殺した残額は掛けとした。このときの為替相場は1ドル¥105である。

(3)　8月31日，B社に対する売掛金の支払期日を迎えたため，B社から当座預金口座に送金を受けた（決済日の為替相場は1ドル¥104）。

(4)　9月17日，米国のE社から丁商品9,000ドルの注文を受けた（決済日は11月30日）。なお，年末にかけて若干の円高が予想されたため，取引銀行との間でこの売掛金回収のために11月末日に9,000ドルを1ドル¥103で売却する契約を結んだ。

(5)　10月1日，先に米国のE社に発送していた丁商品9,000ドルがE社に到着した旨の連絡を受けた。代金については掛けとした。本日の直物為替相場は1ドル¥101であるが，9月17日に為替予約を行っていたため，この為替予約によって振当処理を行う。

➡ 解答は323ページ

4　外貨建金銭債権債務等の換算 ·····················

　外貨建取引から生じた資産および負債は，取引が発生した時点の為替相場による円換算額で記帳され，商品の輸出入等に関する外貨建取引についてはその際の為替相場によって記帳します。商品の輸出入等にともなって生じた債権・債務の決済取引については，その後の相場変動による円貨額の変化分を決済差額として処理することになります。また，決算時には，外貨建ての資産および負債のうち外国通貨および外貨預金を含む外貨建金銭債権債務については，決算時の為替相場（Closing RateまたはCurrent Rate：CR）によ

り円換算した額に換算替えしなければなりません。このとき生じる差額を換算差額といいます。決算における換算によって生じる換算差額も，決済にともなって生じる決済差額も，ともに区別することなく為替差損益として処理し，損益計算書上，営業外収益または営業外費用の区分に純額で表示します。

　これら以外の前払金のような資産および契約負債（前受金）のような負債については，取引時または発生時の為替相場（Historical Rate：HR）で換算した額を貸借対照表価額とするので，換算替えの必要はありません。

例題13-5

　次の資料にもとづいて，決算整理後残高試算表（抜粋）を作成しなさい。なお，当期は20X1年4月1日から20X2年3月31日までの1年で，決算日における為替相場は1ドル¥110である。

[資料Ⅰ]

決算整理前残高試算表（一部）			（単位：円）
現　　　　金	82,620,000	買　掛　金	134,400,000
当　座　預　金	62,550,000	契　約　負　債	62,900,000
売　　掛　　金	146,200,000	貸 倒 引 当 金	1,300,000
		為 替 差 損 益	530,000

[資料Ⅱ]

(1)　現金のうち¥3,210,000は，30,000ドルをドル紙幣で保有している。

(2)　当座預金のうち¥7,420,000は，70,000ドルの外貨建預金である。

(3)　売掛金のうち¥97,200,000は，900,000ドルの外貨建売掛金であった。なお，売掛金の期末残高に対して2％の貸倒引当金を差額補充法で設定する。

(4)　買掛金のうち¥86,800,000は，800,000ドルの外貨建買掛金である。ただし，このうち200,000ドルについては1ドル¥107で振当処理してある。

(5)　契約負債のうち¥31,800,000円は，受注時に手付金として300,000ドルを受け取ったものである。

165

決算整理後残高試算表(一部) (単位:円)

現　　　　金	(　　　　　)	買　掛　金	(　　　　　)	
当　座　預　金	(　　　　　)	契　約　負　債	(　　　　　)	
売　　掛　　金	(　　　　　)	貸　倒　引　当　金	(　　　　　)	
貸倒引当金繰入	(　　　　　)	為　替　差　損　益	(　　　　　)	

☺ 解答へのアプローチ

　決算時には,外貨建ての資産および負債のうち貨幣項目である外国通貨および外貨預金を含む外貨建金銭債権債務については,決算時の為替相場(CR)によって円換算します。ただし,振当処理が行われた金銭債権債務については,換算する必要はありません。

(1) (借) 現　　　　金　　90,000 (貸) 為 替 差 損 益　　90,000

(2) (借) 当 座 預 金　　280,000 (貸) 為 替 差 損 益　　280,000

(3) (借) 売　　掛　　金　1,800,000 (貸) 為 替 差 損 益　1,800,000

　　(借) 貸倒引当金繰入　1,660,000 (貸) 貸 倒 引 当 金　1,660,000

　貸倒引当金繰入¥1,660,000 = (¥146,200,000 + ¥1,800,000) × 2 % − ¥1,300,000

(4) (借) 為 替 差 損 益　600,000 (貸) 買　　掛　　金　600,000

　振当分 = 200,000ドル × @¥107 = ¥21,400,000

　未振当の買掛金のHR = (¥86,800,000 − ¥21,400,000) ÷ 600,000ドル = @¥109

　買掛金の換算差額 = 600,000ドル × (@¥110 − @¥109) = ¥600,000

(5) 仕訳なし

[解　答]..

決算整理後残高試算表(一部) (単位:円)

現　　　　金	82,710,000	買　掛　金	135,000,000
当　座　預　金	62,830,000	契　約　負　債	62,900,000
売　　掛　　金	148,000,000	貸　倒　引　当　金	2,960,000
貸倒引当金繰入	1,660,000	為　替　差　損　益	2,100,000

基本問題 13-3

(1) 20X2年3月1日，自社で利用する目的で車両（購入価額54,000ドル）を米国から輸入し，代金は2カ月後に支払うこととした。このときの直物為替相場は1ドル¥102である。

(2) 3月31日，本日決算につき先に車両を購入したときに生じた債務について換算替えを行う。決算日の為替相場は1ドル¥104である。また，この車両について，耐用年数8年，残存価額ゼロ，定額法によって減価償却を行う。減価償却の計算は月割計算によることとし，記帳については間接法で行う。

⇒ 解答は323ページ

基本問題 13-4

次の資料にもとづいて，決算整理後残高試算表（抜粋）を完成しなさい。なお，当期は20X1年4月1日から20X2年3月31日までの1年で，決算日における為替相場は1ドル¥150である。

[資料 I]

	決算整理前残高試算表(抜粋)		（単位：円）
現 金	1,825,000	買 掛 金	2,494,000
当 座 預 金	2,256,000	契 約 負 債	876,000
売 掛 金	2,376,000	貸 倒 引 当 金	12,500
前 払 金	561,000	為 替 差 損 益	67,000
仮 払 金	974,000		

[資料 II]

(1) 現金のうち294,000円は，2,000ドルのドル紙幣で保有している。

(2) 当座預金のうち725,000円は，5,000ドルの外貨建預金である。

(3) 売掛金のうち1,220,000円は，8,000ドルの外貨建売掛金であった。ただし，このうち4,000ドルについては1ドル¥151で振当処理してある。なお，売掛金の期末残高に対して2％の貸倒引当金を差額補充法で設定する。

(4) 買掛金のうち1,296,000円は，9,000ドルの外貨建買掛金である（すべ

て同じ取引から生じたものである。ただし，この金額には(6)の仮払金
として支払ったものも含んでいる）。

(5) 契約負債のうち462,000円は，受注時に手付金として3,000ドルを受
け取ったものである。

(6) 仮払金はドル建てで商品を発注した際の手付金3,500ドル（支払時の
レートの1ドル¥148で換算）と買掛金3,000ドルを支払ったものであ
ることが判明した。

決算整理後残高試算表（抜粋） （単位：円）

現　　　　金（　　　　　）	買　掛　金（　　　　　）	
当 座 預 金（　　　　　）	契 約 負 債（　　　　　）	
売　掛　金（　　　　　）	貸 倒 引 当 金（　　　　　）	
前　払　金（　　　　　）	為 替 差 損 益（　　　　　）	
貸倒引当金繰入（　　　　　）		

➡ 解答は324ページ

第 14 章

税効果会計

1 税効果会計の意義

　税効果会計は，企業会計上の収益または費用と課税所得計算上の益金または損金の認識時点の相違等により，企業会計上の資産または負債の額と課税所得計算上の資産または負債の額に相違がある場合に，法人税等の額を適切に期間配分することにより，法人税等を控除する前の当期純利益と法人税等を合理的に対応させることを目的とする手続をいいます。

　第11章 **1** で学んだように，法人税等の額は課税所得に一定の税率を乗じて計算します。税効果会計を適用しない場合には，課税所得を基礎とした法人税等の額が費用として計上され，法人税等を控除する前の企業会計上の利益と課税所得とに差異があるときは，法人税等の額が法人税等を控除する前の当期純利益と期間的に対応せず，また，将来の法人税等の支払額に対する影響が表示されないことになります。

たとえば，次のような例を考えてみます。

- 20X1期と20X2期の税引前当期純利益はいずれも¥100,000であった。
- 20X1期に売掛金に対して貸倒引当金¥60,000を設定したが，うち¥50,000は税法上損金に算入することが認められなかった。
- 20X1期に損金に算入することが認められなかった貸倒引当金繰入額¥50,000について，20X2期に対象となる売掛金が貸し倒れ，20X2期の損金に算入することが認められた。
- 法人税等の税率は30%であった。

20X1期と20X2期の課税所得と法人税等の納税額は次のようになります。

	20X1期	20X2期
課税所得	¥150,000	¥50,000
法人税等の納税額	¥45,000	¥15,000

20X1期の課税所得は，20X1期の税引前当期純利益¥100,000に損金に算入されなかった貸倒引当金繰入額¥50,000を加算した¥150,000となります。

20X2期の課税所得は，20X2期の税引前当期純利益¥100,000に20X1期に引き当てられた貸倒引当金繰入額¥50,000の損金算入が認められたことにより，これを減算した¥50,000となります。法人税等の納税額は，この課税所得に税率（この例では30%）を乗じたものになります。

税効果会計を適用しない場合，「税引前当期純利益」，「法人税，住民税及び事業税」と「当期純利益」は次のようになります。

	20X1期	20X2期
税引前当期純利益	100,000	100,000
法人税，住民税及び事業税	45,000	15,000
当期純利益	55,000	85,000

このように，税引前当期純利益と課税所得に差異がある場合には，法人税等の額が法人税等を控除する前の当期純利益と期間的に対応しないことになります。

税効果会計を適用すると，上記の例のような企業会計上と課税所得計算上の認識時点の相違等に起因する差異（一時差異といいます）について，その差異がもつ将来の期間の法人税等の支払額に対する税効果として**繰延税金資**

産または**繰延税金負債**が貸借対照表に純額で固定資産または固定負債として計上されるとともに、当期の法人税等に係る費用の額が税引前当期純利益と合理的に対応するように調整されて損益計算書に計上されることになります。

 ★**一時差異**：企業会計上の資産および負債の金額と課税所得計算上の資産および負債との差額であり、企業会計上の収益および費用と、課税所得計算上の益金および損金の認識時点の相違等に起因する一時的なものをいいます。

一時差異に係る法人税等の調整額は、一時差異の金額に法人税等に係る税効果額を計算する際に用いる税率（法定実効税率）を乗じて計算します。

 ★**法定実効税率**：法人税等に係る税効果額を計算する際に用いる税率をいいます。

上記の例に税効果会計を適用すると、損益計算書の税引前当期純利益より下は次のようになります（法定実効税率は30％とします）。

	20X1期		20X2期	
税引前当期純利益		100,000		100,000
法人税,住民税及び事業税	45,000		15,000	
法人税等調整額	△15,000	30,000	15,000	30,000
当期純利益		70,000		70,000

法人税等調整額は税効果会計を適用した場合の法人税、住民税及び事業税に係る費用の調整額をいいます。20X1期と20X2期の税引前当期純利益¥100,000に対して法人税、住民税及び事業税の額と法人税等調整額を合わせて¥30,000となり、税引前当期純利益に税率を乗じた額となっていて、法人税等に係る費用の額（これを税金費用といいます）が税引前当期純利益と合理的に対応していることを確認します。

一時差異に係る将来の期間の法人税等の支払額に対する税効果については、繰延税金資産の増減を記録するために**繰延税金資産勘定**（資産）を、繰延税

金負債の増減を記録するために**繰延税金負債勘定**（負債）を設定して記入します。

20X1期と20X2期それぞれの法人税等に関する会計処理は次のようになります。なお，法人税等の中間納付はないものと仮定します。

20X1期

（借）	法人税，住民税及び事業税	45,000	（貸）	未 払 法 人 税 等	45,000
（借）	繰 延 税 金 資 産	15,000	（貸）	法人税等調整額	15,000

20X2期

（借）	法人税，住民税及び事業税	15,000	（貸）	未 払 法 人 税 等	15,000
（借）	法人税等調整額	15,000	（貸）	繰 延 税 金 資 産	15,000

繰延税金資産は，将来の法人税等の支払額を減少させる効果を有し，法人税等の前払額に相当するため，資産としての性格を有するものと考えられています。

★**税効果会計**：一時差異について，その差異がもつ将来の期間の法人税等の支払額に対する税効果として繰延税金資産または繰延税金負債を貸借対照表に計上するとともに，当期の法人税等に係る費用の額を税引前当期純利益と合理的に対応するように調整して損益計算書に計上する手続をいいます。

★**法人税等調整額**：税効果会計を適用した場合の法人税，住民税及び事業税に係る費用の調整額をいい，損益計算書上，法人税，住民税及び事業税の次に表示します。

2級商業簿記の出題範囲は，一時差異の項目中，①引当金，②減価償却および③その他有価証券の時価評価に係る評価差額に限定されています。

2 引当金に係る税効果会計 ·········

引当金を設定した額について，税務上，損金への算入が認められない場合があります。たとえば，引当金を設定するような場合に，税法で認められた

上限額を超過した部分は損金への算入が認められていません。このような引当金の損金不算入額は一時差異として，税効果会計の適用対象となります。引当金の損金不算入額は，将来，その差異が解消するときに課税所得を減少させるものとなってあらわれます。このような一時差異を**将来減算一時差異**といい，将来の法人税等の負担を減額する効果があるため，税効果会計を適用し，繰延税金資産を計上することになります。

　期首と期末を比較して引当金に関する損金算入限度超過額が増加している場合，当該期間に前年度までの一時差異の解消額よりも新たな損金不算入額のほうが大きかったといえます。反対に，引当金に関する損金算入限度超過額が減少している場合，当該期間に前年度までの一時差異の解消額が新たな損金不算入額より大きかったといえます。

　期末の損金算入限度超過額が期首のそれより増加している場合，次のように税効果に関する仕訳をします。

（借）　繰 延 税 金 資 産　　×××（貸）　法 人 税 等 調 整 額　　×××

　期末の損金算入限度超過額が期首のそれより減少している場合，次のように税効果に関する仕訳をします。

（借）　法 人 税 等 調 整 額　　×××（貸）　繰 延 税 金 資 産　　×××

例題14-1

　次の資料にもとづいて，下記の(1)〜(3)について答えなさい。

(1)　20X1期の税効果会計についての仕訳を示しなさい。

(2)　20X2期の税効果会計についての仕訳を示しなさい。

(3)　20X1期の損益計算書における税引前当期純利益から当期純利益に至る計算区分を示しなさい。

　なお，法定実効税率は25%である。

[資　料]‥‥‥‥‥‥‥‥‥‥‥‥‥‥‥‥‥‥‥‥‥‥‥‥‥‥‥‥‥‥‥‥‥‥

20X1期　決算において，売掛金に対して貸倒引当金を¥150,000計上したが，うち¥80,000は税法上損金に算入することが認められなかった。期首に貸倒引当金の損金算入限度超過額はなかった。20X1期の税引前当期純利益は¥200,000である。法人税，住民税及び事業税の課税見込み額は¥70,000で

173

ある。

20X2期　損金に算入することが認められなかった貸倒引当金について，対象
となる売掛金の同額が貸し倒れ，Ｘ2期の損金に算入することが認められた。

	20X1期
税引前当期純利益	200,000
（　　　　　　　）	（　　　　　　）
（　　　　　　　）	（　　　　　　）（　　　　　　　）
当期純利益	（　　　　　　　）

😊 解答へのアプローチ

(1)　引当金繰入の損金不算入額は，将来，その差異が解消するときに課税所得
を減少させる効果をもちます。すなわち，将来の課税見込み額を減少させる
効果をもちます。将来減算一時差異につき税効果会計を適用すると，繰延税
金資産を計上することになります。法定実効税率は，問題文の指示に従いま
す。

$$繰延税金資産の期末残高 = 損金算入限度超過額 \times 法定実効税率$$
$$= ¥80,000 \times 25\% = ¥20,000$$

$$法人税等調整額 = 繰延税金資産の期末残高 - 繰延税金資産の期首残高$$
$$= ¥20,000 - ¥0 = ¥20,000$$

(2)　貸倒れについて損金算入が認められ，将来の課税所得を減少させる効果も
なくなるので，繰延税金資産を取り崩すと同時に，法人税，住民税及び事業
税を調整します。

[解　答]

(1)　（借）　繰 延 税 金 資 産　　20,000　　（貸）　法 人 税 等 調 整 額　　20,000

(2)　（借）　法 人 税 等 調 整 額　　20,000　　（貸）　繰 延 税 金 資 産　　20,000

(3)

	20X1期	
税引前当期純利益		200,000
（法人税，住民税及び事業税）	（　　70,000　）	
（法人税等調整額　　　　　）	（　△20,000　）	（　50,000　）
当期純利益		（　150,000　）

174

基本問題 14-1

次の資料にもとづいて，下記の(1)および(2)について答えなさい。

[資　料]

・20X1年度の税引前当期純利益は¥220,000である。

・法人税，住民税及び事業税の課税見込み額は¥75,000である。

・貸倒引当金の20X1年度の税効果会計上の一時差異は次のとおりである。

	期　首	期　末
貸倒引当金繰入の損金算入限度超過額	¥3,000	¥33,000

・法定実効税率は30%である。

(1) 税効果会計に関する仕訳を示しなさい。

(2) 20X1年度の損益計算書における税引前当期純利益から当期純利益に至る計算区分を示しなさい。

20X1期

税引前当期純利益		220,000
(　　　　　　　)	(　　　　　)	
(　　　　　　　)	(　　　　　)	(　　　　　)
(　　　　　　　)		(　　　　　)

⇒ 解答は325ページ

3 減価償却に係る税効果会計

　減価償却を計上した額について，税務上，損金への算入が認められない場合があります。たとえば，税法で認められている耐用年数が6年である備品について3年で減価償却を行うような場合に，税法で認められた償却額を超過した部分は，損金への算入が認められません。減価償却費の損金算入限度超過額は，一時差異として税効果会計の適用対象となります。減価償却費の損金不算入額は，時の経過または資産の売却・除却により将来，その差異が解消するときに課税所得を減少させる効果をもつので将来減算一時差異となります。これは将来の法人税等の負担を減少させる効果があるため，税効果

会計を適用し，繰延税金資産を計上することになります。

　期首と期末を比較して，減価償却に関する損金算入限度超過額が増加している場合，当該期間に前年度までの一時差異の解消額よりも新たな損金不算入額のほうが大きかったといえます。反対に，減価償却に関する損金算入限度超過額が減少している場合，当該期間に前年度までの一時差異の解消額が新たな損金不算入額より大きかったといえます。

　期末の損金算入限度超過額が期首のそれより増加している場合，次のように税効果に関する仕訳をします。

| （借） | 繰 延 税 金 資 産 | ××× | （貸） | 法人税等調整額 | ××× |

　期末の損金算入限度超過額が期首のそれより減少している場合，次のように税効果に関する仕訳をします。

| （借） | 法人税等調整額 | ××× | （貸） | 繰 延 税 金 資 産 | ××× |

例題14−2

　次の資料にもとづいて，減価償却の税効果会計に関する仕訳を示しなさい。

[資　料]...

• 保有している備品の減価償却に関する税効果会計上の一時差異は，次のとおりである。

	期　　首	期　　末
減価償却費の損金算入限度超過額	¥50,000	¥100,000

• 法定実効税率は40%である。

😊 解答へのアプローチ

　減価償却費の損金不算入額は，将来，その差異が解消するときに課税所得を減少させる効果をもちます。将来減算一時差異につき税効果会計を適用すると，繰延税金資産を計上することになります。法定実効税率は，問題文の指示に従います。

　　繰延税金資産の期末残高＝期末の損金算入限度超過額×法定実効税率

　　　　　　　　　　　　　　＝¥100,000×40%＝¥40,000

　　繰延税金資産の期首残高＝期首の損金算入限度超過額×法定実効税率

$$= ¥50,000 \times 40\% = ¥20,000$$

法人税等調整額＝繰延税金資産の期末残高－繰延税金資産の期首残高

$$= ¥40,000 - ¥20,000$$

$$= ¥20,000$$

[解　答]……………………………………………………………………………………

(1)　（借）　繰　延　税　金　資　産　　　20,000　（貸）　法人税等調整額　　　20,000

基本問題 14-2

次の資料にもとづいて，下記の(1)および(2)について答えなさい。

[資　料]……………………………………………………………………………………

- 当期（20X1年度）期首に取得した備品（取得原価¥640,000，残存価額ゼロ，耐用年数4年）について，決算にあたり定額法による減価償却を行う。
- 税法で認められた耐用年数は8年である。税法で認められる減価償却費の超過額は損金算入が認められない。
- 法定実効税率は25％である。

(1)　20X1年度期末の当該備品に関する減価償却費の損金算入限度超過額を計算しなさい。

(2)　税効果に関する仕訳を示しなさい。

➡ 解答は325ページ

---

4 その他有価証券評価差額金に係る税効果会計 ……

第4章 6「その他有価証券」で，その他有価証券を期末に時価評価して，その評価差額をその他有価証券評価差額金で純資産勘定に計上することを学びました（全部純資産直入法）。その他有価証券評価差額金は一時差異として，税効果会計の適用対象となります。評価差額は，その他有価証券が売却される将来の期間に益金または損金として課税所得に算入され，その将来の期間の法人税等の金額に影響することになるからです。

この場合，評価差額が生じた会計年度に企業会計上，その評価差額は収益

または費用として計上されておらず，課税所得との差異は生じません。他方，その他有価証券の評価替えにより生じた評価差額は直接純資産の部に計上されていることから，評価差額に係る繰延税金資産または繰延税金負債については，当該評価差額から控除して計上します。

　期末において，その他有価証券の時価が取得原価を上回った場合には，その評価差額は一時差異が解消する期の課税所得を増加させる効果をもち，これを**将来加算一時差異**といいます。たとえば期末の評価差額¥10,000が生じていた場合，法定実効税率を30%とすると，評価差額に法定実効税率を乗じた¥3,000を繰延税金負債として計上し，その金額を控除した残額¥7,000をその他有価証券評価差額金として貸方計上します。

（借）　そ の 他 有 価 証 券　　10,000　（貸）　繰 延 税 金 負 債　　3,000
　　　　　　　　　　　　　　　　　　　　　その他有価証券評価差額金　　7,000

　期末において，その他有価証券の時価が取得原価を下回った場合には，その評価差額は一時差異が解消する期の課税所得を減少させる効果をもち，これは将来減算一時差異となります。期末の評価差額¥8,000が生じていた場合，法定実効税率を30%とすると，評価差額に法定実効税率を乗じた¥2,400を繰延税金資産として計上し，その金額を控除した残額¥5,600をその他有価証券評価差額金として借方計上します。

（借）　繰 延 税 金 資 産　　2,400　（貸）　そ の 他 有 価 証 券　　8,000
　　　その他有価証券評価差額金　　5,600

　翌期首には評価差額について洗替処理を行い，その他有価証券の帳簿価額を取得原価に振り戻すことにより，当該一時差異は解消します。

（借）　そ の 他 有 価 証 券　　8,000　（貸）　繰 延 税 金 資 産　　2,400
　　　　　　　　　　　　　　　　　　　　　その他有価証券評価差額金　　5,600

例題14-3

　次の一連の取引を仕訳しなさい。なお，その他有価証券については全部純資産直入法を適用する。法定実効税率を30%とする税効果会計を適用する。

(1)　20X1年6月1日　千葉商事株式会社株式を小切手¥4,200,000を振り出して取得した。取得した株式は，その他有価証券として計上する。

(2) 20X2年3月31日（決算）　千葉商事株式会社株式の時価は¥4,400,000である。

(3) 20X2年4月1日　上記株式について洗替処理し，帳簿価額を取得原価に振り戻す。

(4) 20X3年3月31日（決算）　千葉商事株式会社株式の時価は¥4,100,000である。

（☺）解答へのアプローチ）

　評価差額に係る繰延税金資産または繰延税金負債については，当該評価差額から控除して計上します。その他有価証券の時価が取得原価を上回った場合には，評価差額に法定実効税率を乗じた額を繰延税金負債として計上し，下回った場合には評価差額に法定実効税率を乗じた額を繰延税金資産として計上します。

[解　答]……………………………………………………………………

(1)　(借) その他有価証券 4,200,000　(貸) 当　座　預　金 4,200,000

(2)　(借) その他有価証券 200,000　(貸) 繰 延 税 金 負 債　60,000
　　　　　　　　　　　　　　　　　　　　　その他有価証券評価差額金　140,000

(3)　(借) 繰 延 税 金 負 債　60,000　(貸) その他有価証券　200,000
　　　　その他有価証券評価差額金　140,000

(4)　(借) 繰 延 税 金 資 産　30,000　(貸) その他有価証券　100,000
　　　　その他有価証券評価差額金　70,000

基本問題 14-3

　保有する有価証券について，次の資料にもとづいて，(1)20X2年度期首の洗替処理の仕訳と(2)20X2年度期末の決算整理仕訳を示しなさい（全部純資産直入法）。期中において当該有価証券の売買はなかった。なお，その他有価証券の評価差額に対しては税効果会計を適用し，法定実効税率は40%である。

[資　料] ‥‥‥‥‥‥‥‥‥‥‥‥‥‥‥‥‥‥‥‥‥‥‥‥‥‥‥‥‥‥‥‥‥

銘柄	有価証券の分類	取得原価	20X1年度末時価	20X2年度末時価
A社株式	その他有価証券	¥145,000	¥132,000	¥156,000
B社株式	その他有価証券	¥81,000	¥84,000	¥95,000

➡ 解答は326ページ

第15章

決　算

学習のポイント

➡決算整理仕訳を学びます。

➡帳簿締切方法（英米式決算法）を学びます。

➡製造業を営む会社の決算を学びます。

➡損益計算書，貸借対照表および株主資本等変動計算書の作成方法を学びます。

➡精算表の作成方法を学びます。

1 決算整理 ···

　簿記の手続は，開始手続（期首），営業手続（期中），決算手続（期末）からなります。このうち決算手続は，期末において当期純利益（または当期純損失）を計算し，財務諸表を作成するために行われる一連の手続です。

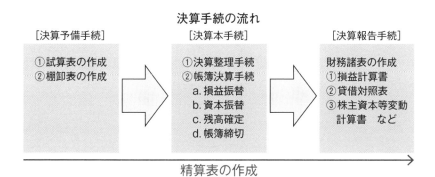

決算手続の流れ

[決算予備手続]	[決算本手続]	[決算報告手続]
①試算表の作成 ②棚卸表の作成	①決算整理手続 ②帳簿決算手続 　a. 損益振替 　b. 資本振替 　c. 残高確定 　d. 帳簿締切	財務諸表の作成 ①損益計算書 ②貸借対照表 ③株主資本等変動 　計算書　など

精算表の作成

❶ 決算予備手続

① 試算表の作成

営業手続（期中）における仕訳の転記（元帳記録）が正確になされているかどうかを検証するためと，決算前における財務内容の概況を把握するために，決算ではまず試算表を作成します。

試算表には，勘定科目ごとに借方・貸方とも合計金額で示す**合計試算表**と，貸借いずれかの残高金額で示す**残高試算表**があります。さらに，両者を合わせた形式の**合計残高試算表**もあります。

合計試算表はその合計額が仕訳帳の合計額と一致するため，元帳記録の検証に適しています。これに対し，残高試算表は財務諸表と同様に各勘定科目が残高で示されるため，財務内容の概況把握に適しています。

なお，転記すべき勘定を誤ったり，貸借反対に転記したり，二重に転記した場合でも，試算表の貸借は一致するため，試算表がもつ元帳記録の検証能力には一定の限界があります。

合計残高試算表

借 方		勘 定 科 目	貸 方	
残 高	合 計		合 計	残 高
129,500	624,800	現　　　　　　金	495,300	
434,600	1,268,200	売　　掛　　金	833,600	
268,600	268,600	繰　越　商　品		

② 棚卸表の作成

決算整理事項をまとめた一覧表を棚卸表といいます。これは決算において資産・負債を実地調査して作成されます。この後に続く決算本手続における決算整理手続は，棚卸表をもとにして行われます。

棚　卸　表

勘定科目	摘　　　要			内　訳	金　額
繰　越　商　品	A商品	440個	@1,210円	532,400	
	B商品	180個	@1,740円	313,200	
	C商品	310個	@2,180円	675,800	1,521,400

★**試算表**：元帳記録の正否検証と財務内容の概況把握のために作成する表で，合計試算表，残高試算表，合計残高試算表があります。

★**棚卸表**：決算整理事項をまとめた一覧表です。

❷ 決算整理手続

　期中には基本的に収支をもとに帳簿記録されるため，決算において帳簿記録が事実と異なっていたり，まったく記録されていなかった場合には，帳簿記録を修正したり，新たな勘定を設ける必要があります。この手続を決算整理といい，棚卸表にもとづいてなされます。決算整理を必要とする事項を決算整理事項といい，決算整理事項にもとづいて行う仕訳を決算整理仕訳といいます。

★**決算整理**：棚卸表にもとづいて行う帳簿記録の修正のことで，決算修正ともいいます。

●主な決算整理事項

(1)　現金過不足の処理

(2)　銀行勘定の調整

(3)　当座借越の負債処理

(4)　貸倒引当金の設定

(5)　有価証券の時価評価

(6)　売上原価／役務原価／製造原価の算定

(7)　郵便切手・収入印紙等の貯蔵品への振替

(8)　有形固定資産・無形固定資産の償却

(9)　満期保有目的債券の償却原価処理

(10)　負債性引当金の設定

(11)　外貨建資産・負債の換算替え

(12)　費用・収益の未払・未収および前払・前受の処理

(13)　法人税・消費税等の計上

(14)　税効果会計の適用

次の決算整理事項にもとづいて，決算整理仕訳を示しなさい。なお，会計期間は１年である。

(1) 備品の処分による代金未収分¥37,500が当座預金に振り込まれていたが，銀行からの通知が未達であったため未記帳となっている。

(2) 貸倒引当金勘定の残高は¥18,480であり，売掛金の期末残高¥1,288,000に対して，差額補充法により２％の貸倒引当金を設定する。

(3) 繰越商品勘定の残高は¥234,600であり，商品期末棚卸高は次のとおりである。売上原価の計算は仕入勘定で行い，棚卸減耗損と商品評価損は売上原価の内訳科目として処理する。商品の記帳方法には，３分法を適用している。

   帳簿棚卸高　数量　320個　　取得原価　@¥820
   実地棚卸高　数量　305個　　正味売却価額　@¥790

(4) 役務原価を算定する。当期に発生した原価は次のとおりであり，仕掛品勘定に集計されている。

   給料手当　¥634,000　水道光熱費　¥189,000　租税公課　¥87,200
   減価償却費　¥272,000　通信費　¥49,300

   なお，仕掛品勘定の期首と期末の残高は，それぞれ次のとおりであった。

   期首仕掛品　¥173,900　　期末仕掛品　¥202,600

(5) 管理部門における備品（取得原価¥740,000，減価償却累計額¥185,000）の減価償却を定率法（償却率25％）により直接法で行う。

(6) 満期保有目的債券勘定の残高は¥774,400（償還期限４年）である。これは当期首に額面総額¥800,000の社債を，額面¥100につき¥96.80で，発行と同時に取得したものである。償却原価法（定額法）を適用する。

(7) 当期に実施できなかった管理部門における建物の修繕について，引当金を¥140,000設定する。

(8) 受取地代の期間未経過分が¥78,000ある。

(9) 税引前当期純利益は¥420,000であり，賞与引当金繰入の損金不算入額が¥330,000であった。税率30％により，未払法人税等を計上する。

(1) 入金未通知は，当座預金を増加させます。

(2) 貸倒引当金繰入額：¥1,288,000×2％－¥18,480 ＝¥7,280

(3) 商品期末棚卸高：320個×@¥820＝¥262,400

棚卸減耗損：（320個－305個）×@¥820＝¥12,300

商品評価損：305個×（@¥820－@¥790）＝¥9,150

(4) 仕掛品勘定において役務原価の期首残高と当期発生高が集計されているため，そこから期末残高を差し引いた金額をもって，当期の役務収益に対応する原価たる役務原価勘定が算定されます。

役務原価：¥173,900＋（¥634,000＋¥189,000＋¥87,200＋¥272,000

＋¥49,300）－¥202,600＝¥1,202,800

(5) 減価償却費：（¥740,000－¥185,000）×25％＝¥138,750

(6) 有価証券利息：（¥800,000－¥774,400）× $\dfrac{12\text{カ月}}{12\text{カ月} \times 4\text{年}}$ ＝¥6,400

(8) 受取地代の期間未経過分は前受地代に相当します。

(9) 未払法人税等：（¥420,000＋¥330,000）×30％＝¥225,000

[解　答]..

(1)	(借) 当 座 預 金	37,500		(貸) 未 収 入 金	37,500
(2)	(借) 貸 倒 引 当 金 繰 入	7,280		(貸) 貸 倒 引 当 金	7,280
(3)	(借) 仕　　　　　入	234,600		(貸) 繰 越 商 品	234,600
	(借) 繰 越 商 品	262,400		(貸) 仕　　　　　入	262,400
	(借) 棚 卸 減 耗 損	12,300		(貸) 繰 越 商 品	21,450
	商 品 評 価 損	9,150			
	(借) 仕　　　　　入	21,450		(貸) 棚 卸 減 耗 損	12,300
				商 品 評 価 損	9,150
(4)	(借) 役 務 原 価	1,202,800		(貸) 仕　　掛　　品	1,202,800
(5)	(借) 減 価 償 却 費	138,750		(貸) 備　　　　　品	138,750
(6)	(借) 満 期 保 有 目 的 債 券	6,400		(貸) 有 価 証 券 利 息	6,400
(7)	(借) 修 繕 引 当 金 繰 入	140,000		(貸) 修 繕 引 当 金	140,000
(8)	(借) 受 取 地 代	78,000		(貸) 前 受 地 代	78,000
(9)	(借) 法人税,住民税及び事業税	225,000		(貸) 未 払 法 人 税 等	225,000

　次の一連の決算整理事項にもとづいて，決算整理仕訳を示しなさい。
なお，会計期間は20X6年4月1日から20X7年3月31日までの1年である。

(1)　貸倒引当金勘定の残高は¥10,800であり，売上債権の残高¥1,170,000
　に対して3％の貸倒引当金を差額補充法により設定する。

(2)　繰越商品勘定の残高は¥386,100であり，期末商品棚卸高は次のとお
　りである。棚卸減耗損や商品評価損は売上原価の内訳科目として処理
　する。商品の記帳方法には3分法を適用し，売上原価は仕入勘定で計
　算する。

　　　帳簿棚卸高　数量　470個　　取得原価　@¥715
　　　実地棚卸高　数量　448個　　正味売却価額　@¥723

(3)　売買目的有価証券勘定の残高は¥891,310であり，決算における時価
　は次のとおりである。時価法により評価替えをする。

	帳簿価額	時　価
A社株式	¥501,830	¥485,550
B社株式	¥124,800	¥184,670
C社社債	¥264,680	¥273,220

(4)　固定資産の減価償却を次のとおり間接法により行う。

　　　建物（取得原価¥4,510,000，減価償却累計額¥842,200）
　　　　　：定額法，耐用年数25年，残存価額　取得原価の10％
　　　備品（取得原価¥780,000，減価償却累計額¥280,800）
　　　　　：定率法，償却率20％

　なお，建物のうち¥2,560,000については，20X6年10月1日に取得し
　たもので，減価償却の計算（定額法：耐用年数25年，残存価額ゼロ）
　は月割計算による。

(5)　期末に買掛金のうち¥167,000につき発生記録の請求を行ったところ，
　電子記録債務が生じたことが確認された。

(6)　事業用のICカードに¥20,000を入金した際に仮払処理していたが，
　このうち¥8,700は鉄道乗車において使用したことが判明した。

(7)　保険料については毎年同額を7月1日に向こう1年分として支払って

いる（帳簿残高：¥190,680，期首現在の前払分は再振替済み）。ただし，10月に取得した建物の向こう1年分の保険料¥82,080も含まれている。

(8) のれん勘定の残高は¥747,100である。これは20X4年1月1日に大分商事株式会社を買収した際に生じたものであり，10年間にわたって毎月均等額を償却している。

(9) 外貨建売掛金¥252,000（$2,400）につき，換算替えを行う。決算日のレートは，$1＝¥102である。

(10) 法人税，住民税及び事業税の課税見込額は¥376,900であり，中間納付額¥172,500は仮払金に計上されている。ただし，(1)で設定した貸倒引当金のうち¥12,600は税法上損金算入を認められなかったため，税効果会計（法定実効税率25%）を適用する。

➡ 解答は327ページ

❸ 月次決算

　すべての会社に適用される会社法では，決算は年に一度と定められていますが，現代企業の多くは月単位でも決算を実施しています。前者を年次決算といい，後者を**月次決算**といいます。月次決算の目的は経営管理に役立てることと，年次決算の作業負担を軽減することにあります。ただし，月次決算は年次決算と異なり，作成する損益計算書や貸借対照表を外部に公表しません。また，損益計算書や貸借対照表を作成せず，試算表のみを作成する場合もあります。なお，❸で学習する製造業を営む会社では，通常，月次決算が採られます。

　月次決算においても，実施する会計処理は年次決算と基本的に同じです。ただし，減価償却費や引当金繰入など，年次決算時に確定する費用は月次決算では1カ月分だけを見積計上します。また，保険料のように年払がなされる費用は，支払時に前払費用（資産）として処理しておき，月次決算では1カ月分ずつ費用に振り替える方法が採られることがあります。

★**月次決算**：経営管理への役立ちと年次決算の作業負担軽減を目的として行う，月単位の非法定決算です。

月次決算を採用する企業における次の取引につき，仕訳を示しなさい。なお，会計期間は20X1年4月1日から20X2年3月31日である。

(1) 20X2年2月1日，向こう1年分の火災保険料¥180,000を当座預金より支払った。

(2) 20X2年2月28日，月次決算を迎えた。火災保険料の費用計上，備品の減価償却の実施ならびに賞与引当金の計上を行う。なお，備品の減価償却費は年間で¥168,000生じる見込みであり，賞与は20X2年6月に¥720,000（支給対象期間：1月から6月）支給される見込みである。

(3) 20X2年3月31日，年次決算を迎えた。火災保険料，備品の減価償却，賞与引当金について，まず，①月次決算の処理を行い，次いで，②年次決算につき必要な処理を行う。

☺解答へのアプローチ

(1) 月次決算企業では，通常，年払費用を支払時に前払費用として処理します。

(2) 保険料：$¥180,000 \times \dfrac{1 \, カ月}{12 \, カ月} = ¥15,000$

減価償却費：$¥168,000 \times \dfrac{1 \, カ月}{12 \, カ月} = ¥14,000$

賞与引当金繰入：$¥720,000 \times \dfrac{1 \, カ月}{6 \, カ月} = ¥120,000$

(3) ②年間見積額と実際発生額との間にずれがない限り，特段の処理は行われません。

[解答]······

(1)	(借) 前払保険料	180,000	(貸) 当座預金	180,000		
(2)	(借) 保険料	15,000	(借) 前払保険料	15,000		
	(借) 減価償却費	14,000	(貸) 備品減価償却累計額	14,000		
	(借) 賞与引当金繰入	120,000	(貸) 賞与引当金	120,000		
(3)①	(借) 保険料	15,000	(借) 前払保険料	15,000		
	(借) 減価償却費	14,000	(貸) 備品減価償却累計額	14,000		
	(借) 賞与引当金繰入	120,000	(貸) 賞与引当金	120,000		

② 仕訳なし

　20X7年2月28日，決算を迎えたので，地震保険料，退職給付引当金，営業用車両の減価償却について，以下に示す残高試算表にもとづき必要な仕訳を示しなさい。なお，期中に①から③の取引を行っており，いずれも適正に処理済みとなっている。月次決算を採用する当社の会計期間は20X6年3月1日から20X7年2月28日であり，年次決算に際して金額の見積修正はない。

① 20X6年5月1日，向こう1年分の地震保険料¥195,000を普通預金より支払った。

② 退職給付費用は，年間で¥237,000生じる見込みである。

③ 20X6年8月1日，営業用車両を購入した。減価償却は，耐用年数4年，残存価額ゼロ，定額法償却，直接法記帳にて実施している。

残 高 試 算 表

前 払 保 険 料	48,750	退職給付引当金	2,764,400
車 両 運 搬 具	1,443,750		
退 職 給 付 費 用	217,250		

⇒ 解答は329ページ

2 帳簿決算手続 ·······················

❶ 損益振替の手続

　決算整理手続が済んだ後，帳簿を締め切るための手続に入ります。この手続を帳簿決算手続といい，損益振替，資本振替，残高確定の手続を行った後に帳簿を締め切ります。

　一会計期間におけるすべての収益と費用を集合勘定である損益勘定に集計し，差額により当期純利益を計算する手続を**損益振替**といいます。損益振替では以下のように振替仕訳を行います。

（借）収 益 の 諸 勘 定　×××　（貸）損　　　　益　×××
（借）損　　　　益　×××　（貸）費 用 の 諸 勘 定　×××

　なお，損益振替を勘定記入する際は，相手勘定が複数あっても諸口として

記入せず，個々に相手勘定を記入します。また，損益振替が終了することで，収益と費用の諸勘定は貸借が一致し，締め切られます。

❷ 資本振替の手続

　損益振替の後，損益勘定の貸借差額で示される当期純利益（または当期純損失）の金額は，貸借対照表の資本勘定に振り替えられます。これを**資本振替**といいます。企業活動の成果である当期純利益（または当期純損失）は，資本を増減させるためです。ここで振り替えられる勘定は，**繰越利益剰余金勘定**（資本）です。当期純利益を前提とすれば，以下のように資本振替仕訳を行います。

（借）　損　　　　　益　　×××　（貸）　繰越利益剰余金　　×××

　また，当期純損失を前提とすれば，以下のように資本振替仕訳を行います。

（借）　繰越利益剰余金　　×××　（貸）　損　　　　　益　　×××

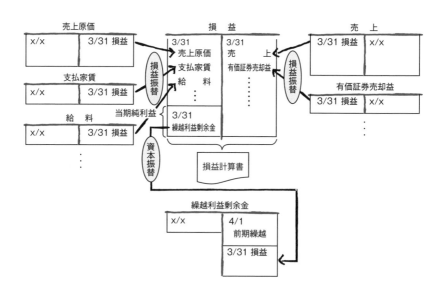

190

❸ 残高確定の手続

　損益振替手続および資本振替手続により，損益計算書を構成する諸勘定は
すべて締切りが完了しています。次いで，貸借対照表を構成する諸勘定を締
め切ることになります。その方法として，通常，英米式決算法が採られます。
　英米式決算法では，期末における資産と負債・純資産の諸勘定残高につき，
残高とは貸借反対側の摘要欄に決算日の日付で「**次期繰越**」と記入すると同
時に，次期繰越とは貸借反対側の摘要欄に翌期首の日付で「**前期繰越**」と記
入して勘定を締め切ります（一般的に，次期繰越の記入は赤字で行われま
す）。このとき他の勘定への振替をともなわないため，仕訳も行いません。な
お，それらの繰越記入が正しく行われたかどうかを検証するために，次期繰
越額をもって**繰越試算表**を作成することがあります。

★**英米式決算法**：通常採られる簡便な帳簿締切手続です。

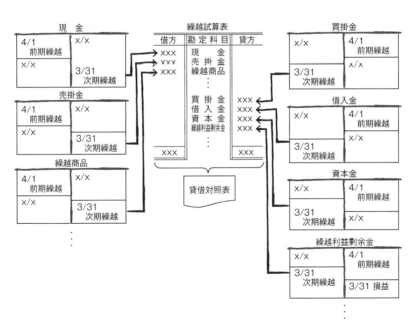

15
決

算

191

次の決算整理前残高試算表と決算修正事項等にもとづいて，決算整理後残高試算表を作成しなさい。会計期間は20X8年4月1日から20X9年3月31日である。なお，本問ではその他有価証券のみ法定実効税率を25％とする税効果会計を適用する。法定実効税率は前期，当期とも同じであり，将来においても変わらないと見込まれている。また，解答に際し金額欄に記入がなされない場合は，「－」を付すこと。

（A）　決算整理前残高試算表

決算整理前残高試算表

20X9年3月31日 （単位：円）

借　方	勘定科目	貸　方
6,095,040	現　　　　　金	
3,639,800	当　座　預　金	
1,387,000	売　　掛　　金	
283,000	電 子 記 録 債 権	
374,000	前　　払　　金	
786,000	商　　　　　品	
1,800,000	建　　　　　物	
837,000	その他有価証券	
1,026,200	仮　払　消　費　税	
161,250	仮 払 法 人 税 等	
	買　　掛　　金	1,171,000
	借　　入　　金	1,800,000
	仮　受　消　費　税	1,388,200
	貸　倒　引　当　金	4,000
	建物減価償却累計額	490,000
	資　　本　　金	9,000,000
	利　益　準　備　金	276,000
	繰 越 利 益 剰 余 金	803,000
	売　　　　　上	13,166,000
	受　取　手　数　料	716,000
9,874,000	売　上　原　価	
1,881,910	給　　　　　料	
423,000	水　道　光　熱　費	
102,000	広　告　宣　伝　費	
144,000	支　払　利　息	
28,814,200		28,814,200

（B）　決算修正事項等

1．売掛金のうち￥130,000につき取引銀行を通じて電子債権の発生記録を行っていたが，振替処理が漏れていた。

2．当期の商品販売取引から生じた売掛金￥21,000の回収不能が判明したが，会計処理が漏れていた。

3．商品の期末棚卸高は次のとおりである。売上原価は販売のつど計上する方法によっている。棚卸減耗損や商品評価損が生じる場合，それらは原価性を有しないものとする。

     帳簿棚卸数量：655個，取 得 原 価：@￥1,200

     実地棚卸数量：653個，正味売却価額：@￥1,210

4．売掛金および電子記録債権の期末残高に対し，1％の貸倒引当金を差額補充法によって見積もる。

5．建物の減価償却を次の要領で行う。

     耐用年数：30年，残存価額：ゼロ，償却方法：定額法

6．その他有価証券の当期末の時価は￥786,000である。なお，前期末の時価評価に伴う評価差額金の戻入れは，期首において適正に済んでいる。

7．前払金のうち￥34,200（300ドル）は米国W社に対するものであり，買掛金のうち￥279,400（2,540ドル）は，米国Z社に対するものである。当期末における為替相場は，1ドル￥115である。

8．広告宣伝費は，毎年2月1日と8月1日に向こう6カ月分を定期的に支払う月刊雑誌広告への支払額である。期首および期中の処理は適正に済んでおり，前期，当期とも契約金額に変動はない。期末に必要な処理を行う。

9．消費税につき，期末に必要な処理を行う。なお，期中の処理は適正に処理済みである。

10．法人税，住民税及び事業税について中間納付額控除後の金額￥182,250を未払額として計上する。なお，仮払法人税等は中間納付に係るものである。

決算整理後残高試算表

20X9年3月31日　　　　　　（単位：円）

借　方	勘定科目	貸　方
6,095,040	現　　　　　金	
3,639,800	当　座　預　金	
（　　　　　）	売　　掛　　金	
（　　　　　）	電 子 記 録 債 権	
（　　　　　）	前　　払　　金	
（　　　　　）	商　　　　　品	
（　　　　　）	前　払　費　用	
1,800,000	建　　　　　物	
（　　　　　）	その他有価証券	
（　　　　　）	繰延税金（　　　）	（　　　　　）
	買　　掛　　金	（　　　　　）
	借　　入　　金	1,800,000
	未　払　消　費　税	（　　　　　）
	未 払 法 人 税 等	（　　　　　）
	貸　倒　引　当　金	（　　　　　）
	建物減価償却累計額	（　　　　　）
	資　　本　　金	9,000,000
	利　益　準　備　金	276,000
	繰 越 利 益 剰 余 金	（　　　　　）
（　　　　　）	その他有価証券評価差額金	（　　　　　）
	売　　　　　上	13,166,000
	受　取　手　数　料	716,000
（　　　　　）	売　上　原　価	
1,881,910	給　　　　　料	
423,000	水　道　光　熱　費	
（　　　　　）	広　告　宣　伝　費	
（　　　　　）	減　価　償　却　費	
（　　　　　）	（　　　　　）	
（　　　　　）	貸 倒 引 当 金 繰 入	
（　　　　　）	（　　　　　）損	
144,000	支　払　利　息	
（　　　　　）	為替（　　　）	（　　　　　）
（　　　　　）	法人税,住民税及び事業税	
（　　　　　）		（　　　　　）

😊解答へのアプローチ

　決算修正事項等について仕訳をメモ書きしたうえで，決算整理前残高試算表に仕訳を加減した金額をもって決算整理後残高試算表を作成します。

1．(借) 電 子 記 録 債 権　130,000　　(貸) 売　　掛　　金　130,000

2．(借) 貸 倒 損 失　21,000　　(貸) 売　　掛　　金　21,000

3．(借) 棚 卸 減 耗 損　2,400　　(貸) 商　　　　品　2,400

　棚卸減耗損：(655個－653個)×@¥1,200＝¥2,400

　商品：¥786,000－¥2,400＝¥783,600

4．(借) 貸 倒 引 当 金 繰 入　12,490　　(貸) 貸 倒 引 当 金　12,490

　(¥1,236,000 + ¥413,000)×1％－¥4,000＝¥12,490
　　　_{売掛金}　　　　_{電子記録債権}　　　　　　_{貸倒引当金残高}

5．(借) 減 価 償 却 費　60,000　　(貸) 建物減価償却累計額　60,000

$$¥1,800,000 \times \frac{1 年}{30 年} = ¥60,000$$

6．(借) その他有価証券評価差額金　38,250　　(貸) そ の 他 有 価 証 券　51,000

　　　　繰 延 税 金 資 産　12,750

　繰延税金資産：(¥837,000－¥786,000)×25％＝¥12,750
　　　　　　　　　_{取得原価}　　_{時価}

　その他有価証券評価差額金：(¥837,000－¥786,000)×75％＝¥38,250
　　　　　　　　　　　　　　_{取得原価}　　_{時価}

7．(借) 為 替 差 損 益　12,700　　(貸) 買　　掛　　金　12,700

　¥279,400－2,540ドル×¥115＝△¥12,700

8．(借) 前 払 費 用　25,500　　(貸) 広 告 宣 伝 費　25,500

$$¥102,000 \times \frac{4 カ月 (20X9 年 4 月 1 日〜20X9 年 7 月31日)}{16 カ月 (20X8 年 4 月 1 日〜20X9 年 7 月31日)} = ¥25,500$$

9．(借) 仮 受 消 費 税　1,388,200　　(貸) 仮 払 消 費 税　1,026,200

　　　　　　　　　　　　　　　　　　　　未 払 消 費 税　362,000

10．(借) 法人税, 住民税及び事業税　343,500　　(貸) 仮 払 法 人 税 等　161,250

　　　　　　　　　　　　　　　　　　　　未 払 法 人 税 等　182,250

15
決

算

195

[解 答]‥‥‥‥‥‥‥‥‥‥‥‥‥‥‥‥‥‥‥‥‥‥‥‥‥‥‥‥‥‥‥‥‥‥‥

決算整理後残高試算表

20X9年3月31日　　　　（単位：円）

借　方	勘定科目	貸　方
6,095,040	現　　　　金	
3,639,800	当　座　預　金	
(1,236,000)	売　掛　金	
(413,000)	電子記録債権	
(374,000)	前　払　金	
(783,600)	商　　　　品	
(25,500)	前　払　費　用	
1,800,000	建　　　　物	
(786,000)	その他有価証券	
(12,750)	繰延税金（資産）	(－)
	買　掛　金	(1,183,700)
	借　入　金	1,800,000
	未　払　消　費　税	(362,000)
	未　払　法　人　税　等	(182,250)
	貸　倒　引　当　金	(16,490)
	建物減価償却累計額	(550,000)
	資　　本　　金	9,000,000
	利　益　準　備　金	276,000
	繰越利益剰余金	(803,000)
(38,250)	その他有価証券評価差額金	(－)
	売　　　　上	13,166,000
	受　取　手　数　料	716,000
(9,874,000)	売　上　原　価	
1,881,910	給　　　　料	
423,000	水　道　光　熱　費	
(76,500)	広　告　宣　伝　費	
(60,000)	減　価　償　却　費	
(21,000)	（ 貸　倒　損　失 ）	
(12,490)	貸　倒　引　当　金　繰　入	
(2,400)	（ 棚　卸　減　耗 ）損	
144,000	支　払　利　息	
(12,700)	為　替（差　損　益）	(－)
(343,500)	法人税, 住民税及び事業税	
(28,055,440)		(28,055,440)

196

次の決算整理後残高試算表にもとづいて，英米式決算法の(1)決算振替仕訳（損益振替仕訳，資本振替仕訳）を示したうえで，(2)損益勘定，繰越利益剰余金勘定を作成しなさい。なお，繰越利益剰余金について，期中の増減はないものとする。

決算整理後残高試算表

20X1年3月31日 （単位:円）

借　方	勘定科目	貸　方
1,935,000	現　　　　　金	
3,516,000	当　座　預　金	
3,900,000	売　　掛　　金	
981,000	繰　越　商　品	
17,000	前　払　保　険　料	
1,500,000	備　　　　　品	
	買　　掛　　金	692,000
	契　約　負　債	427,000
	貸　倒　引　当　金	78,000
	備品減価償却累計額	375,000
	資　　本　　金	4,000,000
	資　本　準　備　金	1,000,000
	利　益　準　備　金	845,000
	繰　越　利　益　剰　余　金	3,807,000
	売　　　　　上	25,240,000
	受　取　手　数　料	678,000
18,930,000	仕　　　　　入	
4,505,000	給　　　　　料	
1,440,000	支　払　家　賃	
102,000	保　　険　　料	
250,000	減　価　償　却　費	
66,000	貸　倒　引　当　金　繰　入	
37,142,000		37,142,000

😊解答へのアプローチ

　まず，収益と費用の諸勘定を損益勘定に振り替えます。次いで，損益勘定の差額を繰越利益剰余金勘定に振り替えます。

[解　答]‥‥

(1)　損益振替仕訳

　　（借）売　　　　　上　25,240,000　（貸）損　　　　　益　25,918,000

　　　　　受 取 手 数 料　　　678,000

　　（借）損　　　　　益　25,293,000　（貸）仕　　　　　入　18,930,000

　　　　　　　　　　　　　　　　　　　　　給　　　　　料　 4,505,000

　　　　　　　　　　　　　　　　　　　　　支 払 家 賃　 1,440,000

　　　　　　　　　　　　　　　　　　　　　保 　険 　料　　 102,000

　　　　　　　　　　　　　　　　　　　　　減 価 償 却 費　　 250,000

　　　　　　　　　　　　　　　　　　　　　貸倒引当金繰入　　 66,000

　　　資本振替仕訳

　　（借）損　　　　　益　　625,000　（貸）繰越利益剰余金　　625,000

(2)　損益勘定，繰越利益剰余金勘定

損　　益

仕　　　　　入	18,930,000	売　　　　　上　25,240,000
給　　　　　料	4,505,000	受 取 手 数 料　　 678,000
支 払 家 賃	1,440,000	
保 　険 　料	102,000	
減 価 償 却 費	250,000	
貸倒引当金繰入	66,000	
繰越利益剰余金	625,000	
	25,918,000	25,918,000

繰越利益剰余金

次 期 繰 越	4,432,000	前 期 繰 越　3,807,000
		損　　　　　益　　625,000
	4,432,000	4,432,000

3 製造業における決算 ·····························

❶ 製造業の概要

　商業を営む会社においては，仕入先より商品を仕入れ，それを得意先に販売します。これに対し，製造業を営む会社においては，仕入先より**材料**を仕入れ，それに加工を施して**製品**を製造し，得意先に販売します。その際，製造途中の製品を**仕掛品**とよびます。

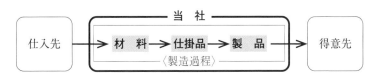

　製造業においては，商業における仕入高に相当する製造原価の金額を算定するために，原価計算制度を採用します。製造原価は，その発生形態により，材料費，労務費，経費に3分類され，また，その発生が直接的に認識されるか否かにより，製造直接費と製造間接費とに分類されます。製造間接費を予定配賦した場合，予定配賦額と実際発生額との差額たる原価差異が生じることがあります。材料費や労務費についても，予定価格や予定賃率を用いる場合に，原価差異が生じることがあります。

　製造業においては，原価管理や経営意思決定のために，通常，月次決算が採用されます。そのうえで，棚卸資産の評価，固定資産の減価償却，負債性引当金の計上など，商業に係わる部分と製造業に係わる部分とが相互かつ同時に関連しています。そこで，決算においては，通常の商業の処理をもとに製造業特有の処理を加味したうえで，財務諸表を作成することになります。

　製造業の簿記たる工業簿記と原価計算の期中処理については，『検定簿記講義／2級工業簿記』にて学習してください。

❷ 製造業における原価の流れ

① 材料費・労務費・経費・製造間接費

　材料勘定(資産)では，借方に前期(前月)繰越高と当期(当月)仕入高，貸方に次期(次月)繰越高が記入され，差額として当期(当月)消費高が算定されます。

15

決

算

労務費（賃金・給料）**勘定**（費用）では，借方に当期（当月）支払高と当期（当月）未払高，貸方に前期（前月）未払高が記入され，差額として当期（当月）消費高が算定されます。

経費（外注加工賃，減価償却費など）**勘定**（費用）では，借方に当期（当月）支払高または発生高が記入され，貸方に当期（当月）消費高が算定されます。

製造間接費勘定（費用）では，借方に当期（当月）の間接材料費，間接労務費，間接経費，貸方に予定配賦額が記入されます。

② **仕掛品**

仕掛品勘定（資産）では，借方に前期（前月）繰越高と当期（当月）製造費用（当期（当月）の直接材料費，直接労務費，直接経費，製造間接費予定配賦額），貸方に次期（次月）繰越高が記入され，差額として当期（当月）完成高が算定されます。

③ **製 品**

製品勘定（資産）では，借方に前期（前月）繰越高と当期（当月）完成高，貸方に次期（次月）繰越高が記入され，差額として当期（当月）売上原価が算定されます。

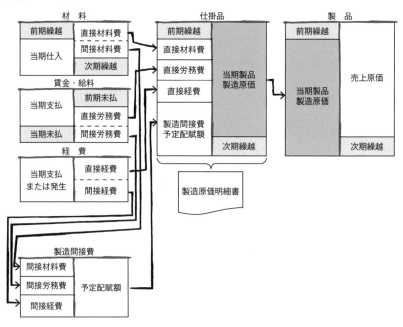

❸ 製造業における財務諸表

　貸借対照表上，商業における「商品」に相当する棚卸資産として，製造業では「材料」，「仕掛品」，「製品」が記載されます。また，有形固定資産として，製造に使用する「機械装置」等が記載されます。

　損益計算書上，売上原価の内訳表示の際，商業における「商品期首棚卸高」と「商品期末棚卸高」に相当するものとして，製造業では「製品期首棚卸高」と「製品期末棚卸高」，「当期商品仕入高」に相当するものとして「当期製品製造原価」が記載されます。さらに，当期製品製造原価の内訳を明示するために，製造原価明細書が作成されることがあります。

例題15-5

　下記に示す期末における総勘定元帳の記録より，損益計算書と貸借対照表（一部）を完成させなさい。

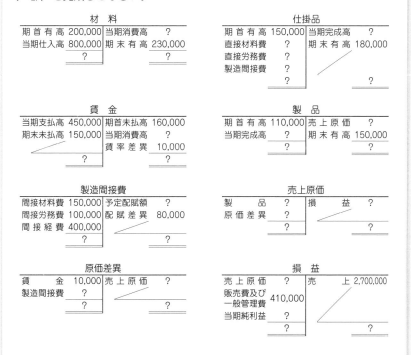

材　料			
期首有高	200,000	当期消費高	？
当期仕入高	800,000	期末有高	230,000
	？		？

賃　金			
当期支払高	450,000	期首未払高	160,000
期末未払高	150,000	当期消費高	？
		賃率差異	10,000
	？		？

製造間接費			
間接材料費	150,000	予定配賦額	？
間接労務費	100,000	配賦差異	80,000
間接経費	400,000		
	？		？

原価差異			
賃　金	10,000	売上原価	？
製造間接費	？		
	？		？

仕掛品			
期首有高	150,000	当期完成高	？
直接材料費	？	期末有高	180,000
直接労務費	？		
製造間接費	？		
	？		？

製　品			
期首有高	110,000	売上原価	？
当期完成高	？	期末有高	150,000
	？		？

売上原価			
製　品	？	損　益	？
原価差異	？		
	？		？

損　益			
売上原価	？	売　上	2,700,000
販売費及び一般管理費	410,000		
当期純利益	？		
	？		？

損 益 計 算 書
自20X1年4月1日　至20X2年3月31日　　　（単位：円）

費　用	金　額	収　益	金　額
製品期首棚卸高	（　　　　　）	売　　上　　高	（　　　　　）
当期製品製造原価	（　　　　　）	製品期末棚卸高	（　　　　　）
原　価　差　異	（　　　　　）		
販売費及び一般管理費	（　　　　　）		
当　期　純　利　益	（　　　　　）		
	（　　　　　）		（　　　　　）

貸 借 対 照 表
20X2年3月31日　　　（単位：円）

資　産	金　額	負債および純資産	金　額
材　　　　　料	（　　　　　）	…	…
仕　　掛　　品	（　　　　　）	…	…
製　　　　　品	（　　　　　）	…	…
…	…	…	…

☺ 解答へのアプローチ

　製造業における勘定連絡は，[材料][賃金・給料][経費][製造間接費]→[仕掛品]→[製品] となります。原価差異は，製造間接費勘定借方の実際発生額と貸方の予定配賦額との差額であり，予定配賦による不足額がある場合には売上原価に加算します。売上原価の内訳は，以下のとおりです。

　売上原価：$\underset{\text{製品期首棚卸高}}{110{,}000} + \underset{\text{当期製品製造原価}}{1{,}490{,}000} - \underset{\text{製品期末棚卸高}}{150{,}000} + \underset{\text{原価差異}}{90{,}000} = 1{,}540{,}000$

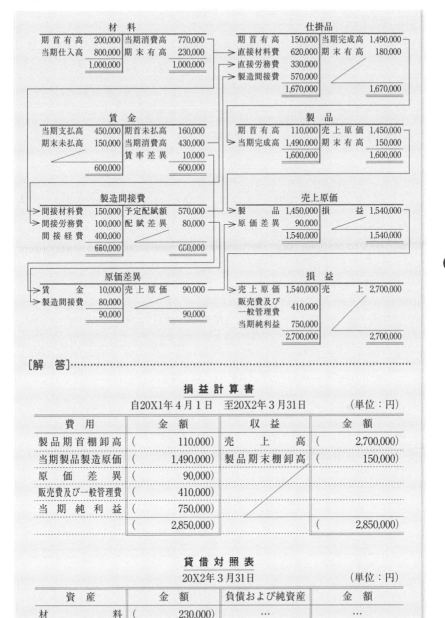

材　料

期首有高	200,000	当期消費高	770,000
当期仕入高	800,000	期末有高	230,000
	1,000,000		1,000,000

仕掛品

期首有高	150,000	当期完成高	1,490,000
直接材料費	620,000	期末有高	180,000
直接労務費	330,000		
製造間接費	570,000		
	1,670,000		1,670,000

賃　金

当期支払高	450,000	期首未払高	160,000
期末未払高	150,000	当期消費高	430,000
		賃率差異	10,000
	600,000		600,000

製　品

期首有高	110,000	売上原価	1,450,000
当期完成高	1,490,000	期末有高	150,000
	1,600,000		1,600,000

製造間接費

間接材料費	150,000	予定配賦額	570,000
間接労務費	100,000	配賦差異	80,000
間接経費	400,000		
	650,000		650,000

売上原価

製　品	1,450,000	損　益	1,540,000
原価差異	90,000		
	1,540,000		1,540,000

原価差異

賃　金	10,000	売上原価	90,000
製造間接費	80,000		
	90,000		90,000

損　益

売上原価	1,540,000	売　上	2,700,000
販売費及び一般管理費	410,000		
当期純利益	750,000		
	2,700,000		2,700,000

[解　答]...

損益計算書

自20X1年4月1日　至20X2年3月31日　　（単位：円）

費　用	金　額	収　益	金　額
製品期首棚卸高	（　　　110,000）	売　上　高	（　　2,700,000）
当期製品製造原価	（　　1,490,000）	製品期末棚卸高	（　　　150,000）
原　価　差　異	（　　　90,000）		
販売費及び一般管理費	（　　　410,000）		
当　期　純　利　益	（　　　750,000）		
	（　　2,850,000）		（　　2,850,000）

貸借対照表

20X2年3月31日　　（単位：円）

資　産	金　額	負債および純資産	金　額
材　　料	（　　230,000）	…	…
仕　掛　品	（　　180,000）	…	…
製　　品	（　　150,000）	…	…
…	…	…	…

　次の（A）20X8年2月末現在の残高試算表（一部）および（B）3月の取引と決算整理事項等にもとづいて，解答欄に示す当会計期間の損益計算書および貸借対照表の一部を作成しなさい。なお，会計期間は20X7年4月1日から20X8年3月31日までの1年である。

（A）20X8年2月末現在の残高試算表（一部）

残 高 試 算 表

借　方	勘定科目	貸　方
…	…	…
5,100	材　　　　　料	
7,400	仕　　掛　　品	
8,700	製　　　　　品	
…	…	…
81,000	建　　　　　物	
33,600	機　械　装　置	
	建物減価償却累計額	45,090
	機械装置減価償却累計額	12,250
…	…	…
	退 職 給 付 引 当 金	121,900
…	…	…
	売　　　　　上	408,700
…	…	…
265,300	売　上　原　価	
122,200	販売費及び一般管理費	
…	…	…

（B）3月の取引と決算整理事項等

(1)　材料費データ

①　月初有高　¥5,100，当月仕入高　¥9,200，月末実際有高　¥5,300
　　棚卸減耗分は，間接経費とする。

②　直接材料費　¥6,600，間接材料費実際発生額　¥2,200

(2)　労務費データ

①　直接工直接作業賃金支払高　¥9,600（月初および月末未払はない。）

②　販売・一般管理部門従業員給料支払高　¥6,100（月初および月末

未払はない。）

③　退職給付引当金は，年度見積額の12分の1を毎月計上しており，3月も同様である。製造活動従業員分は月¥1,400（間接労務費），それ以外の従業員分は¥1,100である。

(3)　経費データ

固定資産の減価償却費は，年度見積額の12分の1を毎月計上しており，3月も同様である。減価償却額は以下のとおりであり，製造活動用は間接経費とする。

建物　¥270（製造活動用　¥150，販売・一般管理活動用　¥120）

機械装置　¥350（製造活動用）

(4)　仕掛品データ

月初有高　¥7,400，当月完成品総合原価　¥23,500

(5)　製品データ

月初有高　¥8,700，当月売上高　¥38,000，当月売上原価　¥24,700

15

決

算

[解答欄]‥‥‥‥‥‥‥‥‥‥‥‥‥‥‥‥‥‥‥‥‥‥‥‥‥‥‥‥‥‥‥‥‥

損 益 計 算 書

自20X7年4月1日　至20X8年3月31日　　　（単位：円）

費　　用	金　　額	収　　益	金　　額
売　上　原　価	（　　　　　　　）	売　　上　　高	（　　　　　　　）
販売費及び一般管理費	（　　　　　）	…	…
…	…	…	…

貸 借 対 照 表

20X8年3月31日　　　（単位：円）

資　　産	金　　額	負債および純資産	金　　額
…	…	…	…
材　　　　料	（　　　）	退職給付引当金	（　　　　　　）
仕　掛　品	（　　　）	…	…
製　　　品	（　　　）	…	…
建　　　物	（　　　）	…	…
減価償却累計額	（　　　）（　　　）	…	…
機　械　装　置	（　　　）	…	…
減価償却累計額	（　　　）（　　　）	…	…
…	…	…	…

➡ 解答は329ページ

4 財務諸表の作成 ···

❶ 財務諸表作成の概要

決算本手続が終了した後，元帳の記録にもとづいて財務諸表を作成します。これを決算報告手続といいます。財務諸表は種々のものからなりますが，中心となるのは**損益計算書**と**貸借対照表**です。

損益計算書は損益勘定をもとに作成されます。これに対し，貸借対照表は英米式決算法においては各勘定残高もしくは繰越試算表をもとにして作成されます。したがって，損益勘定と損益計算書，繰越試算表と貸借対照表は実質的に同じものといえますが，損益計算書と貸借対照表は外部に向けた報告書であるため，企業の経営成績や財政状態を明瞭に示すための工夫がなされています。

(1) 区分表示

収益と費用，資産と負債・純資産に含まれる内訳科目は，一定の性質ごとにグループにまとめ，それらを区分して損益計算書と貸借対照表を作成します。

(2) 勘定式と報告式

元帳記録と同様に勘定口座の形式を用い，借方・貸方を左右に分けて損益計算書と貸借対照表を作成する方式を**勘定式**といいます。これに対し，上から下に書き流す形式で損益計算書と貸借対照表を作成する方式を**報告式**といいます。これらの形式は，開示に際して準拠する法令において定められています。

(3) 表示科目への組替え

元帳記録においては勘定口座に設けられた勘定科目をもって摘要欄に記入がなされていますが，財務諸表上は開示上準拠する法令において表示科目が定められており，一部の表示科目は勘定科目と名称が一致しません。そのような場合に，勘定科目から表示科目への組替えが必要になります。

基本 word

★**損益計算書**：一会計期間の経営成績を表す財務表です。
★**貸借対照表**：期末時点の財政状態を表す財務表です。

❷ 損益計算書の作成

報告式の損益計算書では，全体を営業損益計算，経常損益計算，純損益計算の3つに区分します。営業損益計算の区分は主たる活動から生じる収益と費用が記載され，**営業利益**を算定します。経常損益計算の区分は主たる活動以外から生じる経常的な収益と費用が記載され，**経常利益**を算定します。純損益計算の区分は臨時的な収益と費用が記載され，**当期純利益**を算定します。

なお，営業損益計算の区分では売上高（サービス業においては役務収益）から売上原価（サービス業においては役務原価）を差し引いた金額をもって**売上総利益**とし，純損益計算の区分では**税引前当期純利益**から法人税，住民税及び事業税を差し引き，さらに法人税等調整額を加減した後の金額をもって当期純利益とします。

収　益	費　用	利　益
営業損益計算		
Ⅰ　売上高	Ⅱ　売上原価 （商品期首棚卸高＋当期商品仕入高 －商品期末棚卸高）	売上総利益 ［Ⅰ－Ⅱ］
	Ⅲ　販売費及び一般管理費 （給料，保険料，支払地代， 水道光熱費，消耗品費， 減価償却費，貸倒引当金繰入， 退職給付費用，支払リース料 など）	営業利益 ［売上総利益－Ⅲ］
経常損益計算		
Ⅳ　営業外収益 （受取利息，有価証券利息， 受取配当金，受取地代， 有価証券評価益， 有価証券売却益，為替差益など）	Ⅴ　営業外費用 （支払利息，有価証券評価損， 有価証券売却損，手形売却損， 貸倒引当金繰入，為替差損 など）	経常利益 ［営業利益＋Ⅳ－Ⅴ］
純損益計算		
Ⅵ　特別利益 （固定資産売却益，国庫補助金 受贈益など）	Ⅶ　特別損失 （固定資産売却損，災害損失， 固定資産圧縮損など）	税引前当期純利益 ［経常利益＋Ⅵ－Ⅶ］
	法人税，住民税及び事業税 法人税等調整額	当期純利益 ［税引前当期純利益 －（法人税,住民税及び事業税 ±法人税等調整額）］

勘定科目から表示科目への組替えが必要なものには，以下のものなどがあります。

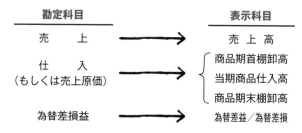

❸貸借対照表の作成

貸借対照表では，全体を資産の部，負債の部，純資産の部に区分します。資産の部は**流動資産**，**固定資産**に区分され，このうち固定資産はさらに有形固定資産，無形固定資産，投資その他の資産に区分されます。負債の部は**流動負債**，**固定負債**に区分されます。資産の部における流動資産/固定資産，負債の部における流動負債/固定負債の分類は，回収・支払の期限の長短によって決定されます。基本的には翌決算日までに契約上の期限が到来するものは流動資産・流動負債とされ，それよりも後に期限が到来するものは固定資産・固定負債とされます。ただし，正常な営業循環過程で発生する資産（現金，受取手形，売掛金，契約資産，商品など）・負債（支払手形，買掛金，契約負債など）は，すべて流動資産・流動負債に表示されます。

純資産の部は株主資本とそれ以外に区分され，このうち株主資本は資本金，資本剰余金，利益剰余金に区分され，さらに資本剰余金は資本準備金とその他資本剰余金，利益剰余金は利益準備金とその他利益剰余金に区分されます。

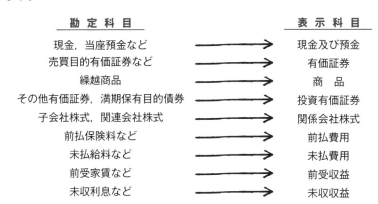

資産の部	負債の部
Ⅰ 流動資産 （現金及び預金，受取手形，売掛金，契約資産，有価証券，商品，短期貸付金，前払費用など）	Ⅰ 流動負債 （支払手形，買掛金，契約負債，返金負債，短期借入金，修繕引当金，未払費用など） Ⅱ 固定負債 （長期借入金，退職給付引当金，繰延税金負債など）

Ⅱ 固定資産
1．有形固定資産
（建物，備品，車両運搬具，土地など）
 	
2．無形固定資産
（特許権，ソフトウェア，のれんなど）
 	
3．投資その他の資産
（投資有価証券，関係会社株式，長期貸付金，長期前払費用，繰延税金資産など）
	純資産の部
	Ⅰ 株主資本
	 1．資本金
	 2．資本剰余金
	  (1) 資本準備金
	  (2) その他資本剰余金
	 3．利益剰余金
	  (1) 利益準備金
	  (2) その他利益剰余金
	   （新築積立金，繰越利益剰余金など）
	Ⅱ 評価・換算差額等
	 1．その他有価証券評価差額金

勘定科目から表示科目への組替えが必要なものには，以下のものなどがあります。

勘定科目		表示科目
現金，当座預金など	⟶	現金及び預金
売買目的有価証券など	⟶	有価証券
繰越商品	⟶	商品
その他有価証券，満期保有目的債券	⟶	投資有価証券
子会社株式，関連会社株式	⟶	関係会社株式
前払保険料など	⟶	前払費用
未払給料など	⟶	未払費用
前受家賃など	⟶	前受収益
未収利息など	⟶	未収収益

❹ 株主資本等変動計算書の作成

　貸借対照表の純資産の部の期中における変動を明らかにするために**株主資本等変動計算書**が作成されます。その様式としては，純資産の各項目を横に並べる様式（下掲）と縦に並べる様式とがあります。株主資本等変動計算書では，純資産の部の各項目を，当期首残高，当期変動額および当期末残高に区分し，株主資本にあっては当期変動額を変動事由ごとに示し，その他の項目にあっては当期変動額を純額で示します。

株主資本等変動計算書
20X1年4月1日～20X2年3月31日

| | 株主資本 | | | | | | | | | 評価・換算差額等 | | |
| | | 資本剰余金 | | | 利益剰余金 | | | | | | | |
	資本金	資本準備金	その他資本剰余金	資本剰余金合計	利益準備金	その他利益剰余金 ×× 積立金	その他利益剰余金 繰越利益剰余金	利益剰余金合計	株主資本合計	その他有価証券評価差額金	評価・換算差額等合計	純資産合計
当期首残高	×××	×××	×××	×××	×××	×××	×××	×××	×××	×××	×××	×××
当期変動額												
新株の発行	×××	×××		×××					×××			×××
剰余金の配当等					×××		△×××	△××××	△××××			△××××
当期純利益							×××	×××	×××			×××
×××××												
株主資本以外の項目の当期変動額(純額)										×××	×××	×××
当期変動額合計	×××	×××	－	×××	×××	－	×××	×××	×××	×××	×××	×××
当期末残高	×××	×××	×××	×××	×××	×××	×××	×××	×××	×××	×××	×××

　★**株主資本等変動計算書**：一会計期間の純資産の変動を表す財務表です。

例題15－6

　次の(A)決算整理前残高試算表および(B)決算整理事項等にもとづいて，(1)報告式の損益計算書，(2)勘定式の貸借対照表を作成しなさい。なお，会計期間は20X5年4月1日から20X6年3月31日までの1年である。

(A) 決算整理前残高試算表

残 高 試 算 表

20X6年3月31日　　　　　（単位：円）

借　　方	勘定科目	貸　　方
458,100	現　　　　　　金	
598,000	当　座　預　金	
780,000	受　取　手　形	
1,890,000	売　　掛　　金	
542,000	売買目的有価証券	
225,000	繰　越　商　品	
5,400,000	建　　　　　　物	
1,320,000	備　　　　　　品	
2,700,000	貸　　付　　金	
67,500	繰　延　税　金　資　産	
	支　払　手　形	809,500
	買　　掛　　金	1,770,000
	借　　入　　金	1,080,000
	貸　倒　引　当　金	13,800
	建物減価償却累計額	1,620,000
	備品減価償却累計額	475,200
	資　　本　　金	4,500,000
	資　本　準　備　金	340,000
	その他資本剰余金	200,000
	利　益　準　備　金	720,000
	別　途　積　立　金	1,230,000
	繰　越　利　益　剰　余　金	204,000
	売　　　　　　上	5,203,000
	受　取　配　当　金	48,000
	受　取　利　息	81,000
	固　定　資　産　売　却　益	455,500
3,270,000	仕　　　　　　入	
1,050,000	給　　　　　　料	
255,200	旅　費　交　通　費	
108,000	保　　険　　料	
30,600	支　払　利　息	
55,600	火　災　損　失	
18,750,000		18,750,000

⒝ 決算整理事項等

1. 受取手形および売掛金の期末残高に対して２％の貸倒引当金を差額補充法
によって設定する。また，当期に生じた貸付金（6．参照）の期末残高に対
して５％の貸倒引当金を設定する。

2. 売買目的有価証券の期末の時価は¥484,380である。決算にあたり時価法
により評価替えをする。なお，一部の株式について配当金領収証¥12,000を
受け取っていたが，未記帳であった。

3. 商品期末棚卸高は，次のとおりである。棚卸減耗損と商品評価損は売上原
価の内訳科目として処理する。

　　　帳簿棚卸高　数量　980個　　取　得　原　価　@¥245
　　　実地棚卸高　数量　964個　　正味売却価額　@¥220

4. 固定資産の減価償却を次のとおり行う。なお，期中に土地を売却し，適正
に処理がなされている。

　　　建物：定額法，耐用年数30年，残存価額　取得原価の10％
　　　備品：定率法，償却率20％

5. 借入金は20X4年４月１日に借入期間５年の契約で調達し，毎月末に分割
返済を行っているものである。なお，利息は半年ごとに支払っている。

6. 貸付金は20X7年６月30日を回収期限とするものであり，¥9,000の利息を
繰り延べる。

7. 保険料のうち¥36,000は，20X6年３月１日に向こう１年分を支払ったも
のである。

8. 法人税，住民税及び事業税の課税見込額は，¥126,250である。

9. 税効果会計上の一時差異として，減価償却費損金算入限度超過額があり，
その金額は期首¥270,000，期末¥297,000であった。法定実効税率は25％
である。

(1) 報告式の損益計算書

損 益 計 算 書

自20X5年4月1日　至20X6年3月31日　　　（単位：円）

I	売　　　上　　　高		（　　　　　）	
II	売　上　原　価			
	1　商 品 期 首 棚 卸 高	（　　　　　）		
	2　当 期 商 品 仕 入 高	（　　　　　）		
	合　　　計	（　　　　　）		
	3　商 品 期 末 棚 卸 高	（　　　　　）		
	差　　　引	（　　　　　）		
	4　棚　卸　減　耗　損	（　　　　　）		
	5　商　品　評　価　損	（　　　　　）	（　　　　　）	
	（　　　　）利益		（　　　　　）	
III	販売費及び一般管理費			
	1　給　　　　　料	1,050,000		
	2　旅　費　交　通　費	255,200		
	3　保　　険　　料	（　　　　　）		
	4　（　　　　　　　）	（　　　　　）		
	5　（　　　　）繰入	（　　　　　）	（　　　　　）	
	（　　　　）利益		（　　　　　）	
IV	営　業　外　収　益			
	1　受　取　配　当　金	（　　　　　）		
	2　受　取　利　息	（　　　　　）	（　　　　　）	
V	営　業　外　費　用			
	1　支　払　利　息	30,600		
	2　（　　　　　　　）	（　　　　　）		
	3　（　　　　）繰入	（　　　　　）	（　　　　　）	
	（　　　　）利益		（　　　　　）	
VI	特　別　利　益			
	1　固 定 資 産 売 却 益		455,500	
VII	特　別　損　失			
	1　（　　　　）損失		（　　　　　）	
	税引前当期純利益		（　　　　　）	
	法人税, 住民税及び事業税	（　　　　　）		
	法人税等調整額	（　　　　　）	（　　　　　）	
	（　　　　　　　　　）		（　　　　　）	

(2) 勘定式の貸借対照表

貸 借 対 照 表

20X6年3月31日　　　　　　　　（単位：円）

資産の部			負債の部		
Ⅰ 流動資産			Ⅰ 流動負債		
1 現金及び預金		（　　　　）	1 支 払 手 形		809,500
2 受 取 手 形	780,000		2 買 掛 金		1,770,000
貸倒引当金	（　　　　）	（　　　　）	3 前 受 収 益		（　　　　）
3 売 掛 金	1,890,000		4（　　　　）		（　　　　）
貸倒引当金	（　　　　）	（　　　　）	5 未払法人税等		（　　　　）
4 有 価 証 券		（　　　　）	流動負債合計		（　　　　）
5 商 品		（　　　　）	Ⅱ 固定負債		
6（　　　　）		（　　　　）	1（　　　　）		（　　　　）
流動資産合計		（　　　　）	固定負債合計		（　　　　）
Ⅱ 固定資産			負 債 合 計		（　　　　）
1 建 物	5,400,000		純資産の部		
減価償却累計額	（　　　　）	（　　　　）	Ⅰ 株主資本		
2 備 品	1,320,000		1 資 本 金		（　　　　）
減価償却累計額	（　　　　）	（　　　　）	2 資本剰余金		
3 長 期 貸 付 金	（　　　　）		(1)資 本 準 備 金	340,000	
貸倒引当金	（　　　　）	（　　　　）	(2)その他資本剰余金	200,000	（　　　　）
4（　　　　）		（　　　　）	3 利 益 剰 余 金		
固定資産合計		（　　　　）	(1)利 益 準 備 金	720,000	
			(2)その他利益剰余金		
			別 途 積 立 金	1,230,000	
			（　　　　）（　　　　）		（　　　　）
			株主資本合計		（　　　　）
			純 資 産 合 計		（　　　　）
資 産 合 計		（　　　　）	負債及び純資産合計		（　　　　）

　決算整理事項等について仕訳をメモ書きしたうえで，決算整理前残高試算表に仕訳を加減した金額をもって損益計算書と貸借対照表を作成します。

1. （借）　貸倒引当金繰入　　39,600　（貸）　貸 倒 引 当 金　　39,600

　　（借）　貸倒引当金繰入　　135,000　（貸）　貸 倒 引 当 金　　135,000

2. （借）　現　　　　　金　　12,000　（貸）　受 取 配 当 金　　12,000

　　（借）　有価証券評価損益　　57,620　（貸）　売買目的有価証券　　57,620

3. （借）　仕　　　　　入　　225,000　（貸）　繰 越 商 品　　225,000

　　（借）　繰 越 商 品　　240,100　（貸）　仕　　　　　入　　240,100

　　（借）　棚 卸 減 耗 損　　3,920　（貸）　繰 越 商 品　　28,020

　　　　　商 品 評 価 損　　24,100

　　（借）　仕　　　　　入　　28,020　（貸）　棚 卸 減 耗 損　　3,920

　　　　　　　　　　　　　　　　　　　　商 品 評 価 損　　24,100

4. （借）　減 価 償 却 費　　330,960　（貸）　建物減価償却累計額　　162,000

　　　　　　　　　　　　　　　　　　　　備品減価償却累計額　　168,960

5. 短期借入金（流動負債）

$$¥1,080,000 \times \frac{12カ月（20X6年4月1日～20X7年3月31日）}{36カ月（20X6年4月1日～20X9年3月31日）} = ¥360,000$$

　　長期借入金（固定負債）

$$¥1,080,000 \times \frac{24カ月（20X7年4月1日～20X9年3月31日）}{36カ月（20X6年4月1日～20X9年3月31日）} = ¥720,000$$

6. （借）　受 取 利 息　　9,000　（貸）　前 受 利 息　　9,000

7. （借）　前 払 保 険 料　　33,000　（貸）　保 　 険 　 料　　33,000

8. （借）　法人税,住民税及び事業税　　126,250　（貸）　未 払 法 人 税 等　　126,250

9. （借）　繰 延 税 金 資 産　　6,750　（貸）　法 人 税 等 調 整 額　　6,750

(1) 報告式の損益計算書

損 益 計 算 書

自20X5年4月1日　至20X6年3月31日　　（単位：円）

I	売　　　　上　　　　高		（　5,203,000　）
II	売　　上　　原　　価			
	1　商 品 期 首 棚 卸 高	（　225,000　）		
	2　当 期 商 品 仕 入 高	（　3,270,000　）		
	合　　　計	（　3,495,000　）		
	3　商 品 期 末 棚 卸 高	（　240,100　）		
	差　　　引	（　3,254,900　）		
	4　棚 卸 減 耗 損	（　3,920　）		
	5　商 品 評 価 損	（　24,100　）	（　3,282,920　）
	（売 上 総）利 益		（　1,920,080　）
III	販 売 費 及 び 一 般 管 理 費			
	1　給　　　　　　　料	1,050,000		
	2　旅 費 交 通 費	255,200		
	3　保　　険　　料	（　75,000　）		
	4　（減 価 償 却 費）	（　330,960　）		
	5　（貸 倒 引 当 金）繰 入	（　39,600　）	（　1,750,760　）
	（営　　業）利　益		（　169,320　）
IV	営 業 外 収 益			
	1　受 取 配 当 金	（　60,000　）		
	2　受 取 利 息	（　72,000　）	（　132,000　）
V	営 業 外 費 用			
	1　支 払 利 息	30,600		
	2　（有 価 証 券 評 価 損）	（　57,620　）		
	3　（貸 倒 引 当 金）繰 入	（　135,000　）	（　223,220　）
	（経　　常）利　益		（　78,100　）
VI	特　　別　　利　　益			
	1　固 定 資 産 売 却 益		455,500
VII	特　　別　　損　　失			
	1　（火　災）損　失		（　55,600　）
	税引前当期純利益		（　478,000　）
	法人税,住民税及び事業税	（　126,250　）	
	法人税等調整額	（　△6,750　）	（　119,500　）
	（当　期　純　利　益）		（　358,500　）

(2) 勘定式の貸借対照表

貸 借 対 照 表

20X6年3月31日　　　　　　　　　　（単位：円）

資産の部			負債の部		
I　流動資産			I　流動負債		
1　現金及び預金		（1,068,100）	1　支 払 手 形		809,500
2　受 取 手 形	780,000		2　買　 掛　 金		1,770,000
貸倒引当金	（ 15,600）	（ 764,400）	3　前 受 収 益		（ 9,000）
3　売　 掛　 金	1,890,000		4（短 期 借 入 金）		（ 360,000）
貸倒引当金	（ 37,800）	（1,852,200）	5　未払法人税等		（ 126,250）
4　有 価 証 券		（ 484,380）	流動負債合計		（3,074,750）
5　商　　　　品		（ 212,080）	II　固定負債		
6（前 払 費 用）		（ 33,000）	1（長 期 借 入 金）		（ 720,000）
流動資産合計		（4,414,160）	固定負債合計		（ 720,000）
II　固定資産			負 債 合 計		（3,794,750）
1　建　　　　物	5,400,000		純資産の部		
減価償却累計額	（1,782,000）	（3,618,000）	I　株主資本		
2　備　　　　品	1,320,000		1　資　 本　 金		（4,500,000）
減価償却累計額	（ 644,160）	675,840	2　資本剰余金		
3　長 期 貸 付 金	（2,700,000）		(1)資 本 準 備 金	340,000	
貸 倒 引 当 金	（ 135,000）	（2,565,000）	(2)その他資本剰余金	200,000	（ 540,000）
4（繰延税金資産）		（ 74,250）	3　利 益 剰 余 金		
固定資産合計		（6,933,090）	(1)利 益 準 備 金	720,000	
			(2)その他利益剰余金		
			別 途 積 立 金	1,230,000	
			（繰越利益剰余金）	（ 562,500）	（2,512,500）
			株主資本合計		（7,552,500）
			純 資 産 合 計		（7,552,500）
資 産 合 計		（11,347,250）	負債及び純資産合計		（11,347,250）

　次の資料にもとづいて，20X6年12月期（自20X6年1月1日　至20X6年12月31日）の株主資本等変動計算書（単位：千円）を作成しなさい。なお，減少の場合については，「△」にて示すこと。

[資　料]

1．20X5年12月期の決算時に作成した貸借対照表によると，純資産の部の記載は次のとおりであった。なお，この時点における当社の発行済株式総数は10,000株である。

　　　資　　本　　金　70,000千円　　　資　本　準　備　金　6,000千円
　　　その他資本剰余金　4,000千円　　　利　益　準　備　金　5,000千円
　　　別　途　積　立　金　800千円　　　繰越利益剰余金　9,000千円

2．20X6年3月27日に開催された株主総会において，剰余金の処分が次のとおり承認された。

　　⑴　株主への配当金を，繰越利益剰余金を財源とし，1株につき¥300にて実施する。

　　⑵　会社法で規定する額の利益準備金を計上する。

　　⑶　新たに修繕積立金を1,000千円計上する。

3．20X6年8月18日に株式会社新潟物産を吸収合併した。同社の諸資産（時価）は100,000千円，諸負債は90,000千円であった。合併の対価として同社の株主に当社の株式3,000株（時価@¥4,000）を交付し，資本金増加額は4,000千円，資本準備金増加額は4,000千円，およびその他資本剰余金増加額は4,000千円とした。

4．20X6年11月11日に増資を行い，6,000株を1株につき@¥3,500で発行した。払込金は全額当座預金に預け入れた。資本金は，会社法で規定する最低額を計上することとした。なお，増資にあたり手数料その他のために700千円がかかったが，すべて現金で支払った。

5．20X6年12月31日，決算を行った結果，当期純利益は8,000千円であることが判明した。

株主資本等変動計算書

自20X6年1月1日　至20X6年12月31日　（単位：千円）

	株　主　資　本			
	資　本　金	資　本　剰　余　金		
		資本準備金	その他資本剰余金	資本剰余金合計
当期首残高	(　　)	(　　)	(　　)	(　　)
当期変動額				
剰余金の配当等				
吸収合併	(　　)	(　　)	(　　)	(　　)
新株の発行	(　　)	(　　)		(　　)
当期純利益				
当期変動額合計	(　　)	(　　)	(　　)	(　　)
当期末残高	(　　)	(　　)	(　　)	(　　)

上段より続く

	株　主　資　本					
	利　益　剰　余　金					株主資本合　　計
	利益準備金	その他利益剰余金			利益剰余金合　　計	
		修繕積立金	別途積立金	繰越利益剰余金		
当期首残高	(　　)	(　　)	(　　)	(　　)	(　　)	(　　)
当期変動額						
剰余金の配当等	(　　)	(　　)		(　　)	(　　)	(　　)
吸収合併						(　　)
新株の発行						(　　)
当期純利益				(　　)	(　　)	(　　)
当期変動額合計	(　　)	(　　)	(　　)	(　　)	(　　)	(　　)
当期末残高	(　　)	(　　)	(　　)	(　　)	(　　)	(　　)

　与えられた資料にもとづいて，純資産（株主資本）の項目ごとに増加または減少額を記入して，株主資本等変動計算書を作成します。

1. 前期末に作成された貸借対照表の純資産の部に記載されている金額が当期首の金額となるので，資料の金額をそのまま記入します。

2. 剰余金の配当等は，次のように仕訳され（金額は千円単位。下線部分は，記入の対象。以下同じ。），純資産項目の増減を記入します。

(借)	繰越利益剰余金	4,300	(貸)	未 払 配 当 金	3,000
				利 益 準 備 金	300
				修 繕 積 立 金	1,000

3. 吸収合併取引は，次のように仕訳されます。なお，のれんの計上は解答に影響しません。

(借)	諸 　 資 　 産	100,000	(貸)	諸 　 負 　 債	90,000
	の 　 れ 　 ん	2,000		資 　 本 　 金	4,000
				資 本 準 備 金	4,000
				その他資本剰余金	4,000

4. 増資は，次のように仕訳されます。なお，株式交付費の計上は解答に影響しません。

(借)	当 座 預 金	21,000	(貸)	資 　 　 本 　 　 金	10,500
				資 本 準 備 金	10,500
(借)	株 式 交 付 費	700	(貸)	現 　 　 　 　 金	700

5. 決算において当期純損益は繰越利益剰余金勘定へ振り替えられ，次のように仕訳されます。

(借)	損 　 　 　 　 益	8,000	(貸)	繰越利益剰余金	8,000

[解 答]………………………………………………………………………………

株主資本等変動計算書

自20X6年1月1日 至20X6年12月31日 　（単位：千円）

| | 株　主　資　本 | | | |
| | 資　本　金 | 資　本　剰　余　金 | | |
		資本準備金	その他資本剰余金	資本剰余金合計
当期首残高	（　　70,000）	（　　6,000）	（　　4,000）	（　　10,000）
当期変動額				
剰余金の配当等				
吸 収 合 併	（　　4,000）	（　　4,000）	（　　4,000）	（　　8,000）
新 株 の 発 行	（　　10,500）	（　　10,500）		（　　10,500）
当 期 純 利 益				
当期変動額合計	（　　14,500）	（　　14,500）	（　　4,000）	（　　18,500）
当期末残高	（　　84,500）	（　　20,500）	（　　8,000）	（　　28,500）

下段へ続く

上段より続く

	株　主　資　本					
	利　益　剰　余　金				利益剰余金合計	株主資本合計
	利益準備金	その他利益剰余金				
		修繕積立金	別途積立金	繰越利益剰余金		
当期首残高	（　5,000）	（　　0）	（　　800）	（　　9,000）	（　　14,800）	（　　94,800）
当期変動額						
剰余金の配当等	（　300）	（　1,000）		（　△4,300）	（　△3,000）	（　△3,000）
吸収合併						（　12,000）
新株の発行						（　21,000）
当期純利益				（　8,000）	（　8,000）	（　8,000）
当期変動額合計	（　300）	（　1,000）	（　　0）	（　3,700）	（　5,000）	（　38,000）
当期末残高	（　5,300）	（　1,000）	（　　800）	（　12,700）	（　19,800）	（　132,800）

221

　次の資料にもとづいて，株主資本等変動計算書を作成した際に金額が記載される欄を①から㉝より示したうえでその金額を答え，さらにAからEに記載される金額を答えなさい。会計期間は20X7年4月1日から20X8年3月31日までの1年である。同計算書の金額表示単位は千円とし，減少となる金額については「△」を付すこと。

[資　料]・・・

1.　20X7年6月25日に開催された定時株主総会において剰余金の配当等を次のように決定し，20X7年7月10日に支払が完了している。なお，当社の当期中における剰余金の配当はこれのみである。

　　　　　配当金　8,550千円（原資：その他利益剰余金（繰越利益剰余金））
　　　　　準備金　会社法が定める金額
　　　　　別途積立金　3,500千円

2.　20X7年10月15日，以下の発行条件により公募増資を行い，会社法で定める最低限度額を資本金とした。

　　　　　発行株式数　320株
　　　　　発行価額　@81千円

3.　20X8年3月31日，決算において，その他有価証券の時価評価を行った。時価の推移は以下のとおりであった。なお，期中におけるその他有価証券の売買はなく，法定実効税率25％により税効果会計を適用している。

　　　　　前期末時価　40,700千円
　　　　　当期末時価　46,600千円

4.　20X8年3月31日，決算において，当期純利益が43,420千円と確定した。

株主資本等変動計算書

自20X7年4月1日　至20X8年3月31日　　　　　　　　　（単位：千円）

	株主資本										評価・換算差額等		純資産合計
		資本剰余金			利益剰余金						その他有価証券評価差額金	評価・換算差額等合計	
	資本金	資本準備金	その他資本剰余金	資本剰余金合計	利益準備金	その他利益剰余金		利益剰余金合計	株主資本合計				
						別途積立金	繰越利益剰余金						
当期首残高	58,000	12,899	1,220	14,119	922	390,500	32,620	424,042	496,161		11,850	11,850	508,011
当期変動額													
新株の発行	①	②	③	④	⑤	⑥	⑦	⑧	⑨				⑩
剰余金の配当等	⑪	⑫	⑬	⑭	⑮	⑯	⑰	⑱	⑲				⑳
当期純利益	㉑	㉒	㉓	㉔	㉕	㉖	㉗	㉘	㉙				㉚
株主資本以外の項目の当期変動額（純額）											㉛	㉜	㉝
当期変動額合計	×××	×××	×××	B	×××	×××	×××	C	×××		×××	×××	×××
当期末残高	A	×××	×××	×××	×××	×××	×××	×××	×××		D	×××	E

➡ 解答は331ページ

5 精算表 ···

❶ 精算表作成の概要

　決算は，試算表の作成に始まり，決算整理手続，損益振替手続，資本振替手続，残高確定手続を経て，損益計算書と貸借対照表が作成されることで終わります。これら一連の過程を一覧表にしたものが**精算表**です。通常の決算手続は仕訳と転記により帳簿記入を行うことから帳簿決算手続といいますが，精算表ではそれらを表において行うことから表決算手続ともいいます。

　帳簿決算手続において，精算表は必ずしも必要とされるものではありませんが，決算の全体を概観するために便利なことから作成されることがあります。また，伝票式簿記においては，精算表をもって決算の処理を行うことになります。

　★精算表：損益計算書と貸借対照表を作成する経過を一覧表にしたものです。

❷ 精算表作成の手順

　精算表の形式は，残高試算表，修正記入（決算整理），損益計算書，貸借対照表のそれぞれの貸借からなる8桁精算表が標準となりますが，修正記入の後に修正後の残高試算表を作成する10桁精算表もあります。8桁精算表の作成手順は，以下のとおりです。

(1)　残高試算表の金額を残高試算表の欄に移記して締め切ります。

(2)　決算整理仕訳を修正記入の欄に記入して締め切ります。その際，残高試算表に設けられていない勘定科目は新たな行を追加して記入します。

(3)　残高試算表欄の金額と修正記入欄の金額について，貸借が同じ側のものは加算，反対側のものは減算し，収益と費用の勘定科目は損益計算書の欄に集計し，資産と負債・純資産の勘定科目は貸借対照表の欄に集計します。

(4)　損益計算書の貸借差額を当期純利益（または当期純損失）として借方（または貸方）に記入して締め切ります。その際，一般的に勘定科目欄に記入する当期純利益という名称と金額を赤字で記入します。

(5)　貸借対照表の貸借差額を当期純利益（または当期純損失）として貸方（または借方）に記入して締め切ります。

　なお，帳簿決算手続においては，資本振替手続において当期純利益（または当期純損失）の金額が資本の勘定（繰越利益剰余金）に振り替えられていますが，精算表ではその振替記入がなされないため，貸借対照表欄の資本の勘定は期首（および期中）の金額を示すこととなる一方，貸借対照表欄においても当期純利益（または当期純損失）が示されます。

例題15-8

次の決算整理事項その他にもとづいて，精算表を作成しなさい。会計期間は20X3年4月1日から20X4年3月31日までの1年である。なお，税効果会計は考慮しないこと。

1. 決算にあたって調査したところ，次の事実が判明した。
   (1) 現金の実際有高は¥364,000である。
   (2) 手形裏書高のうち¥78,000は期日までに決済されていた。
   (3) 前期に売り上げた商品から生じた売掛金のうち¥39,000は，得意先が倒産したため回収不能である。

2. 受取手形，売掛金および契約資産の期末残高に対して3％の貸倒引当金を差額補充法によって設定する。

3. 売買目的有価証券はA社株式1,200株であり，その株式の決算日の時価は@¥754である。

4. 商品の期末棚卸高は次のとおりである。売上原価は「仕入」の行で計算する。ただし棚卸減耗損と商品評価損は，精算表上独立の科目として処理する。

   帳簿棚卸高　数量　300個　　取得原価　@¥1,300
   実地棚卸高　数量　290個　　正味売却価額　@¥1,235

5. 有形固定資産の減価償却を次の要領で行う。
   建物：耐用年数は30年，残存価額は取得原価の10％として，定額法により計算する。
   備品：償却率は年30％として，定率法により計算する。

6. ソフトウェアは，20X1年10月1日に自社利用目的で取得したものである。償却期間を5年とし，定額法によって当期分の償却を実施する。

7. 販売費勘定と一般管理費勘定には，当期に支払った保険料の金額が含まれている。これは20X3年10月1日に火災保険に加入し，向こう1年間の保険料¥93,600を一括払いしたもので，1：2の割合で販売費と一般管理費に配分する形で記帳している。

8. 支払利息の未払分が¥3,900ある。

精 算 表

勘定科目	残高試算表		修正記入		損益計算書		貸借対照表	
	借 方	貸 方	借 方	貸 方	借 方	貸 方	借 方	貸 方
現 金	377,000							
当 座 預 金	421,850							
受 取 手 形	156,000							
売 掛 金	650,000							
契 約 資 産	130,000							
売買目的有価証券	936,000							
繰 越 商 品	325,000							
建 物	2,600,000							
備 品	520,000							
土 地	3,640,000							
ソ フ ト ウ ェ ア	68,250							
買 掛 金		351,000						
借 入 金		159,900						
貸 倒 引 当 金		44,200						
建物減価償却累計額		936,000						
備品減価償却累計額		265,200						
資 本 金		3,250,000						
利 益 準 備 金		728,000						
新 築 積 立 金		1,794,000						
繰 越 利 益 剰 余 金		1,030,900						
売 上		3,835,000						
仕 入	1,534,000							
販 売 費	422,500							
一 般 管 理 費	579,800							
支 払 利 息	33,800							
	12,394,200	12,394,200						
雑 損								
貸 倒 引 当 金 繰 入								
有価証券（ ）								
棚 卸 減 耗 損								
商 品 評 価 損								
減 価 償 却 費								
（ ）償却								
（ ）保険料								
（ ）利息								
当 期 純（ ）								

226

　決算整理事項等について仕訳を想定しながら精算表の修正記入欄に記入し，残高試算表に修正記入を加減した金額をもって損益計算書と貸借対照表を作成します。

1.

(1)（借）雑　　　　　　損　　13,000　（貸）現　　　　　　金　　13,000

(2) 仕訳なし

(3)（借）貸 倒 引 当 金　　39,000　（貸）売　　掛　　金　　39,000

2.（借）貸倒引当金繰入　21,710　（貸）貸 倒 引 当 金　21,710

　　（受取手形¥156,000＋売掛金¥611,000＋契約資産¥130,000）× 3 %

　　　　　　－貸倒引当金¥5,200＝¥21,710

3.（借）有価証券評価損　31,200　（貸）売買目的有価証券　31,200

4.（借）仕　　　　　　入　325,000　（貸）繰 越 商 品　325,000

　（借）繰 越 商 品　390,000　（貸）仕　　　　　　入　390,000

　（借）棚 卸 減 耗 損　13,000　（貸）繰 越 商 品　13,000

　（借）商 品 評 価 損　18,850　（貸）繰 越 商 品　18,850

5.（借）減 価 償 却 費　154,440　（貸）建物減価償却累計額　78,000

　　　　　　　　　　　　　　　　　　　備品減価償却累計額　76,440

6.（借）ソフトウェア償却　19,500　（貸）ソ フ ト ウ ェ ア　19,500

　ソフトウェア¥68,250× $\dfrac{12 カ月}{5 年 \times 12 カ月 - 18 カ月}$ ＝19,500

7.（借）前 払 保 険 料　46,800　（貸）販　　売　　費　　15,600

　　　　　　　　　　　　　　　　　　　一 般 管 理 費　　31,200

8.（借）支 払 利 息　　3,900　（貸）未 払 利 息　　3,900

精　算　表

勘 定 科 目	残高試算表 借方	残高試算表 貸方	修正記入 借方	修正記入 貸方	損益計算書 借方	損益計算書 貸方	貸借対照表 借方	貸借対照表 貸方
現　　　　　金	377,000			13,000			364,000	
当 座 預 金	421,850						421,850	
受 取 手 形	156,000						156,000	
売 　掛 　金	650,000			39,000			611,000	
契 約 資 産	130,000						130,000	
売買目的有価証券	936,000			31,200			904,800	
繰 越 商 品	325,000		390,000	325,000			358,150	
				13,000				
				18,850				
建　　　　　物	2,600,000						2,600,000	
備　　　　　品	520,000						520,000	
土　　　　　地	3,640,000						3,640,000	
ソフトウェア	68,250			19,500			48,750	
買 　掛 　金		351,000						351,000
借 　入 　金		159,900						159,900
貸 倒 引 当 金		44,200	39,000	21,710				26,910
建物減価償却累計額		936,000		78,000				1,014,000
備品減価償却累計額		265,200		76,440				341,640
資　　本　　金		3,250,000						3,250,000
利 益 準 備 金		728,000						728,000
新 築 積 立 金		1,794,000						1,794,000
繰越利益剰余金		1,030,900						1,030,900
売　　　　　上		3,835,000				3,835,000		
仕 　　　　入	1,534,000		325,000	390,000	1,469,000			
販 　売 　費	422,500			15,600	406,900			
一 般 管 理 費	579,800			31,200	548,600			
支 払 利 息	33,800		3,900		37,700			
	12,394,200	12,394,200						
雑　　　　　損			13,000		13,000			
貸倒引当金繰入			21,710		21,710			
有価証券(評価損)			31,200		31,200			
棚 卸 減 耗 損			13,000		13,000			
商 品 評 価 損			18,850		18,850			
減 価 償 却 費			154,440		154,440			
(ソフトウェア)償却			19,500		19,500			
(前払)保険料			46,800				46,800	
(未払)利息				3,900				3,900
当 期 純(利 益)					1,101,100			1,101,100
			1,076,400	1,076,400	3,835,000	3,835,000	9,801,350	9,801,350

次の決算整理事項等にもとづいて，精算表を作成しなさい。会計期間は20X7年4月1日から20X8年3月31日までの1年である。なお，税効果会計は考慮しないこと。

1. 決算に際して当座預金の残高を確認したところ，帳簿残高と銀行の残高証明書の金額は一致していなかった。不一致の原因として，次の事実が判明した。

   (1) かねて銀行に依頼していた¥130,000の手形取立てが行われ当座預金口座に入金されていたが，決算日までに通知が届いていなかった。

   (2) 売掛金¥39,000の回収として当座振込みがあったが，銀行からの通知がなかったため当社は未記入であった。

   (3) 買掛金¥351,000の支払のため小切手を振り出して仕入先に渡してあったが，銀行への小切手の呈示が未だなされていなかった。

2. 受取手形および売掛金の期末残高に対して3％の貸倒れを見積もる。貸倒引当金の設定は，差額補充法による。

3. 当期中に取得したその他有価証券の決算日現在の時価は¥234,000である。全部純資産直入法により評価替えを行う。

4. 商品の期末棚卸高は次のとおりである。売上原価は「売上原価」の行で計算し，棚卸減耗損と商品評価損は精算表上，独立の科目として処理する。

   帳簿棚卸高　数量　1,200個　　取得原価　@¥260
   実地棚卸高　数量　1,100個　　正味売却価額　@¥234

5. 有形固定資産の減価償却を次のとおり行う。

   建物：耐用年数は30年，残存価額は取得原価の10％として，定額法により計算する。

   備品：償却率は年30％として，定率法により計算する。

6. 修繕引当金は¥1,651,000となるように設定する。

7. 保険料は全額20X7年5月1日に保険に加入した際，向こう1年分の保険料として前払いしたものである。

精 算 表

勘 定 科 目	残高試算表		修 正 記 入		損益計算書		貸借対照表	
	借 方	貸 方	借 方	貸 方	借 方	貸 方	借 方	貸 方
現 金 預 金	2,197,000							
受 取 手 形	260,000							
売 掛 金	988,000							
繰 越 商 品	351,000							
建 物	5,200,000							
備 品	1,560,000							
その他有価証券	253,500							
支 払 手 形		286,000						
買 掛 金		533,000						
借 入 金		468,000						
修 繕 引 当 金		1,235,000						
貸 倒 引 当 金		7,800						
建物減価償却累計額		1,404,000						
備品減価償却累計額		795,600						
資 本 金		3,250,000						
資 本 準 備 金		780,000						
利 益 準 備 金		715,000						
新 築 積 立 金		377,000						
繰 越 利 益 剰 余 金		119,600						
売 上		5,070,000						
仕 入	2,808,000							
給 料	968,500							
支 払 地 代	122,200							
保 険 料	312,000							
支 払 利 息	20,800							
	15,041,000	15,041,000						
貸 倒 引 当 金 繰 入								
その他有価証券（　　　）								
売 上 原 価								
棚 卸 減 耗 損								
商 品 評 価 損								
減 価 償 却 費								
（　　　　　　）繰入								
（　　　　　　）保険料								
当期純（　　　　　）								

➡ 解答は333ページ

16章

本支店会計

学習のポイント

➡本支店間の取引と支店相互間の取引を学びます。

➡本支店合併損益計算書と本支店合併貸借対照表の作成を学びます。

1 本支店会計の意義・目的 ……………………………………

　支店を有する企業において，本店の他に支店でも主要簿を設ける場合があります。この制度を支店独立会計制度といい，その会計を**本支店会計**といいます。本支店会計により，経営者は本店・支店別の業績が把握できるようになります。

　本支店会計では，企業の内部に複数の会計単位を設けることになります。その結果，損益計算書と貸借対照表は本店と支店ごとにそれぞれ作成されますが，最終的には本店が全体をまとめ，外部公表用の本支店合併財務諸表を作成します。

2 本支店間取引の処理 ……………………………………

❶ 本支店間の取引

　本支店会計では，本店とともに支店においても資産，負債，収益，費用の勘定が設けられますが，資本勘定は設けられません。そのうえで，本支店間の取引は内部的な債権・債務（もしくは投資・被投資）の発生ととらえます。そこで，本店の総勘定元帳には**支店勘定**，支店の総勘定元帳には**本店勘定**を設け，それら本支店間の記録を行います。

なお，支店が複数ある場合，本店ではA支店勘定，B支店勘定のように支店名を付した複数の勘定を設けます。本店が支店に（あるいは支店が本店に）商品を移送する際には，通常，仕入価格（原価）により，発送元では仕入勘定を減額させ，発送先では仕入勘定を増額させます。

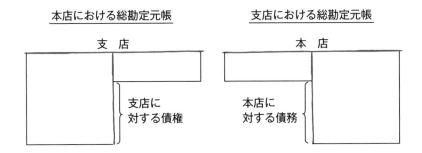

本店における総勘定元帳

支　店

支店に
対する債権

支店における総勘定元帳

本　店

本店に
対する債務

基本
word

★**支店勘定**：本店に設けられる，支店との取引から生じる企業内部の債権・債務を表す勘定です。

★**本店勘定**：支店に設けられる，本店との取引から生じる企業内部の債権・債務を表す勘定です。

●本支店間の取引

(1) 本店財産の支店への移管

(2) 送金

(3) 商品等の移送

(4) 他店債権・債務の決済代行

(5) 他店費用の支払代行

(6) 他店収益の受取代行

例題16－1

　支店独立会計制度を導入し，期首に以下の財産を支店に移管した。本店と支店それぞれの仕訳を示しなさい。ただし，商品売買の記帳は３分法によること。

　　現金　¥640,000，商品　¥320,000

　　備品　¥450,000（減価償却累計額　¥162,000），借入金　¥548,000

☺解答へのアプローチ

　本店の移管財産は減少し，支店の引継財産は増加します。資産と負債の差額は支店勘定・本店勘定で処理します。

[解　答]‥‥‥‥‥‥‥‥‥‥‥‥‥‥‥‥‥‥‥‥‥‥‥‥‥‥‥‥‥‥‥‥‥‥

[本　店]

（借）	備品減価償却累計額	162,000	（貸）	現　　　　金	640,000
	借　入　金	548,000		繰　越　商　品	320,000
	支　　　　店	700,000		備　　　　品	450,000

[支　店]

（借）	現　　　　金	640,000	（貸）	備品減価償却累計額	162,000
	繰　越　商　品	320,000		借　入　金	548,000
	備　　　　品	450,000		本　　　　店	700,000

例題16－2

　次の取引について，本店と支店それぞれの仕訳を示しなさい。ただし，商品売買の記帳は３分法によること。

(1)　本店は支店に¥150,000を送金し，支店はこれを入金した。

(2)　本店は支店に仕入価格¥200,000の商品を発送し，支店はこれを受け取った。

(3)　支店は本店の買掛金¥180,000につき小切手を振り出して支払い，本店はその報告を受けた。

(4)　本店は支店の家賃¥140,000につき現金で支払い，支店はその報告を受けた。

☺ 解答へのアプローチ

　本支店間の取引における仕訳では，本店では支店勘定，支店では本店勘定を用います。商品移送の場合，本支店間における仕入勘定の振替えとなります。

[解　答]……………………………………………………………………

[本　店]

(1)	(借)	支		店	150,000	(貸)	現		金	150,000
(2)	(借)	支		店	200,000	(貸)	仕		入	200,000
(3)	(借)	買	掛	金	180,000	(貸)	支		店	180,000
(4)	(借)	支		店	140,000	(貸)	現		金	140,000

[支　店]

(1)	(借)	現			金	150,000	(貸)	本			店	150,000
(2)	(借)	仕			入	200,000	(貸)	本			店	200,000
(3)	(借)	本			店	180,000	(貸)	当	座	預	金	180,000
(4)	(借)	支	払	家	賃	140,000	(貸)	本			店	140,000

基本問題 16-1

　次の取引を仕訳しなさい。ただし，商品売買の記帳は3分法によること。

(1)　本店は支店に仕入価格¥160,000の商品を発送した。

(2)　本店は支店の手数料¥62,000を現金で受け取った。

(3)　支店は本店より¥140,000の商品を受け取った。

(4)　支店は本店の売掛金¥258,000につき送金小切手で回収した。

⇒ 解答は334ページ

❷ 支店相互間の取引

　支店が複数ある場合における支店相互間取引の処理方法には，**支店分散計算制度**と**本店集中計算制度**の2つがあります。

　支店分散計算制度では，支店は他の支店勘定を設け，直接他の支店と取引したように記帳します。したがって，この方法は本支店間取引と同様に記帳します。

本店集中計算制度では，支店は本店勘定のみを設け，本店を経由して取引を行ったようにみなして記帳します。この方法は支店分散計算制度よりも手数を要しますが，支店相互間取引についても本店で管理できる利点があります。

 ★**支店分散計算制度**：支店相互間取引を送付先名の支店勘定で記帳します。

★**本店集中計算制度**：支店相互間取引を本店勘定経由で記帳します。

例題16−3

　次の取引について，大分支店と熊本支店それぞれの仕訳を支店分散計算制度によって示しなさい。ただし，商品売買の記帳は3分法によること。

⑴　大分支店は熊本支店に¥340,000を送金し，熊本支店はこれを入金した。

⑵　大分支店は熊本支店より¥190,000の商品を受け取った。

😊 解答へのアプローチ)

　支店分散計算制度では，支店は相手支店を勘定科目として仕訳を行い，本店は仕訳を行いません。

[解　答]……………………………………………………………………………………

[大分支店]

⑴　(借)　熊　本　支　店　340,000　　(貸)　現　　　　　　金　340,000

⑵　(借)　仕　　　　　　入　190,000　　(貸)　熊　本　支　店　190,000

[熊本支店]

⑴　(借)　現　　　　　　金　340,000　　(貸)　大　分　支　店　340,000

⑵　(借)　大　分　支　店　190,000　　(貸)　仕　　　　　　入　190,000

例題16-4

例題16-3の取引について，本店，大分支店，熊本支店それぞれの仕訳を本店集中計算制度によって示しなさい。

☺ 解答へのアプローチ)

本店集中計算制度では，支店は本店を勘定科目として仕訳を行い，本店は支店双方を勘定科目として仕訳を行います。

[解　答]……………………………………………………………………………

[本　店]

(1) （借）熊　本　支　店　340,000　（貸）大　分　支　店　340,000

(2) （借）大　分　支　店　190,000　（貸）熊　本　支　店　190,000

[大分支店]

(1) （借）本　　　　　店　340,000　（貸）現　　　　　金　340,000

(2) （借）仕　　　　　入　190,000　（貸）本　　　　　店　190,000

[熊本支店]

(1) （借）現　　　　　金　340,000　（貸）本　　　　　店　340,000

(2) （借）本　　　　　店　190,000　（貸）仕　　　　　入　190,000

基本問題16-2

次の取引について，本店集中計算制度により仕訳しなさい。

(1) 長野物産株式会社の松本支店は，飯田支店に仕入価格¥240,000の商品を発送した。ただし，商品売買の記帳は3分法によること。

(2) 宮城商事株式会社の本店は，石巻支店から気仙沼支店へ仕入価格¥308,000の商品を発送した旨の連絡を受けた。

(3) 沖縄商事株式会社の名護支店は，九州商事株式会社に商品¥184,000を売り上げ，代金のうち¥120,000は糸満支店振出しの約束手形で受け取り，残額は掛けとした。

(4) 北海道物産株式会社の釧路支店は，釧路支店負担の広告宣伝費¥89,000を小樽支店が立替払いした旨の連絡を本店から受けた。

⇒ 解答は334ページ

3 本支店会計における決算手続 ·····························

　本支店会計では最終的に企業全体の外部報告用財務諸表を作成します。この財務諸表は本店と支店の試算表を基にしたものであり，**本支店合併損益計算書・本支店合併貸借対照表**とよばれます。これらの作成は帳簿外で行い，次の手順によります。

(1)　本店における試算表と支店における試算表の合算

(2)　支店勘定と本店勘定の相殺消去

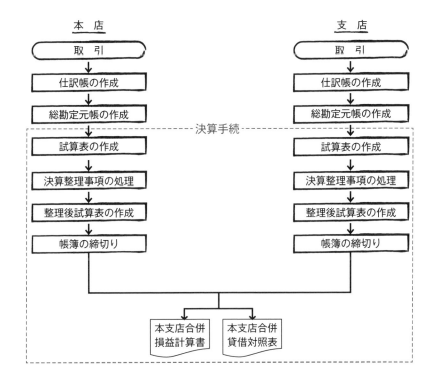

　(2)の手続は，本店勘定と支店勘定が企業内部の債権・債務を表す勘定であることから，外部報告用としては意味がないためになされます。

本店と支店がそれぞれ決算整理を終えた段階で決算整理後残高試算表を作成すれば，本支店ごとの損益計算書と貸借対照表が作成されます。これによって，経営者は本支店別の業績が把握できるようになります。

　その後，外部に公表する本支店合併財務諸表の作成手続に入ります。その際，支店の当期純利益は本店の損益勘定に引き継がれます。

支店　（借）損　　　　　益　×××　（貸）本　　　　　店　×××
本店　（借）支　　　　　店　×××　（貸）損　　　　　益　×××

　本店と支店の当期純利益が合算された本店の損益勘定差額は，本店において資本振替仕訳を行うことによって，合併貸借対照表の繰越利益剰余金へと振り替えられます。

本店　（借）損　　　　　益　×××　（貸）繰越利益剰余金　×××

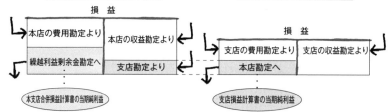

例題16−5

　次の決算整理後における①本店の損益勘定と②支店の損益勘定にもとづいて，(1)支店における当期純利益の本店への引継仕訳，(2)本店における支店当期純利益の引継仕訳，(3)本店における資本振替仕訳を示しなさい。

① 本店の損益勘定

損　益

| 仕　　　入 | 384,000 | 売　　　上 | 510,000 |
| 販売管理費 | 83,000 | 受取手数料 | 18,000 |

② 支店の損益勘定

損　益

| 仕　　　入 | 357,000 | 売　　　上 | 495,000 |
| 販売管理費 | 71,000 | | |

😊 解答へのアプローチ

本店の損益勘定

損　益

仕　　　　　入	384,000	売　　　　　上	510,000
販 売 管 理 費	83,000	受 取 手 数 料	18,000
繰 越 利 益 剰 余 金	128,000	支　　　　　店	67,000
	595,000		595,000

[解　答] ·····

(1) （借）損　　　　　益　67,000　（貸）本　　　　　店　67,000

(2) （借）支　　　　　店　67,000　（貸）損　　　　　益　67,000

(3) （借）損　　　　　益　128,000　（貸）繰越利益剰余金　128,000

239

　次の(I)決算整理前残高試算表および(II)期末修正事項にもとづいて，本支店合併損益計算書と本支店合併貸借対照表を作成しなさい。なお，税効果会計は考慮しないこと。

(I)　決算整理前残高試算表

残 高 試 算 表

借　　方	本　店	支　店	貸　　方	本　店	支　店
現 金 預 金	106,500	93,840	買 　掛 　金	148,740	45,480
売 　掛 　金	156,000	48,000	貸 倒 引 当 金	2,400	600
繰 越 商 品	76,800	35,760	減価償却累計額	19,200	14,400
支 　　　　店	88,800	―	本 　　　　店	―	88,800
備 　　　　品	72,000	28,800	資 　本 　金	240,000	―
仕 　　　　入	612,000	518,400	利 益 準 備 金	49,200	―
営 　業 　費	211,200	118,080	繰越利益剰余金	33,360	―
			売 　　　　上	830,400	693,600
	1,323,300	842,880		1,323,300	842,880

(II)　期末修正事項

(1)　商品の期末棚卸高は次のとおりである。

　　　　本店：帳簿棚卸高　¥81,600

　　　　支店：帳簿棚卸高　¥64,320

(2)　本支店とも売掛金の期末残高に対して2％の貸倒引当金を差額補充法により設定する。

(3)　本支店とも備品の減価償却を定率法（償却率25％）により設定する。

(4)　営業費の前払分が本店に¥18,700，未払分が支店に¥6,100ある。

損 益 計 算 書

費　用	金　額	収　益	金　額
商品期首棚卸高	（　　　　）	売　上　高	（　　　　）
当期商品仕入高	（　　　　）	商品期末棚卸高	（　　　　）
営　業　費	（　　　　）		
貸倒引当金繰入	（　　　　）		
減価償却費	（　　　　）		
当期純（　　）	（　　　　）		
	（　　　　）		（　　　　）

貸 借 対 照 表

資　産	金　額	負債・純資産	金　額
現　金　預　金	（　　　　）	買　掛　金	（　　　　）
売　掛　金	（　　）	未　払　費　用	（　　　　）
貸倒引当金	（　　）（　　）	資　本　金	（　　　　）
商　　　　品	（　　　　）	利益準備金	（　　　　）
前　払　費　用	（　　　　）	繰越利益剰余金	（　　　　）
備　　　　品	（　　）		
減価償却累計額	（　　）（　　）		
	（　　　　）		（　　　　）

解答へのアプローチ

合併損益計算書

① 売上高：¥830,400＋¥693,600＝¥1,524,000

② 商品期首棚卸高：¥76,800＋¥35,760＝¥112,560

③ 当期商品仕入高：¥612,000＋¥518,400＝¥1,130,400

④ 商品期末棚卸高：¥81,600＋¥64,320＝¥145,920

⑤ 営業費：¥211,200＋¥118,080－¥18,700＋¥6,100＝¥316,680

⑥ 貸倒引当金繰入：本店　¥156,000×2％－¥2,400＝¥720

　　　　　　　　　　支店　¥48,000×2％－¥600＝¥360

⑦ 減価償却費：本店　（¥72,000－¥19,200）×25％＝¥13,200

　　　　　　　　支店　（¥28,800－¥14,400）×25％＝¥3,600

合併貸借対照表

① 現金預金：¥106,500＋¥93,840＝¥200,340

② 売掛金：¥156,000＋¥48,000＝¥204,000

③ 貸倒引当金：（¥2,400＋¥720）＋（¥600＋¥360）＝¥4,080

④ 商品：商品期末棚卸高と同じ。

⑤ 備品：¥72,000＋¥28,800＝¥100,800

⑥ 減価償却累計額：（¥19,200＋¥13,200）＋（¥14,400＋¥3,600）＝¥50,400

⑦ 買掛金：¥148,740＋¥45,480＝¥194,220

⑧ 繰越利益剰余金：¥33,360＋¥92,400＝¥125,760

[解 答]……………………………………………………………………………………

損 益 計 算 書

費　用	金　額	収　益	金　額
商品期首棚卸高	(112,560)	売　上　高	(1,524,000)
当期商品仕入高	(1,130,400)	商品期末棚卸高	(145,920)
営　業　費	(316,680)		
貸倒引当金繰入	(1,080)		
減 価 償 却 費	(16,800)		
当期純（利益）	(92,400)		
	(1,669,920)		(1,669,920)

貸 借 対 照 表

資　産	金　額		負債・純資産	金　額
現 金 預 金		(200,340)	買　　掛　　金	(194,220)
売　　掛　　金	(204,000)		未　払　費　用	(6,100)
貸 倒 引 当 金	(4,080)	(199,920)	資　　本　　金	(240,000)
商　　　　品		(145,920)	利 益 準 備 金	(49,200)
前　払　費　用		(18,700)	繰越利益剰余金	(125,760)
備　　　　品	(100,800)			
減価償却累計額	(50,400)	(50,400)		
		(615,280)		(615,280)

埼玉商事㈱の第11期の資料にもとづいて，本支店合併の損益計算書と貸借対照表に記載される次の各金額を求めなさい。なお，税効果会計は考慮しないこと。

A 売上高　　B 売上原価　　C 減価償却費　　D 支払利息

E 当期純利益　　F 売掛金（貸倒引当金控除後）

G 売買目的有価証券　　H 商品　　I 買掛金　　J 繰越利益剰余金

(I) 期中における本支店間取引に関する事項は，次のとおりである。なお，期首の本店における支店勘定は¥443,100の借方残高であった。

① 本店から支店への送金は¥275,000である。

② 本店から支店へ商品¥337,500（原価）を発送している。

③ 本店が支店の売掛金¥160,000を取り立てている。

④ 本店が支店の営業費¥26,900を立替払いしている。

(II) 残高試算表

残 高 試 算 表

借　　方	本　店	支　店	貸　　方	本　店	支　店
現　金　預　金	533,100	178,500	買　　掛　　金	884,700	?
売　　掛　　金	615,000	297,000	借　　入　　金	750,000	150,000
売買目的有価証券	124,410	37,050	本　　　　店	—	?
繰　越　商　品	357,000	97,500	貸　倒　引　当　金	1,800	1,200
支　　　　店	?	—	減価償却累計額	324,000	90,000
建　　　　物	1,350,000	750,000	資　　本　　金	1,500,000	—
仕　　　　入	1,860,000	1,146,000	利　益　準　備　金	232,500	—
営　　業　　費	422,490	174,300	繰越利益剰余金	219,000	—
支　払　利　息	?	4,200	売　　　　上	2,290,500	1,430,850
	6,202,500	2,684,550		6,202,500	2,684,550

(III) 期末修正事項

① 本支店とも売掛金の期末残高に対して3％の貸倒引当金を差額補充法により設定する。

② 売買目的有価証券の内訳は次のとおりである。

	帳簿価額		時　　価	
	本店	支店	本店	支店
A社株式	¥80,625	¥15,750	¥84,750	¥16,950
B社株式	¥43,785	¥21,300	¥43,155	¥20,550

③　商品の期末棚卸高は次のとおりである。

　　　　本店の期末棚卸高　　¥378,000

　　　　支店の期末棚卸高　　　¥87,000

　　なお，支店の期首棚卸高のうち¥39,750は本店から仕入れた商品

　である。

④　本支店とも建物の減価償却を定額法（耐用年数：30年，　残存価

　　額：取得原価の10%）により行う。

⑤　営業費の前払額が本店に¥1,800，支店に¥1,275ある。

⑥　利息の未払額が本店に¥975，支店に¥450ある。

〔解答欄〕

A	B	C	D	E
F	G	H	I	J

➡ 解答は335ページ

➡連結財務諸表の意義および作成のための一般原則と一般基準について
学習します。

➡投資と資本の相殺消去，子会社資本の非支配株主持分への振替えおよ
びのれんの計上といった資本連結手続について学習します。

➡連結会社間の取引やそれに伴う債権・債務の相殺，さらには未実現損
益の消去について学習します。

➡連結精算表や連結財務諸表の作成方法について学習します。

1 連結財務諸表の意義と一般原則・一般基準 ………

❶ 連結財務諸表の意義

　法律的に独立した会社が個々に作成する財務諸表を個別財務諸表といいま
す。しかし，個別財務諸表だけでは企業の財政状態および経営成績を十分に
把握できない場合もあります。というのも，ある会社が他の会社の株式の大
部分を所有するなどして実質的に支配している場合，どちらか一方の財務諸
表をみるだけでは実態を把握することができないことがあるからです。たと
えば，支配している会社（これを支配会社または**親会社**といいます）が，支
配されている会社（これを従属会社または**子会社**といいます）に対して，押
込み販売を行い，実態以上に売上高を水増ししたり，親会社に生じた損失を
子会社に押しつけていることも考えられるからです。

　個別財務諸表にはこのような限界があるため，今日の企業会計では法的・
形式的な枠を超えて，経済実態を表す会計単位による財務諸表の作成も求め

られています。これが**連結財務諸表**です。先の例でいえば，支配会社（親会社）と従属会社（子会社）はそれぞれ独立した法人格が与えられていますが，経済的には単一の組織体です。そこで，これらの企業集団を1つのグループとし，グループ全体を1会計単位として連結財務諸表が作成されます。

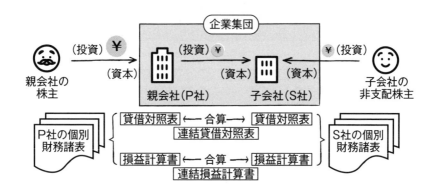

❷ 連結財務諸表の一般原則と一般基準

① 連結財務諸表の一般原則

わが国では，企業会計原則や企業会計基準などにおいて各企業の個別財務諸表を作成・報告するための基準が体系的に定められています。企業会計原則の中で最上位に位置づけられているのが一般原則であり，この原則の全般的指針としての役割を果たしています。一般原則は，真実性の原則，正規の簿記の原則，資本と利益の区別の原則（剰余金区分の原則），明瞭性の原則，継続性の原則，保守主義の原則，単一性の原則の7つから構成されています。

これと同様に，連結財務諸表においても一般原則があります。ただし，連結で設けられている一般原則は，真実性の原則，個別財務諸表基準性の原則，明瞭性の原則および継続性の原則の4つです。

連結財務諸表に関する会計基準における真実性の原則は，企業集団の財政状態，経営成績およびキャッシュ・フローの状況について真実な報告を提供することを要求する原則であり，企業会計原則の一般原則における真実性の原則と同様の趣旨を要求しています。ただし，この原則には注解も付されており，連結財務諸表の作成にあたって重要性の原則の適用が認められています。

個別財務諸表基準性の原則は，親会社および子会社の個別財務諸表が一般に公正妥当と認められる企業会計の基準に準拠して作成されていることを要求するとともに，連結財務諸表はこれらの真実な個別財務諸表にもとづいて作成されることを要求する原則です。

　明瞭性の原則は，企業集団の状況に関する判断を誤らせないよう，利害関係者に対して必要な財務情報を明瞭に表示することを要求する原則です。この原則にも注解が付されており，重要性の原則の適用が認められています。

　継続性の原則は，連結財務諸表作成のために採用した基準および手続が毎期継続して適用され，みだりにこれを変更してはならないことを要求する原則です。ただし，連結財務諸表の一般原則における継続性は個別のそれよりも適用範囲が広く，連結の範囲の決定の手続などについても継続性が要求されます。

② 連結財務諸表の一般基準

　連結財務諸表は，連結貸借対照表，連結損益計算書および連結株主資本等変動計算書などから構成されています。これらを作成していくためには，いくつかの必要条件が満たされなければなりません。それが連結財務諸表作成のための一般基準です。これには，連結の範囲，連結決算日および親会社・子会社の会計処理の原則・手続を定めた一般基準があります。

⑴　連結の範囲

　連結財務諸表は，支配従属関係にある複数の会社からなる企業グループを1つの経済組織体ととらえて，グループ全体の業績を示すものです。したがって，連結財務諸表を作成するためには，まず支配従属関係にある企業を特定しなければなりません。この支配従属関係を特定する基準が，**支配力基準**です。

　支配力基準とは，議決権の過半数を所有している企業はもとより，所有割合は過半数に満たなくても，財務や経営の方針を実質的に支配していれば，連結の範囲に含めるという基準です。

　連結財務諸表に関する会計基準では，親会社とは他の会社の財務および営業の方針を決定する機関を支配している企業であり，子会社とは当該他の企業であると規定することで，支配力基準の採用が明示されています。なお，こ

こで「他の会社を支配している」とは，他の企業の意思決定機関を支配していることを意味しています。そして，以下の3つの場合には，他の企業の意思決定機関を支配していないことが明らかにされない限り，原則としてすべて子会社とされて連結の範囲に含められます。

(a) 他の企業の議決権の過半数を自己の計算で所有している場合。

(b) 他の企業の議決権の40％以上50％以下を自己の計算で所有し，次のいずれかの要件に該当する場合。

　① 親会社との緊密な関係により，親会社と同一内容の議決権行使に同意する株主が存在し，こうした株主と合算すると議決権の過半数を占めている場合。

　② 親会社の役員や従業員（またはこれらであった者）が取締役会等の構成員の過半数を占めている場合。

　③ 重要な財務および営業等の方針決定を支配する契約等が存在する場合。

　④ 資金調達総額の過半を，親会社もしくはその親会社とその緊密な関係者が融資している場合。

　⑤ その他，他の企業の意思決定機関を支配していることが推測される事実が存在する場合。

(c) 親会社自体の議決権の所有割合が40％未満でも，上記(b)の①の要件に該当し，さらに②〜⑤のいずれかに該当する場合。

このように，支配力基準によって連結の範囲が決定されますが，これらの基準に合致する企業がただちに連結の対象となるわけではありません。なぜなら，これらの中には必ずしも経済的に単一の組織体として連結することが相応しくない企業も含まれている場合があるからです。そこで，連結財務諸表に関する会計基準では，連結の範囲に含めてはならない企業として，以下の2つをあげています。

(イ) 支配が一時的であると認められる企業。

(ロ) 連結することによって利害関係者の判断を著しく誤らせるおそれのある企業。

さらに，連結の範囲に含めてはならない企業とは別に，重要性の原則の適

用により連結に含めなくてもよい企業もあります。

(2) 連結決算日

　連結財務諸表を作成する連結会計期間は1年で，親会社の会計期間と一致させて，親会社の決算日に作成されます。つまり，親会社の決算日が連結決算日となります。子会社の決算日が連結決算日と異なる場合には，子会社は連結決算日に正規の決算に準ずる合理的な手続によって決算を行い，個別財務諸表を作成しなければなりません。ただし，決算日の差異が3カ月を超えなければ，子会社の正規の決算を基礎とすることができます。

(3) 親会社・子会社の会計処理の原則・手続

　連結財務諸表を作成する場合，同一環境下で行われた同一の性質の取引等については，親会社と子会社が採用する会計方針を原則として統一しなければなりません。

例題17－1

　次の(1)～(5)の連結の範囲に関する記述のうち，支配力基準の適用と連結子会社の決定という観点から，正しいものには○印を，誤っているものには×印をつけなさい。なお，重要性の原則は考慮外とする。

(1)　甲社は丙社の議決権付株式の35％しか保有していないが，丙社の負債に計上された資金調達総額の40％を融資しているため，丙社は甲社の子会社となる。

(2)　甲社は丙社の議決権付株式の45％を所有しており，さらに丙社の取締役全9人中5人が元甲社の取締役であるため，丙社は甲社の子会社となる。

(3)　甲社は乙社の議決権付株式の60％を所有しており，乙社が丙社の議決権付株式の60％を所有しているが，甲社自体は丙社の議決権付株式の20％しか所有していないため，丙社は甲社の子会社とはならない。

(4)　甲社は丙社の議決権付株式の40％を所有しており，さらに重要な営業の方針決定を支配しているため，丙社は甲社の子会社となる。

(5)　丙社はすでに会社更生法の手続開始の決定を受けてはいるが，甲社は丙社の議決権付株式の80％を所有しているため，丙社は甲社の子会社となり，連結対象に含まれる。

2 資本連結 ⋯⋯⋯⋯⋯⋯⋯⋯⋯⋯⋯⋯⋯⋯⋯⋯⋯⋯⋯⋯⋯⋯⋯⋯⋯

❶ 支配獲得時の処理

　連結財務諸表は，親会社および連結の範囲に含められる子会社の個別財務諸表を基礎として，連結に必要な修正を施して作成します。これを連結修正仕訳といいます。子会社の支配獲得時に作成が要求される連結貸借対照表も基本的にはこの流れに沿って作成されます。なお，連結財務諸表の作成は，帳簿決算ではなく精算表によりなされます。その際，使用する表示科目は連結財務諸表で用いるものになる点に留意してください。

　連結財務諸表は，親会社が子会社に対する支配を獲得した（意思決定機関を支配した）ときから作成されます。親会社が子会社の意思決定機関を支配するためには，議決権の裏付けとなる子会社の株式を取得しなければなりません。したがって，親会社が子会社の支配を獲得したときには，相当な比率（場合によっては100％）の発行済株式を所有していることになります。

　親会社の子会社に対する投資（親会社が保有する子会社の株式）と子会社の資本は，企業集団を1つの会計単位としてみれば内部取引にすぎません。そのため，親会社と子会社の貸借対照表をそのまま合算してしまえば，内部取引から生じた投資と資本を計上してしまうことになります。そこで，図表

で示すように，連結貸借対照表の作成にあたっては，親会社（P社）の子会社（S社）に対する投資と子会社の資本を相殺消去します。これを**投資と資本の相殺消去**といいます。

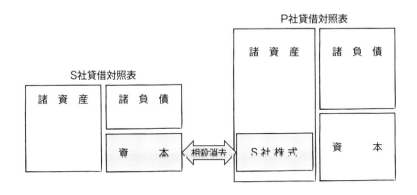

投資と資本を相殺消去する際に消去差額が生じる場合もあります。その場合には，後述するように，消去差額をのれん（または負ののれん発生益）として処理します。また，子会社に親会社以外の株主が存在する場合は，子会社の資本のうち親会社に帰属しない部分については，親会社以外の株主にも振り替える必要があります。こうした一連の手続を**資本連結**といいます。

このように，支配獲得時点の連結貸借対照表は，親会社と子会社の個別貸借対照表を合算し，これに資本連結という手続を経て作成されます。

なお，資本連結の手続においては，本来は親会社が子会社の支配を獲得した時点で子会社の資産および負債を支配獲得日の時価で評価することになっていますが，この処理は日商簿記検定では1級の範囲とされています。したがって，2級で出題される連結会計の問題では子会社の資産および負債を時価評価しないで帳簿価額のまま親会社の資産および負債と合算します。

例題17-2

　P社は20X1年3月31日にS社の発行済株式の100％を¥190,000で取得して支配を獲得した。20X1年3月31日におけるP社とS社の貸借対照表は次の［資料］のとおりである。これにもとづいて，20X1年3月31日における連結貸借対照表を作成しなさい。

[資　料]

貸借対照表
20X1年3月31日

資　　産	P　社	S　社	負債・純資産	P　社	S　社
諸　資　産	810,000	490,000	諸　負　債	600,000	300,000
S 社 株 式	190,000	－	資　本　金	300,000	150,000
			資本剰余金	60,000	30,000
			利益剰余金	40,000	10,000
	1,000,000	490,000		1,000,000	490,000

😊 解答へのアプローチ

　P社とS社の個別貸借対照表の金額を合算した上で，親会社の子会社に対する投資と子会社の資本を相殺消去するために次のような修正仕訳を行います。

（借）資　本　金　150,000　　（貸）S　社　株　式　190,000

　　　資 本 剰 余 金　30,000

　　　利 益 剰 余 金　10,000

[解　答]

連結貸借対照表
20X1年3月31日

資　　産	金　　額	負債・純資産	金　　額
諸　資　産	1,300,000	諸　負　債	900,000
		資　本　金	300,000
		資本剰余金	60,000
		利益剰余金	40,000
	1,300,000		1,300,000

252

❷ 支配獲得後の処理

資本連結の手続は連結修正仕訳の一部で，連結財務諸表の作成手続としてのみ行われるため，親会社や子会社の会計帳簿や財務諸表には全く反映されません。しかし，支配獲得後に連結財務諸表を作成する場合も，以前の連結修正仕訳を反映していない親会社と子会社の当期の財務諸表にもとづいて作成していかなければならないため，連結財務諸表を作成するたびに前期以前の連結修正仕訳を改めて行って，そのつど，反映させる必要があります。これを**開始仕訳**といいます。

開始仕訳の対象となる各純資産の金額は，当期末の残高ではなく，当期首の残高となるため，開始仕訳を行う場合は，連結貸借対照表の純資産の部の各科目を連結株主資本等変動計算書の各科目に置き換え，各科目の当期首残高で行っていく必要があります。

先の例題17-2の翌年度の開始仕訳を示すと，次のようになります。

(借)	資本金当期首残高	150,000	(貸)	S 社 株 式	190,000
	資本剰余金当期首残高	30,000			
	利益剰余金当期首残高	10,000			

3 非支配株主持分 ·······················

❶ 支配獲得時の処理

親会社が，子会社の発行している株式の100％を所有する場合，このような子会社を完全子会社といいます。しかし，他の会社の株式を100％所有していなくても，他の会社を支配することは可能です。ただし，そのような場合，子会社には親会社以外の株主も存在することになります。このような株主を**非支配株主**といいます。非支配株主が存在する場合は，投資と資本の相殺消去にあたって，子会社の資本は親会社と非支配株主の持株比率に応じて按分され，親会社持分の相当額は親会社の投資勘定と相殺しますが，非支配株主持分の相当額は**非支配株主持分**へと振り替えます。

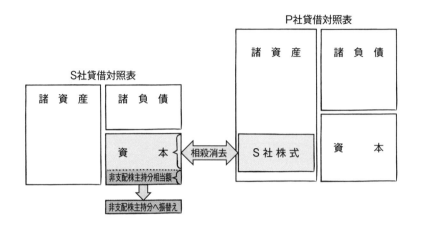

P社貸借対照表

S社貸借対照表

★**非支配株主持分**：子会社の資本は，親会社と非支配株主の持株比率で区分され，非支配株主に帰属する部分を非支配株主持分といい，連結貸借対照表では株主資本とは区分して表示されます。

例題17−3

　例題17−2において，P社がS社株式の70％を¥133,000で取得した場合の連結修正仕訳を示しなさい。

☺解答へのアプローチ

　S社資本のうち，70％を投資と相殺消去し，30％ {（¥150,000＋¥30,000＋¥10,000）×30％＝¥57,000} については非支配株主持分へ振り替えます。

［解　答］

（借）	資　　本　　金	150,000	（貸）	S　社　株　式	133,000
	資 本 剰 余 金	30,000		非支配株主持分	57,000
	利 益 剰 余 金	10,000			

❷ 支配獲得後の処理

　非支配株主が存在する場合も，支配獲得後に連結財務諸表を作成する場合には同様に開始仕訳が必要となります。先の例題17−3の翌年度の開始仕訳を示すと，次のようになります。

(借)	資本金当期首残高	150,000	(貸)	S 社 株 式	133,000
	資本剰余金当期首残高	30,000		非支配株主持分 当 期 首 残 高	57,000
	利益剰余金当期首残高	10,000			

　完全子会社の当期純利益はすべて連結上の利益剰余金となりますが，非支配株主が存在する場合は，子会社の当期純利益を親会社に帰属する部分と非支配株主に帰属する部分とに按分しなければなりません。そして，親会社に帰属する部分は，連結上の利益剰余金に含められますが，非支配株主に帰属する部分については連結上の利益剰余金から控除して，非支配株主持分を同額増加させます。先の例題17−3の翌年度，S社の当期純利益が¥10,000（非支配株主に帰属する部分は¥3,000）だった場合，次のように処理します。

| (借) | 非支配株主に帰属
する当期純利益 | 3,000 | (貸) | 非支配株主持分
当 期 変 動 額 | 3,000 |

　こうした連結修正仕訳は個別財務諸表には反映されていないため，この処理は先の例題17−3の翌々年度に連結財務諸表を作成する場合，次のように開始仕訳を行って，連結上の利益剰余金の期首残高を減額し，非支配株主持分を同額増加させます。

| (借) | 利益剰余金当期首残高 | 3,000 | (貸) | 非支配株主持分
当 期 首 残 高 | 3,000 |

4 のれん

❶ 支配獲得時の処理

　親会社の子会社に対する投資と子会社の資本を相殺消去する場合，親会社の投資が子会社の資本を上回る場合がしばしば生じます。こうした消去差額が生じるのは，親会社が子会社の支配を獲得する際に，子会社の資本にプレミアムをつけて株式を取得したためです。すなわち，子会社の超過収益力を

評価したということです。そのため，投資と資本の相殺消去にあたって，借方に消去差額が生じた場合は，この差額を**のれん**（無形固定資産）として計上します。

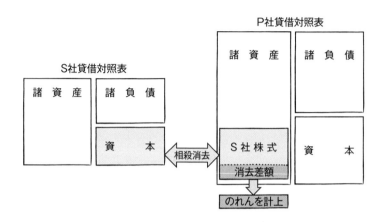

　一方，投資と資本の相殺消去にあたって，消去差額が貸方に生じる場合もあります。これを**負ののれん**といいます。これは親会社が子会社の支配を獲得する際に，割安な価格で株式を取得したことによって生じたものとみることができます。ただし，子会社の資産・負債の貸借対照表価額が不適切な場合もあります。そこで，負ののれんが生じた場合は，再度，子会社の資産・負債の内容を精査して，必要に応じて修正を加え，それでも負ののれんが残る場合，**負ののれん発生益**（収益）として処理します。

例題17－4

　例題17－2において，P社がS社株式の100％を(1)¥260,000で取得した場合と，(2)¥150,000で取得した場合の連結修正仕訳を示しなさい。

☺解答へのアプローチ

　親会社の投資が子会社資本の持株割合相当額を上回る場合は，その消去差額をのれんとして処理し，下回る場合はその消去差額を負ののれん発生益として処理します。

(1)のれん＝Ｓ社株式¥260,000－（資本金¥150,000＋資本剰余金¥30,000＋利益剰余金¥10,000）＝70,000

(2)のれん＝Ｓ社株式¥150,000－（資本金¥150,000＋資本剰余金¥30,000＋利益剰余金¥10,000）＝△40,000

[解 答]‥‥‥‥‥‥‥‥‥‥‥‥‥‥‥‥‥‥‥‥‥‥‥‥‥‥‥‥‥‥‥‥‥

(1) （借）資　　本　　金　150,000　（貸）Ｓ　社　株　式　260,000

　　　　　　資 本 剰 余 金　　30,000

　　　　　　利 益 剰 余 金　　10,000

　　　　　　の　　れ　　ん　　70,000

(2) （借）資　　本　　金　150,000　（貸）Ｓ　社　株　式　150,000

　　　　　　資 本 剰 余 金　　30,000　　　　　　負ののれん発生益　　40,000

　　　　　　利 益 剰 余 金　　10,000

❷ 支配獲得後の処理

　のれんが借方に生じた場合は，会社の合併時に生じたのれんと同様に，20年以内の効果が及ぶ期間にわたって，定額法その他合理的な方法によって規則的に償却しなければなりません。償却時の処理は次のように行います。

（借）の れ ん 償 却　　×××　（貸）の　　れ　　ん　　×××

　この連結修正仕訳も個別財務諸表には反映されていないため，翌年度に連結財務諸表を作成する場合，次のように開始仕訳を行って，連結上の利益剰余金の期首残高を減額し，のれんを同額減少させます。

（借）利益剰余金当期首残高　　×××　（貸）の　　れ　　ん　　×××

基本問題 17－1

　Ｐ社は20X1年３月31日にＳ社の発行済株式総数の80％を¥140,000で取得して支配を獲得した。20X1年３月31日におけるＰ社とＳ社の貸借対照表は次の［資料］のとおりである。これにもとづいて，20X1年３月31日における連結貸借対照表を作成しなさい。

[資　料]‥‥‥‥‥‥‥‥‥‥‥‥‥‥‥‥‥‥‥‥‥‥‥‥‥‥‥‥‥‥‥‥‥‥‥‥

貸借対照表
20X1年3月31日

資　産	P　社	S　社	負債・純資産	P　社	S　社
諸　資　産	860,000	250,000	諸　負　債	400,000	100,000
S　社　株　式	140,000	–	資　本　金	500,000	120,000
			資本剰余金	60,000	20,000
			利益剰余金	40,000	10,000
	1,000,000	250,000		1,000,000	250,000

[解答欄]

連結貸借対照表
20X1年3月31日

資　産	金　額	負債・純資産	金　額
諸　資　産		諸　負　債	
（　　　　　　）		資　本　金	
		資本剰余金	
		利益剰余金	
		（　　　　　　）	

5 連結会社間取引の処理 ‥‥‥‥‥‥‥‥‥‥‥‥‥‥‥‥‥

　親会社と子会社との取引など連結会社間での商品の売買やその他の取引は，企業集団内の内部取引にすぎないため，連結会計では相殺消去されます。したがって，連結財務諸表に連結会社間の取引は現れません。そこで，個別財務諸表で計上されている項目を相殺消去するための連結修正仕訳が必要になります。また，それにともなって，連結会社間の債権や債務を相殺消去する必要も生じます。

❶ 連結会社間の商品売買

　連結会社間で商品・製品といった棚卸資産を販売したり，役務を提供することは日常的に行われます。たとえば，親会社が子会社に商品・製品を販売

したり（これを一般に**ダウン・ストリーム**といいます），逆に子会社が商品・製品を親会社に販売することがあります（これを一般に**アップ・ストリーム**といいます）。企業集団単位で考えれば，商品などの保管場所が変わったにすぎませんが，販売した側の個別財務諸表（損益計算書）においては売上高が，購入した側の個別財務諸表（損益計算書）においては売上原価（当期商品仕入高）が計上されています。そこで，連結にあたり，次の修正仕訳を行って相殺消去します。

（借）	売　上　高	×××	（貸）	売　上　原　価 （当期商品仕入高）	×××

また，連結会社間で行われた商品売買取引の結果，購入した側では支払手形や買掛金といった仕入債務が負債として，販売した側では受取手形や売掛金といった売上債権が資産として貸借対照表に計上されています。このような仕入債務と売上債権の期末残高も相殺消去します。

（借）	支　払　手　形	×××	（貸）	受　取　手　形	×××
（借）	買　　掛　　金	×××	（貸）	売　　掛　　金	×××

さらに，売上債権の金額にもとづいて貸倒引当金が設定されている場合には，貸倒引当金も修正する必要があります。

（借）	貸　倒　引　当　金	×××	（貸）	貸倒引当金繰入	×××

❷ 資金の貸借および利息の授受

連結会社間で資金の貸し借りを行っている場合も，企業集団全体でみれば，内部で資金が動いているだけですから，連結会計では，債権者側の（長期）貸付金と債務者側の（長期）借入金とは相殺消去されます。また，債権者側の損益計算書では受取利息，債務者側の損益計算書では支払利息が計上されているので，これらも併せて相殺消去する必要があります。さらに，貸付金に貸倒引当金が設定されている場合には，これも修正する必要があります。

（借）	（長期）借入金	×××	（貸）	（長期）貸付金	×××
（借）	受　取　利　息	×××	（貸）	支　払　利　息	×××
（借）	貸　倒　引　当　金	×××	（貸）	貸倒引当金繰入	×××

なお，利息の支払日が決算日とずれている場合には，未収利息または未払

利息といった経過勘定項目が設定されているので，これについても相殺消去しなければなりません。

(借) 未 払 費 用	×××	(貸) 未 収 収 益	×××
（未 払 利 息）		（未 収 利 息）	

❸ 固定資産（土地）の売買

　連結会社間で商品のほかに固定資産の売買が行われることもあります。ただし，減価償却を行う固定資産（償却性資産）の場合，減価償却費の修正など煩雑な処理が必要となるため，2級では減価償却を行わない土地の売却のみを次節で取り上げます。

　土地の売買が連結会社間で行われ，まだ代金の決済が行われていない場合，売り手側に計上されている未収入金と買い手側に計上されている未払金は相殺消去されます。同様に，土地の売買に際し，買い手側が約束手形を振り出し，まだ決済されていない場合には，営業外受取手形と営業外支払手形も相殺消去されます。

(借) 未 払 金	×××	(貸) 未 収 入 金	×××
(借) 営業外支払手形	×××	(貸) 営業外受取手形	×××

❹ 子会社が実施した配当金

　子会社が利益剰余金を財源として配当金を支払い，親会社が配当金を受け取った場合も，内部取引として相殺消去の対象になります。完全子会社の場合，配当金は親会社の受取配当金と相殺消去されますが，非支配株主が存在する場合，非支配株主への配当額だけ現金などが企業集団の外部へ流出しているので，非支配株主持分を減少させます。

(借) 受 取 配 当 金	×××	(貸) 利 益 剰 余 金	×××
非支配株主持分	×××	（配 当 金）	
(非支配株主持分当期変動額)			

　なお，利益剰余金を原資として配当金が支払われると，同額だけ株主資本が減少しているので，連結株主資本等変動計算書に記載されます。そのため，連結株主資本等変動計算書を作成する場合には，**非支配株主持分当期変動額**と仕訳します。

例題17-5

P社は，S社の発行済株式総数の80％の株式を2年前から継続して保有している。次の［資料］にもとづき，連結財務諸表作成のために必要な連結修正仕訳を示しなさい。ただし，連結株主資本等変動計算書は作成不要である。なお，P社，S社とも決算日は3月31日，会計期間は1年である。

［資　料］..

(1) P社は，S社に商品を掛けにて販売しており，当期の販売額は¥1,200,000である。S社はP社から仕入れた商品のすべてを外部に販売済みであるが，¥100,000がまだ決済されていない。

(2) P社は，決算時点における売上債権の1％に相当する額について貸倒引当金を計上しており，S社に対する売上債権も同様の条件で設定している。

(3) P社は，前期よりS社に¥3,000,000を年利率4％，年1回利払いの条件で貸し付けており，返済期限は4年後である。前回の利払日は前年の12月末日であった。利息の計算は月割りによる。

(4) S社は，株主総会にて利益剰余金を原資とする配当を¥500,000実施していた。

😊 解答へのアプローチ

(1) P社とS社の間での内部取引を相殺消去するとともに，未決済の債権・債務も相殺消去します。

(2) (1)にともない子会社に対する売掛金に関する貸倒引当金の修正も行います。

　　貸倒引当金繰入修正額＝¥100,000×1％＝¥1,000

(3) 資金の貸借については，返済期限は4年後ですので，長期貸付金および長期借入金が個別財務諸表に計上されていますので，相殺消去します。

　　・相殺消去すべき受取（支払）利息＝¥3,000,000×4％＝¥120,000

　　・利払日の翌月から決算日までの未収収益（未払費用）＝¥120,000×3カ月／12カ月

(4) S社の実施した配当金については，親会社が受け取った受取配当金と非支配株主持分を減額させます。

　　・親会社の受取配当金＝¥500,000×80％＝¥400,000

- 非支配株主への配当金＝¥500,000×20％＝¥100,000

［解　答］...

(1)　商品売買

(借)　売　　　上　　　高　1,200,000　　(貸)　売　上　原　価　1,200,000

(借)　買　　　掛　　　金　　100,000　　(貸)　売　　　掛　　　金　　100,000

(2)　貸倒引当金

(借)　貸　倒　引　当　金　　　1,000　　(貸)　貸倒引当金繰入　　　1,000

(3)　資金の貸借等

(借)　長　期　借　入　金　3,000,000　　(貸)　長　期　貸　付　金　3,000,000

(借)　受　取　利　息　　120,000　　(貸)　支　払　利　息　　120,000

(借)　未　払　費　用　　　30,000　　(貸)　未　収　収　益　　　30,000

(4)　配当金

(借)　受　取　配　当　金　　400,000　　(貸)　利　益　剰　余　金　　500,000

　　　非支配株主持分　　100,000

基本問題 17−2

　P社は，S社の発行済株式総数の70％の株式を3年前から継続して保有している。次の［資料］にもとづき，連結財務諸表作成のために必要な連結修正仕訳を示しなさい。ただし，連結株主資本等変動計算書は作成不要である。なお，P社，S社とも決算日は3月31日，会計期間は1年である。

［資　料］...

(1)　S社は当期純利益¥5,000,000を計上した。

(2)　支配獲得時に生じたのれん¥20,000,000の償却を行う。なお，のれんは支配獲得した翌期から10年間にわたり均等額を償却している。

(3)　S社は株主総会にて利益剰余金を原資とする配当を¥600,000実施していた。

➡ 解答は337ページ

6 未実現損益の消去

❶ 商品に付加された未実現利益の消去

収益は商品の販売やサービスの提供を行ったときに計上されます。この考え方を**実現主義**といいます。連結会社の間の取引では，利益が付加されて行われることが多いです。しかし，その利益が必ずしも実現していない場合があります。これを**未実現利益**といい，連結するにあたって消去する必要があります。

親子会社間の取引には，親会社が子会社に商品などを販売し，未実現利益が親会社側に生じる**ダウン・ストリーム**の場合と，逆に，子会社が親会社に商品などを販売し，未実現利益が子会社側に生じる**アップ・ストリーム**の場合とがあります。

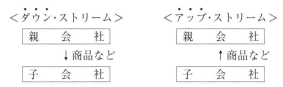

① ダウン・ストリームのケース

⑴ 期末商品に含まれる未実現利益の消去

親会社が子会社に利益を付加して商品を販売するダウン・ストリームの場合，子会社がその商品を企業集団の外部に販売していたならば，親会社が計上した利益は実現しているといえます。

これに対し，期末時点で子会社が親会社から仕入れた商品をまだ企業集団の外部に販売せず，その商品が子会社に在庫として留まっていたのであれば，企業集団内で商品の保管場所が変わったにすぎず，親会社が付加した利益はまだ実現していません。このような未実現利益は企業集団の利益として認められません。したがって，この未実現利益を全額消去するとともに，子会社の商品は親会社が付加した利益だけ過大になっているので，同額分を減らすための連結修正仕訳が必要になります。

263

| （借） | 売 上 原 価 | ××× | （貸） | 商 | 品 | ××× |
| | （商品期末棚卸高） | | | | | |

〈ダウン・ストリーム〉

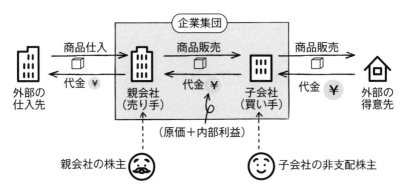

　なお，未実現利益とは反対に未実現損失が発生する場合もありえます。こ
のとき，売り手側の帳簿価額のうち回収不能と認められる部分は，消去しな
いこととされています。つまり，損失が消去されずにそのまま連結損益計算
書に計上されることになります。

(2)　**期首商品に含まれる未実現利益の消去**

　前期末に売れ残っていた商品は，当期の期首の商品となります。したがっ
て，子会社の期首商品には親会社が付加した未実現利益が含まれているので，
消去する必要があります。連結財務諸表は個別財務諸表を合算・修正したも
のですので，前期末に連結修正仕訳を行ったからといって帳簿に反映されて
いるわけではありません。したがって，前年度の連結修正仕訳と同様の内容
のものを，当期に連結修正仕訳を改めて行う必要があります。ただし，借方
は上記と同じく，「売上原価」とは仕訳しません。前年度の連結修正仕訳にお
ける費用項目は，当期の株主資本等変動計算書での「利益剰余金当期首残高」
を用いて仕訳します。

| （借） | 利益剰余金当期首残高 | ××× | （貸） | 商 | 品 | ×××…① |

　また，子会社の決算にあたり，期首の商品は期中に販売されていますので，
商品期首棚卸高は全額売上原価の構成項目として算定されています。たとえ
ば子会社は，商品売買で販売のつど売上原価に振り替える方法を採用してい

たとすると，期中において，

（借）売 上 原 価　　×××　（貸）商　　　品　　×××

という仕訳を行っているからです。ただし，期首商品に含まれていた利益は
実現しているのですが，この分も売上原価に含められて売上原価が過大にな
ってしまっています。そこで，次の連結修正仕訳が必要になります。

（借）商　　　　品　×××　（貸）売 上 原 価　×××…②

　よって，上記①と②の連結修正仕訳を合算して「商品」を相殺すれば，ダ
ウン・ストリームの場合の期首商品に含まれる未実現利益を消去するための
連結修正仕訳となります。

（借）利益剰余金当期首残高　　×××　（貸）売 上 原 価　　×××

② アップ・ストリームのケース

⑴　期末商品に含まれる未実現利益の消去

　子会社が親会社に利益を付加して商品を販売するアップ・ストリームの場
合も，期末時点で親会社が子会社から仕入れた商品をまだ企業集団の外部に
販売せず，その商品が親会社に在庫として留まっていたのであれば，企業集
団内で商品の保管場所が変わったにすぎず，子会社が付加した利益はまだ実
現していません。このような未実現利益は企業集団の利益として認められま
せん。この場合も未実現利益を全額消去するとともに，親会社の商品は子会
社が付加した利益だけ過大になっているので，同額分を減らすための連結修
正仕訳が必要になる点はダウン・ストリームと共通です。ただし，未実現利
益は子会社のほうにあるため，未実現利益を消去すればそれだけ子会社の当
期純利益も減ることになります。そのため，非支配株主が存在しているとき
には，非支配株主も持分比率に応じて負担をすることになります。つまり，非
支配株主に帰属する当期純利益が減少し，同額の非支配株主持分も減少しま
す。

（借）売 上 原 価　　×××　（貸）商　　　品　　×××
　　　（商品期末棚卸高）

（借）非支配株主持分　　×××　（貸）非支配株主に帰属する当期純利益　×××
　　　（非支配株主持分当期変動額）

265

〈アップ・ストリーム〉

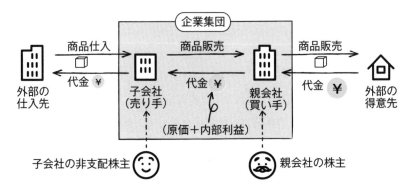

★**未実現利益**：まだ企業集団外部に資産が引き渡されていないため，実現していない段階の利益。

⑵ 期首商品に含まれる未実現利益の消去

　アップ・ストリームの場合も，前期末に売れ残っていた商品は，当期の期首の商品となります。したがって，親会社の期首商品には子会社が付加した未実現利益が含まれているので，消去する必要があります。したがって，前年度の連結修正仕訳と同様の内容のものを，当期に連結修正仕訳を改めて行う必要があります。ここまではダウン・ストリームの場合と変わりありません（下記①）。ただし，アップ・ストリームの場合は，子会社の利益剰余金当期首残高の変動に伴い，非支配株主にも負担させる必要があるため非支配株主持分の当期首の金額も修正する必要があることに注意しなければなりません（下記②）。

| （借） | 利益剰余金当期首残高 | ××× | （貸） | 商　　　　品 | ×××…① |
| （借） | 非支配株主持分当期首残高 | ××× | （貸） | 利益剰余金当期首残高 | ×××…② |

　また，親会社の決算にあたり，期首の商品は期中に販売されていますので，商品期首棚卸高は全額売上原価の構成項目として算定されています。たとえば親会社が商品売買で販売のつど売上原価に振り替える方法を採用していたとすると，期中において，

266

| (借) | 売 上 原 価 | ××× | (貸) | 商 品 | ××× |

という仕訳を行っているからです。ただし，期首商品に含まれていた利益は実現しているのですが，この分も売上原価に含められて売上原価が過大になってしまっています。そこで，下記③の連結修正仕訳が必要になります。ここまではダウン・ストリームの場合と変わりありません。さらに，売上原価の減少，すなわち利益の増加に伴って非支配株主に帰属する当期純利益が増加するとともに，非支配株主持分が増加しているため，これらの金額も修正する必要があることに注意しなければなりません（下記④）。

| (借) | 商 品 | ××× | (貸) | 売 上 原 価 | ×××…③ |
| (借) | 非支配株主に帰属する当期純利益 | ××× | (貸) | 非支配株主持分当期変動額 | ×××…④ |

よって，上記①と③の連結修正仕訳を合算して「商品」を相殺し，②と④を加えれば，アップ・ストリームの場合の期首商品に含まれる未実現利益を消去するための連結修正仕訳となります。

(借)	利益剰余金当期首残高	×××	(貸)	売 上 原 価	×××
(借)	非支配株主持分当期首残高	×××	(貸)	利益剰余金当期首残高	×××
(借)	非支配株主に帰属する当期純利益	×××	(貸)	非支配株主持分当期変動額	×××

例題17-6

連結財務諸表を作成するために必要な連結修正仕訳を示しなさい。

(1) P社は，S₁社の発行済株式総数の75％の株式を継続して保有している。P社は20X1年度より商品の原価に20％の利益を付加してS₁社に販売を開始した。当期のS₁社への商品の売上高は120,000千円であるが，S₁社はそのうち36,000千円分は外部に販売せず，在庫として保有し続けている。なお，代金の決済はすべて完了しているため，親子会社間で債権・債務は存在しない。

(2) 20X2年度のP社のS₁社への商品の売上高は180,000千円であるが，S₁社はそのうち48,000千円分は外部に販売せず，在庫として保有している。S₁社の期首商品のうちP社から仕入れた商品36,000千円はすべて外部に販売済みである。なお，P社がS₁社に対する販売にあたり原価に付している利益は20X1年度から20X2年度にかけて20％で一定であるほか，代金の決済もすべて完了している。

17

連結会計

267

(3)　P社は，S₂社の発行済株式総数の80％の株式を継続して保有している。S₂社は20X1年度より商品の原価に25％の利益を付加してP社に販売を開始した。20X1年度のS₂社のP社への商品の売上高は250,000千円であるが，P社はそのうち50,000千円分は外部に販売せず，在庫として保有し続けている。なお，代金の決済はすべて完了しているため，親子会社間で債権・債務は存在しない。

(4)　20X2年度のS₂社のP社への商品の売上高は375,000千円であるが，P社はそのうち75,000千円分は外部に販売せず，在庫として保有している。P社の期首商品のうちS₂社から仕入れた50,000千円はすべて外部に販売済みである。なお，P社はS₂社の発行済株式総数の80％の株式を引き続き保有しており，S₂社がP社に対する販売にあたり原価に付している利益は20X1年度から20X2年度にかけて25％で一定であるほか，代金の決済もすべて完了している。

😊 解答へのアプローチ

(1)　本問は，P社がS₁社に商品を販売しているので，ダウン・ストリームのケースになります。当該取引は，企業集団内の内部取引であるため，売上高と売上原価を相殺消去します。ただし，代金の決済が済んでいるため債権（売掛金）と債務（買掛金）の相殺消去は不要です。

　　販売したP社の側には利益が計上されていますが，36,000千円分はS₁社が未販売のため，未実現利益が6,000千円（36,000千円÷1.2×0.2）生じています。したがって，未実現利益を全額消去し，S₁社の商品を同額減少させる必要があります。

(2)　本問は期首商品にも未実現利益が含まれている場合のダウン・ストリームのケースになります。まず，(1)と同様に，企業集団内の内部取引180,000千円を相殺します。そのうえで，期首商品について，付加されている未実現利益6,000千円（36,000千円÷1.2×0.2）を消去します。その際，売上原価ではなく，利益剰余金当期首残高を修正します。以下，仕訳の金額は千円単位で表記します。

　　（借）　利益剰余金当期首残高　　　6,000　（貸）　商　　　　　品　　　6,000…①

　　さらに，子会社の決算にあたり当期の売上原価を算定する際，期首商品棚

268

卸高は実現した利益の分だけ過大になっていますので，これを修正する必要
があります。

（借）商　　　　　品　　6,000　（貸）売　上　原　価　6,000…②
上記①と②を合算して，「商品」を相殺すれば，期首商品に含まれる未実
現利益を消去するための連結修正仕訳が求められます。

一方，20X2年度の期末商品に含まれる未実現利益8,000千円（48,000千円÷
1.2×0.2）を消去するための連結修正仕訳を(1)と同様に行います。

(3) 本問はS₂社がP社に商品を販売しているので，アップ・ストリームのケー
スになります。当該取引は，企業集団内の内部取引であるため，売上高と売
上原価を相殺消去します。ただし，代金の決済が済んでいるため債権（売掛
金）と債務（買掛金）の相殺消去は不要です。

販売したS₂社の側には利益が計上されていますが，50,000千円分はP社が
未販売のため，未実現利益が10,000千円（50,000千円÷1.25×0.25）生じてい
ます。したがって，未実現利益を全額消去し，P社の商品を同額減少させる
必要があります。さらに，この未実現利益はS₂社の側に生じているので，消
去にあたっては非支配株主へもその持分比率（20％）に応じて負担させなけ
ればなりません。つまり，2,000千円（10,000千円×20％）だけ，非支配株主
持分と非支配株主に帰属する当期純利益を減少させます。

(4) 本問は期首商品にも未実現利益が含まれている場合のアップ・ストリーム
のケースになります。まず，(3)と同様に，企業集団内の内部取引375,000千円
を相殺します。そのうえで，期首商品について，付加されている未実現利益
10,000千円（50,000千円÷1.25×0.25）を消去します。その際，売上原価では
なく，利益剰余金当期首残高を修正します。

（借）利益剰余金当期首残高　　10,000　（貸）商　　　　　品　　10,000…①
ここで，利益剰余金当期首残高が10,000千円修正されたことに伴い，非支
配株主持分の当期首残高も2,000千円（10,000千円×20％）修正する必要があ
ります。

（借）非支配株主持分当期首残高　2,000　（貸）利益剰余金当期首残高　　2,000…②
さらに，親会社の決算にあたり当期の売上原価を算定する際，期首商品棚
卸高は実現した利益の分だけ過大になっていますので，これを修正する必要

があります。

（借）商　　　　品　10,000　（貸）売　上　原　価　10,000…③

　上記①と②を合算して，商品を相殺すれば，期首商品に含まれる未実現利益を消去するための連結修正仕訳が求められます。

　ここで，売上原価の減少に伴って子会社の利益が増加しているということは，その結果，非支配株主に帰属する利益も増えることになります（10,000千円×20%）ので，修正する仕訳が必要になります。

（借）非支配株主に帰属する当期純利益　2,000　（貸）非支配株主持分当期変動額　2,000…④

　上記①と③の仕訳を合算して「商品」を相殺し，②と④を加えれば，期首商品に含まれる未実現利益を消去する連結修正仕訳が求められます。

　一方，20X2年度の期末商品に含まれる未実現利益15,000千円（75,000千円÷1.25×0.25）を消去するための連結修正仕訳を(3)と同様に行います。

　さらに，この未実現利益はS2社の側に生じているので，消去にあたっては非支配株主へも持分比率（20%）に応じて負担させなければなりません。つまり，3,000千円（15,000千円×20%）だけ，非支配株主持分と非支配株主に帰属する当期純利益を減少させます。

[解　答]……………………………………………………………………………………

(1)　ダウン・ストリームでの期末商品に係る連結修正仕訳（以下，仕訳の金額は千円単位）

（借）売　　上　　高　120,000　（貸）売　上　原　価　120,000
（借）売　上　原　価　6,000　（貸）商　　　　品　6,000

(2)　ダウン・ストリームで，期首商品にも未実現利益が含まれている場合の連結修正仕訳

（借）売　　上　　高　180,000　（貸）売　上　原　価　180,000
（借）利益剰余金当期首残高　6,000　（貸）売　上　原　価　6,000
（借）売　上　原　価　8,000　（貸）商　　　　品　8,000

(3)　アップ・ストリームでの期末商品に係る連結修正仕訳

（借）売　　上　　高　250,000　（貸）売　上　原　価　250,000
（借）売　上　原　価　10,000　（貸）商　　　　品　10,000
（借）非支配株主持分当期変動額　2,000　（貸）非支配株主に帰属する当期純利益　2,000

(4) アップ・ストリームで，期首商品にも未実現利益が含まれている場合の連結修正仕訳

(借)	売　　上　　高	375,000	(貸)	売　上　原　価	375,000
(借)	利益剰余金当期首残高	10,000	(貸)	売　上　原　価	10,000
(借)	非支配株主持分当期首残高	2,000	(貸)	利益剰余金当期首残高	2,000
(借)	非支配株主に帰属する当期純利益	2,000	(貸)	非支配株主持分当期変動額	2,000
(借)	売　上　原　価	15,000	(貸)	商　　　　　品	15,000
(借)	非支配株主持分当期変動額	3,000	(貸)	非支配株主に帰属する当期純利益	3,000

❷ 土地に含まれる未実現損益の消去

① ダウン・ストリームのケース

　連結会社間で固定資産を売買することもありますが，前節で述べたように，2級では減価償却を行わない土地についてのみに出題が限られています。

　親会社が保有する土地を子会社に売却した場合（ダウン・ストリーム），土地の帳簿価額と売却価額との差額が固定資産売却損益（土地売却損益）として親会社の損益計算書に計上されています。しかし，その土地を子会社が企業集団の外部に売却せず，そのまま保有しているのであれば，親会社が計上した固定資産売却損益は未実現損益となり企業集団の利益として認められず，また，子会社の貸借対照表に記載されている土地の帳簿価額は未実現損益の分だけ過大または過小になっています。そこで，売り手側の未実現損益を消去し，買い手側の土地の帳簿価額を修正するための連結修正仕訳が必要となります。

(1) 固定資産売却益を計上していた場合（ダウン・ストリームのケース）

(借)	固定資産売却益	×××	(貸) 土　　　　地	×××

(2) 固定資産売却損を計上していた場合（ダウン・ストリームのケース）

(借)	土　　　　地	×××	(貸) 固定資産売却損	×××

例題17−7

　連結財務諸表を作成するために必要な連結修正仕訳を示しなさい。

(1)　P社は，S₁社の発行済株式総数の60％の株式を3年前より継続して保有

している。P社は、当期中に帳簿価額10,000千円の土地を15,000千円で子会社に売却し、代金は現金で受け取っていた。決算日現在、S社はその土地を保有している。

⑵　P社は、S₂社の発行済株式総数の70%の株式を3年前より継続して保有している。P社は、当期首に帳簿価額20,000千円の土地を18,000千円で子会社に売却し、代金は翌月末に現金で受け取っていた。決算日現在、S社はその土地を保有している。

😊 解答へのアプローチ

⑴　帳簿価額10,000千円の土地を15,000千円で子会社に売却したので、売却時に親会社は次の仕訳を行っています（以下、仕訳の金額は千円単位）。

（借）現	金	15,000	（貸）土	地	10,000
			固定資産売却益		5,000

また、購入した子会社は、購入時に次の仕訳を行っています。

（借）土	地	15,000	（貸）現	金	15,000

　P社とS社とを単純に合算すれば、連結損益計算書に固定資産売却益5,000千円と、連結貸借対照表に土地15,000千円が計上されてしまいますが、実際には企業集団内の取引のため、5,000千円は未実現利益です。同時に、土地の価額も、企業集団全体から見れば10,000千円のまま変わっていないので、未実現利益を消去し、土地の帳簿価額を減額させるための連結修正仕訳が必要となります。

⑵　上記と反対に、帳簿価額20,000千円の土地を18,000千円で子会社に売却しているので、固定資産売却損が生じているケースです。固定資産売却損を消去すると同時に、土地の帳簿価額を元の金額に戻すための連結修正仕訳が必要となります。

［解　答］……………………………………………………………………………

⑴　固定資産売却益の消去

（借）固定資産売却益	5,000	（貸）土	地	5,000

⑵　固定資産売却損の消去

（借）土	地	2,000	（貸）固定資産売却損	2,000

272

② アップ・ストリームのケース

　子会社が保有する土地を親会社に売却した場合（アップ・ストリーム）も，基本的に固定資産売却損益を消去する点は，ダウン・ストリームの場合と同じです。ただし，固定資産売却益が消去されれば，子会社の当期純利益が同額だけ減少するので，非支配株主に帰属する当期純利益も，持分比率に応じて減少します。同様に固定資産売却損が消去されれば，子会社の当期純利益は同額だけ増加するので，非支配株主に帰属する当期純利益は，持分比率に応じて増加します。そのため，アップ・ストリームの場合の連結修正仕訳として非支配株主に帰属する当期純利益を修正する仕訳が追加されます。

(1)　固定資産売却益を計上していた場合（アップ・ストリームのケース）

| （借） | 固定資産売却益 | ×××　 | （貸） | 土　　　　　地 | ××× |
| （借） | 非支配株主持分
(非支配株主持分当期変動額) | ×××　 | （貸） | 非支配株主に帰属
する当期純利益 | ××× |

(2)　固定資産売却損を計上していた場合（アップ・ストリームのケース）

| （借） | 土　　　　　地 | ×××　 | （貸） | 固定資産売却損 | ××× |
| （借） | 非支配株主に帰属
する当期純利益 | ×××　 | （貸） | 非支配株主持分
(非支配株主持分当期変動額) | ××× |

17

連結
会計

7　連結精算表 ···

　連結精算表は，連結財務諸表を作成するために連結の手続を一覧できるようにまとめたものです。連結上必要となる仕訳はあくまで個別財務諸表を修正する形で行われるため，日常の取引が記入される仕訳帳や総勘定元帳では全く記入されません。そこで，連結精算表を便宜的に作成し，内部で使用することになります。したがって，連結精算表では親会社と子会社のそれぞれの個別財務諸表の金額をもとに修正および消去を行い，最終的に連結財務諸表の金額を導き出します。

　連結精算表の形式は，一般に連結貸借対照表，連結損益計算書および連結株主資本等変動計算書の順に各財務諸表の項目が縦に並べられます。まず，連結貸借対照表の項目のみの連結精算表の形式を示します。

273

連結精算表 (単位:千円)

科　目	個別貸借対照表		修正・消去		連　結貸借対照表
	P　社	S　社	借　方	貸　方	
諸　　資　　産	×××	×××			×××
子 会 社 株 式	×××			×××	
の　　れ　　ん			×××		×××
	×××	×××	×××	×××	×××
諸　　負　　債	×××	×××			×××
資　　本　　金	×××	×××	×××		×××
利 益 剰 余 金	×××	×××	×××		×××
非支配株主持分				×××	×××
	×××	×××	×××	×××	×××

　連結修正仕訳を「修正・消去」欄に記入し，P社およびS社の個別財務諸表の数値に加算・減算して連結財務諸表上の数値を求めます。

例題17-8

　P社は，20X1年3月31日にS社の発行済株式総数の70％の株式を640,000千円で取得して支配を獲得し，それ以降S社を連結子会社として連結財務諸表を作成している。なお，P社およびS社の会計年度は4月1日より翌年3月31日までの1年間である。S社は配当を行っていない。また，のれんは発生時の翌期から10年間で均等償却を行う。

　20X1年3月31日のS社の個別貸借対照表は，次のとおりであった。

貸借対照表

S社	20X1年3月31日		（単位:千円）
諸　資　産	1,000,000	諸　負　債	200,000
		資　本　金	500,000
		資本剰余金	100,000
		利益剰余金	200,000
	1,000,000		1,000,000

　20X2年3月31日現在，S社の商品にはP社から仕入れたものが40,000千円含まれている。P社がS社に販売する商品の売上総利益率は25％であった。

また，P社の売掛金にはS社に対する売掛金30,000千円が含まれている。P社は，期末時点での売掛金に対して1％の貸倒引当金を設定している。

　20X1年度（20X1年4月1日〜20X2年3月31日）における連結精算表（連結貸借対照表のみ）を作成しなさい。[　　　]には，適切な語を記入しなさい。

連　結　精　算　表

（単位：千円）

科　　目	個別財務諸表		修正・消去		連　結
	P　社	S　社	借　方	貸　方	貸借対照表
諸　　資　　産	1,483,000	1,121,000			
売　　掛　　金	300,000	100,000			
貸 倒 引 当 金	△　3,000	△　1,000			
商　　　　　品	350,000	180,000			
子 会 社 株 式	640,000				
[　　　　　]					
	2,770,000	1,400,000			
諸　　負　　債	700,000	460,000			
買　　掛　　金	170,000	90,000			
資　　本　　金	1,000,000	500,000			
資 本 剰 余 金	240,000	100,000			
利 益 剰 余 金	660,000	250,000			
[　　　]株主持分					
	2,770,000	1,400,000			

😊解答へのアプローチ

　連結精算表の修正・消去欄に記入すべき仕訳は，次のとおりです（以下，仕訳の金額は千円単位）。

(1)　子会社の資本と親会社の投資の相殺消去（資本連結）

	（借）	資　　本　　金	500,000	（貸）	子 会 社 株 式	640,000
		資 本 剰 余 金	100,000		非支配株主持分	240,000
		利 益 剰 余 金	200,000			
		の　れ　ん	80,000			

まず，親会社による投資と子会社の資本を相殺消去し，子会社の資本の30％部分は非支配株主持分に振り替えます。その上で，Ｓ社株式の取得原価と子会社の資本の70％との差額80,000千円をのれんとして計上します。

(2) のれんの償却

（借）利 益 剰 余 金　　8,000　（貸）の　　れ　　ん　　8,000

問題文の指示により，のれんは発生した期の翌期から10年間にわたり毎期均等額を償却しますので，80,000千円の10分の１である8,000千円を償却します。

連結修正仕訳の借方は，本来，のれん償却とすべきですが，本問は連結貸借対照表のみの連結精算表のため，利益剰余金を減額させます。

(3) 当期純損益の振替え

（借）利 益 剰 余 金　　15,000　（貸）非支配株主持分　　15,000

Ｓ社は20X1年度に配当を行っていないことから，２期間のＳ社の個別貸借対照表の利益剰余金の増加額50,000（＝250,000－200,000）千円がＳ社の20X1年度に獲得した当期純利益となります。したがって，非支配株主に帰属する当期純利益は，15,000千円（＝50,000千円×30％）と求められます。

連結修正仕訳の借方は，本来，非支配株主に帰属する当期純利益とすべきですが，本問は連結貸借対照表のみの連結精算表のため，利益剰余金を減額させます。

(4) 商品に含まれている未実現利益の消去

（借）利 益 剰 余 金　　10,000　（貸）商　　　　品　　10,000

Ｐ社よりＳ社が仕入れた商品のうち，まだ外部に販売されていないものについては，Ｐ社が計上した利益は未実現のため，連結会計にあたり，消去されなければなりません。消去すべき未実現利益は10,000千円（＝40,000千円×売上総利益率25％）となります。

連結修正仕訳の借方は，本来，売上原価とすべきですが，本問は連結貸借対照表のみの連結精算表ですので，利益剰余金を減額させています。

なお，本問では求められませんが，親子会社間の商品売買取引は内部取引ですので，売上高と売上原価の相殺消去の連結修正仕訳が行われています。

（参考）

（借）売　　上　　高　　×××　（貸）売　上　原　価　　×××

(5)　債権（売掛金）と債務（買掛金）の相殺消去

　　（借）買　　掛　　金　　30,000　（貸）売　　掛　　金　　30,000

　連結会社間の商品売買に伴って生じた売上債権および仕入債務の期末残高
は，企業集団内のもののため，連結会計にあたって相殺消去します。

(6)　貸倒引当金の修正

　　（借）貸 倒 引 当 金　　　300　（貸）利 益 剰 余 金　　　300

　売掛金の金額が30,000千円減少しているので，それにともなって貸倒引当金
をその１％にあたる300千円減少させます。

　連結修正仕訳の貸方は，本来，貸倒引当金繰入とすべきですが，本問は連結
貸借対照表のみの連結精算表のため，費用の減額によって利益が増えた結果，
利益剰余金を増額させます。

(7)　連結精算表の記入

　上記の連結修正仕訳を連結精算表の修正・消去欄に記入します。修正・消去
欄の借方と貸方の合計は必ず一致します。最後に，Ｐ社とＳ社の個別財務諸表
の金額に修正・消去欄の金額を加減して連結財務諸表（連結貸借対照表）の金
額を算出します。

連 結 精 算 表 (単位:千円)

| 科　目 | 個別財務諸表 | | 修正・消去 | | 連　結 |
	P　社	S　社	借　方	貸　方	貸借対照表
諸　資　産	1,483,000	1,121,000			2,604,000
売　掛　金	300,000	100,000		30,000	370,000
貸 倒 引 当 金	△ 3,000	△ 1,000	300		△ 3,700
商　品	350,000	180,000		10,000	520,000
子 会 社 株 式	640,000			640,000	
［の　れ　ん］			80,000	8,000	72,000
	2,770,000	1,400,000	80,300	688,000	3,562,300
諸　負　債	700,000	460,000			1,160,000
買　掛　金	170,000	90,000	30,000		230,000
資　本　金	1,000,000	500,000	500,000		1,000,000
資 本 剰 余 金	240,000	100,000	100,000		240,000
利 益 剰 余 金	660,000	250,000	200,000	300	677,300
			8,000		
			15,000		
			10,000		
［非支配］株主持分				240,000	255,000
				15,000	
	2,770,000	1,400,000	863,000	255,300	3,562,300

　連結貸借対照表に加えて連結損益計算書および連結株主資本等変動計算書が含まれている場合の連結精算表では，基本的に「連結損益計算書」⇒「連結株主資本等変動計算書」⇒「連結貸借対照表」の流れで作成します。

　すなわち，最初に連結損益計算書の行を完成して当期純利益を求め，その当期純利益から非支配株主に帰属する当期純利益を差し引いて親会社株主に帰属する当期純利益を算出します。その上で，親会社株主に帰属する当期純利益を連結株主資本等変動計算書の欄に移記して利益剰余金当期末残高を算出し，その金額を連結貸借対照表欄の利益剰余金に移記します。さらに，非支配株主持分についても当期首残高に当期変動額を加減し当期末残高を連結株主資本等変動計算書にて算出し，その額を連結貸借対照表に移記します。

次の資料にもとづいて，20X1年度（20X1年4月1日～20X2年3月31日）における連結精算表を作成しなさい。

[資　料] ┈┈┈┈┈┈┈┈┈┈┈┈┈┈┈┈┈┈┈┈┈┈┈┈┈┈┈┈┈┈┈┈

1．P社は20X1年3月31日にS社の発行済株式総数（10,000株）の70％を1,050,000千円で取得して支配を獲得し，S社を連結子会社とした。また，のれんについては，支配獲得の翌年度から20年間にわたり定額法にて償却を行う。

2．20X1年3月31日のS社の個別貸借対照表は，次のとおりである。

S社の個別貸借対照表
20X1年3月31日　　　　　　　　　　（単位：千円）

諸　資　産	2,000,000	諸　負　債	900,000
		資　本　金	500,000
		資本剰余金	200,000
		利益剰余金	400,000
	2,000,000		2,000,000

3．当期よりS社はP社に対して商品を販売しており，その売上高は860,000千円である。20X2年3月31日現在，P社の商品にはS社から仕入れたものが24,000千円含まれている。S社がP社に販売する商品の利益付加率は，20％であった。

4．20X2年3月31日現在，P社の買掛金のうちS社に対するものは36,000千円である。なお，S社は，P社に対する売掛金について貸倒引当金を設定していない。

5．当期中において，P社は300,000千円，S社は100,000千円の配当を実施した。

連 結 精 算 表

科 目	個別財務諸表		修正・消去		連結財務諸表
	P 社	S 社	借 方	貸 方	
貸 借 対 照 表					連結貸借対照表
諸 資 産	2,580,000	1,710,000			
売 掛 金	420,000	160,000			
商 品	390,000	230,000			
S 社 株 式	1,050,000				
の れ ん					
資 産 合 計	4,440,000	2,100,000			
諸 負 債	2,000,000	650,000			
買 掛 金	470,000	300,000			
資 本 金	1,000,000	500,000			
資 本 剰 余 金	300,000	200,000			
利 益 剰 余 金	670,000	450,000			
非支配株主持分					
負債・純資産合計	4,440,000	2,100,000			
損 益 計 算 書					連結損益計算書
売 上 高	6,560,000	2,370,000			
売 上 原 価	5,460,000	1,870,000			
販売費及び一般管理費	720,000	330,000			
の れ ん 償 却					
受 取 配 当 金	80,000	10,000			
支 払 利 息	50,000	30,000			
当 期 純 利 益	410,000	150,000			
非支配株主に帰属する当期純利益					
親会社株主に帰属する当期純利益	410,000	150,000			
株主資本等変動計算書					連結株主資本等変動計算書
利益剰余金当期首残高	560,000	400,000			
配 当 金	300,000	100,000			
親会社株主に帰属する当期純利益	410,000	150,000			
利益剰余金当期末残高	670,000	450,000			
非支配株主持分当期首残高					
非支配株主持分当期変動額					
非支配株主持分当期末残高					

※ 株主資本等変動計算書は，利益剰余金と非支配株主持分の変動のみを記入するものとする。

連結精算表の修正・消去欄に記入すべき連結修正仕訳は，次のとおりです（以下，仕訳の金額は千円単位）。

(1) 開始仕訳

(借) 資　　本　　金	500,000	(貸) S　社　株　式	1,050,000
資　本　剰　余　金	200,000	非支配株主持分当期首残高	330,000
利益剰余金当期首残高	400,000		
の　　れ　　ん	280,000		

のれん＝S社株式1,050,000千円－S社資本1,100,000千円×70％＝280,000千円

非支配株主持分当期首残高＝S社資本1,100,000×30％＝330,000千円

本問では，連結株主資本等変動計算書の作成も求められているので，利益剰余金と非支配株主持分は当期首残高，当期変動額および当期末残高と分けて連結修正仕訳を行います。

(2) のれんの償却

(借) の れ ん 償 却	14,000	(貸) の　　れ　　ん	14,000

のれん280,000千円÷20年＝14,000千円

(3) S社の配当金の授受

(借) 受 取 配 当 金	70,000	(貸) 配　　当　　金	100,000
非支配株主持分当期変動額	30,000		

(4) 当期純損益の振替え

(借) 非支配株主に帰属する当期純利益	45,000	(貸) 非支配株主持分当期変動額	45,000

非支配株主に帰属する当期純利益＝150,000千円×30％

(5) 商品に含まれている未実現利益の消去（アップ・ストリーム）

(借) 売 上 原 価	4,000	(貸) 商　　　　　品	4,000
(借) 非支配株主持分当期変動額	1,200	(貸) 非支配株主に帰属する当期純利益	1,200

未実現利益＝24,000千円÷1.2×0.2＝4,000千円

非支配株主持分への負担額4,000千円×30％＝1,200千円

(6) 内部取引の相殺消去

(借) 売　　上　　高	860,000	(貸) 売 上 原 価	860,000

(7) 債権・債務の相殺消去

(借) 買　掛　金　36,000　(貸) 売　掛　金　36,000

なお，本問では，S社はP社に対する売掛金に対し，貸倒引当金を設定していないので，連結修正仕訳は不要です。

(8) 連結精算表の記入

損益計算書の行の修正・消去欄から「親会社株主に帰属する当期純利益」の428,200千円を算出し，これを株主資本等変動計算書の「親会社株主に帰属する当期純利益」の行に移記します（①の点線を参照）。また，利益剰余金当期首残高から配当金を減算し，親会社株主に帰属する当期純利益を加えて利益剰余金当期末残高688,200千円を算出し，これを貸借対照表の利益剰余金の行に移記します（②の実線を参照）。

さらに，非支配株主持分も利益剰余金と同様に当期首残高に当期変動額を加減して当期末残高を求め，貸借対照表の非支配株主持分の行に移記します（③の破線を参照）。最後に，貸借対照表の資産の合計と負債・純資産合計が一致しているか確かめます。

連 結 精 算 表

科　　　目	金　　額		修正・消去		連結財務諸表
	P　社	S　社	借　方	貸　方	
貸 借 対 照 表					連結貸借対照表
諸　　資　　産	2,580,000	1,710,000			4,290,000
売　　掛　　金	420,000	160,000		36,000	544,000
商　　　　　品	390,000	230,000		4,000	616,000
S　社　株　式	1,050,000			1,050,000	
の　　れ　　ん			280,000	14,000	266,000
資　産　合　計	4,440,000	2,100,000	280,000	1,104,000	5,716,000
諸　　負　　債	2,000,000	650,000			2,650,000
買　　掛　　金	470,000	300,000	36,000		734,000
資　　本　　金	1,000,000	500,000	500,000		1,000,000
資 本 剰 余 金	300,000	200,000	200,000		300,000
利 益 剰 余 金	670,000	450,000	→1,393,000	→961,200	→688,200
非支配株主持分			→31,200	→375,000	343,800 ←
負債・純資産合計	4,440,000	2,100,000	2,160,200	1,336,200	5,716,000
損 益 計 算 書			③	③	連結損益計算書 ③
売　　上　　高	6,560,000	2,370,000	860,000		8,070,000
売　上　原　価	5,460,000	1,870,000	4,000	860,000	6,474,000
販売費及び一般管理費	720,000	330,000	②	②	② 1,050,000
の れ ん 償 却			14,000		14,000
受 取 配 当 金	80,000	10,000	70,000		20,000
支　払　利　息	50,000	30,000			80,000
当 期 純 利 益	410,000	150,000	948,000	860,000	472,000
非支配株主に帰属する当期純利益			45,000	1,200	43,800
親会社株主に帰属する当期純利益	410,000	150,000	993,000‥‥	861,200‥‥	428,200‥‥
株主資本等変動計算書			①	①	連結株主資本等変動計算書 ①
利益剰余金当期首残高	560,000	400,000	400,000		560,000
配　　当　　金	300,000	100,000		100,000	300,000
親会社株主に帰属する当期純利益	410,000	150,000	993,000 ←	861,200 ←	428,200 ←
利益剰余金当期末残高	670,000	450,000	1,393,000	961,200	688,200
非支配株主持分当期首残高				330,000	330,000
非支配株主持分当期変動額			30,000	45,000	13,800
			1,200		
非支配株主持分当期末残高			31,200	375,000	343,800

17

連
結
会
計

8 連結財務諸表の作成 ·······························

外部報告用として，企業集団の一定時点における財政状態や一定期間の経営成績などを示すため，連結財務諸表が作成・公表されます。連結財務諸表には種々のものがありますが，ここでは，連結貸借対照表と連結損益計算書を中心に学びます。

❶ 連結貸借対照表

連結貸借対照表は，企業集団の一定時点における財政状態を示す書類です。個別貸借対照表と同様に，勘定の形式で示す勘定式と縦に並べる報告式があります。連結貸借対照表は，資産の部，負債の部および純資産の部が設けられ，資産の部は，流動資産と固定資産に，負債の部は流動負債と固定負債に区分される点も個別貸借対照表と共通です。ただし，投資と資本の相殺消去で生じたのれんは会社の合併で生じたのれんと同じように無形固定資産に計上されます。

連結貸借対照表の表示科目についても，基本的に個別貸借対照表と同じですが，企業集団の財政状態について誤解を与えない限り，科目を集約して表示することができます。たとえば，「受取手形及び売掛金」，「商品及び製品」あるいは「支払手形及び買掛金」などのように表示することもあります。また，個別貸借対照表の退職給付引当金（または前払年金費用）は，連結貸借対照表では**退職給付に係る負債**（または**退職給付に係る資産**）という表示科目が用いられています。

また，純資産の部では，株主資本については個別貸借対照表と基本的に同じですが，資本剰余金と利益剰余金の合計額のみを一括して記載し，資本準備金やその他資本剰余金，利益準備金とその他利益剰余金といった内訳を示しません。また，個別貸借対照表の評価・換算差額等は，連結貸借対照表ではその他の包括利益累計額となります。包括利益の概念は，1級の出題範囲です。また，連結特有の項目として純資産の部に非支配株主持分が表示されます。

以上，報告式の連結貸借対照表の様式を示せば，次のとおりとなります。

連結貸借対照表

○○株式会社　　　　　　20X1年3月31日

【 資 産 の 部 】

I　流 動 資 産
　　現金及び預金　　　　　　×××
　　受取手形及び売掛金　　　×××
　　商品及び製品　　　　　　×××
　　…　　　　　　　　　　　×××　　　　　×××
II　固 定 資 産
　有形固定資産
　　建物及び構築物　　　　　×××
　　…　　　　　　　　　　　…　　　　　　×××
　無形固定資産
　　のれん　　　　　　　　　×××
　　…　　　　　　　　　　　…　　　　　　×××
　投資その他の資産
　　関係会社株式　　　　　　×××
　　投資有価証券　　　　　　×××
　　…　　　　　　　　　　　×××　　　　　×××
　資 産 合 計　　　　　　　　　　　　　　×××

【 負 債 の 部 】

I　流 動 負 債
　　支払手形及び買掛金　　　×××
　　短期借入金　　　　　　　×××
　　…　　　　　　　　　　　×××　　　　　×××
II　固 定 負 債
　　長期借入金　　　　　　　×××
　　退職給付に係る負債　　　×××
　　…　　　　　　　　　　　×××　　　　　×××
　負 債 合 計　　　　　　　　　　　　　　×××

【 純 資 産 の 部 】

I　株 主 資 本
　　資 本 金　　　　　　　　×××
　　資本剰余金　　　　　　　×××
　　利益剰余金　　　　　　　×××　　　　　×××
II　その他の包括利益累計額
　　その他有価証券評価差額金　×××　　　　×××
III　非支配株主持分　　　　　　　　　　　×××
　純 資 産 合 計　　　　　　　　　　　　×××
　負債・純資産合計　　　　　　　　　　　×××

❷ 連結損益計算書

　連結損益計算書は，企業集団の一定期間の経営成績を示す書類です。個別損益計算書と同様に，勘定の形式で示す勘定式と縦に並べる報告式があります。連結損益計算書は，売上高から特別利益・特別損失までは，個別損益計算書の表示方法と違いがありません。しかし，連結損益計算書では，経常利益（損失）に特別利益と特別損失を加減算して，**税金等調整前当期純利益（損失）** を算出します。そこから法人税，住民税及び事業税を差し引き，当期純利益（損失）を算出します。さらに非支配株主に帰属する当期純利益を控除して**親会社株主に帰属する当期純利益**を算出します。

　以上，報告式の連結損益計算書の様式を示せば，次のとおりとなります。

連結損益計算書

〇〇株式会社

自20X0年4月1日　至20X1年3月31日まで

Ⅰ	売上高	×××
Ⅱ	売上原価	×××
	売上総利益	×××
Ⅲ	販売費及び一般管理費	×××
	営業利益	×××
Ⅳ	営業外収益	×××
Ⅴ	営業外費用	×××
	経常利益	×××
Ⅵ	特別利益	
	負ののれん発生益	×××
Ⅶ	特別損失	×××
	税金等調整前当期純利益	×××
	法人税,住民税及び事業税	×××
	当期純利益	×××
	非支配株主に帰属する当期純利益	×××
	親会社株主に帰属する当期純利益	×××

❸ 連結株主資本等変動計算書

　連結株主資本等変動計算書は，連結貸借対照表の純資産の部における株主資本やその他の項目の期中における変動を表示する書類です。ただし，連結貸借対照表と同様に，個別の株主資本等変動計算書における評価・換算差額等が連結株主資本等変動計算書ではその他の包括利益累計額とされる点，資本剰余金と利益剰余金が細分化されない点および非支配株主持分の欄が加わる点で異なりますが，個別の株主資本等変動計算書と同様に，当期首残高に当期変動額を加算または減算し，当期末残高を求める様式となります。

例題17−10

　次の［資料］にもとづき，連結第2年度（20X1年4月1日から20X2年3月31日）の連結損益計算書および連結貸借対照表を作成しなさい（P社・S社ともに決算日は3月31日）。

［資　料］‥‥‥‥‥‥‥‥‥‥‥‥‥‥‥‥‥‥‥‥‥‥‥‥‥‥‥‥‥‥‥‥‥

1. P社は20X0年3月31日にS社の発行済株式総数（10,000株）のうち8,000株を420,000千円で取得して支配を獲得し，それ以降S社を連結子会社として連結財務諸表を作成している。なお，P社のS社に対する持分の変動はない。のれんは，支配獲得時の翌年度から10年間で均等償却を行っている。

　　20X0年3月31日（支配獲得時）のS社の個別貸借対照表は，次のとおりであった。

貸借対照表

S社　　　　　　　20X0年3月31日　　　　　（単位：千円）

諸　資　産	900,000	諸　負　債	500,000
		資　本　金	250,000
		資本剰余金	100,000
		利益剰余金	50,000
	900,000		900,000

　　S社の連結第1年度（20X0年4月1日から20X1年3月31日）の当期純利益は70,000千円であり，配当を行っていない。

2．P社とS社の連結第2年度末の貸借対照表および連結第2年度の損益計算
　　書は，次のとおりである。

貸借対照表
20X2年3月31日　　　　　　　　　　（単位：千円）

資　　産	P社	S社	負債・純資産	P社	S社
現 金 預 金	262,000	106,000	支 払 手 形	300,000	180,000
売 　掛　 金	600,000	300,000	買 　掛　 金	160,000	130,000
貸 倒 引 当 金	△12,000	△6,000	長 期 借 入 金	450,000	160,000
商 　　　 品	530,000	270,000	資 　本　 金	1,000,000	250,000
固 定 資 産	500,000	320,000	資 本 剰 余 金	100,000	100,000
S 社 株 式	420,000	－	利 益 剰 余 金	290,000	170,000
	2,300,000	990,000		2,300,000	990,000

損益計算書
20X1年4月1日〜20X2年3月31日（単位：千円）

	P 社	S 社
売 　　　　上　　　　 高	2,540,000	1,800,000
売 　　　上　　　 原　　 価	1,890,000	1,390,000
売 上 総 利 益	650,000	410,000
販 売 費 及 び 一 般 管 理 費	430,000	290,000
営 業 利 益	220,000	120,000
営 　業　 外 　収　 益	110,000	60,000
営 　業　 外 　費　 用	160,000	100,000
当 期 純 利 益	170,000	80,000

3．連結第2年度（20X1年4月1日から20X2年3月31日）において，S社
　　は利益剰余金を財源として30,000千円の配当を行っている。

4．上記の他，連結会社間で次の事項が判明している。

　　i）　連結会社間の債権・債務の相殺消去

　　　　P社は売掛金期末残高600,000千円に対して2％の貸倒引当金を設定
　　　　している。売掛金期末残高のうち50,000千円はS社に対するものである。

　　ii）　連結会社間の内部取引高の相殺消去

　　　　P社は連結第1年度よりS社に対して商品を販売しており，連結第2年
　　　　度の売上高は460,000千円（S社のP社からの当期仕入高は460,000千

円）である。

iii） 未実現利益の消去

　　P社はS社に対して仕入金額に15％の利益を付加して商品を販売しており，連結第1年度および連結第2年度とも一定である。

　　連結第2年度において，S社が保有する期首商品のうち，P社から仕入れた金額は92,000千円であり，S社が保有する期末商品のうち，P社から仕入れた金額は115,000千円である。

連結損益計算書
20X1年4月1日～20X2年3月31日（単位：千円）

売　　　　上　　　　高	（　　　　　　　　）
売　　上　　原　　価	（　　　　　　　　）
売　上　総　利　益	（　　　　　　　　）
販　売　費　及　び　一　般　管　理　費	（　　　　　　　　）
営　業　利　益	（　　　　　　　　）
営　業　外　収　益	（　　　　　　　　）
営　業　外　費　用	（　　　　　　　　）
当　期　純　利　益	（　　　　　　　　）
非支配株主に帰属する当期純利益	（　　　　　　　　）
親会社株主に帰属する当期純利益	（　　　　　　　　）

連結貸借対照表
20X2年3月31日　　　（単位：千円）

【資産の部】

現　　金　　預　　金	（　　　　　　　　）
売　　　掛　　　金	（　　　　　　　　）
貸　倒　引　当　金	（△　　　　　　　）
商　　　　　　　品	（　　　　　　　　）
固　　定　　資　　産	（　　　　　　　　）
の　　　れ　　　ん	（　　　　　　　　）
資　産　の　部　合　計	（　　　　　　　　）

【負債の部】

支　　払　　手　　形	（　　　　　　　　）

買 掛 金	(		)
長 期 借 入 金	(		)
負 債 の 部 合 計	(		)

【純資産の部】

資 本 金	(		)
資 本 剰 余 金	(		)
利 益 剰 余 金	(		)
非 支 配 株 主 持 分	(		)
純 資 産 の 部 合 計	(		)
負 債 ・ 純 資 産 合 計	(		)

(◡) 解答へのアプローチ　　（仕訳の数値は千円単位）

本問は，連結損益計算書と連結貸借対照表の作成だけが求められ，連結株主資本等変動計算書は要求されていないため，以下の連結修正仕訳は，連結株主資本等変動計算書の項目を用いていません。

(1) 開始仕訳（連結第1年度にかかる連結修正仕訳）

① 投資と資本の相殺消去（資本連結）

(借)	資 本 金	250,000	(貸)	S 社 株 式	420,000
	資 本 剰 余 金	100,000		非支配株主持分	80,000
	利 益 剰 余 金	50,000			
	の れ ん	100,000			

② のれんの償却

(借)	利 益 剰 余 金	10,000	(貸)	の れ ん	10,000

③ 連結第1年度の当期純利益の非支配株主持分への振替え

(借)	利 益 剰 余 金	14,000	(貸)	非支配株主持分	14,000

• 非支配株主持分当期首残高：70,000千円 × 20% $\left[100\% - 80\% \left(\dfrac{8,000株}{10,000株} \right) \right]$ = 14,000千円

以上①から③をまとめたものが，開始仕訳になります。

(借)	資 本 金	250,000	(貸)	S 社 株 式	420,000
	資 本 剰 余 金	100,000		非支配株主持分	94,000
	利 益 剰 余 金	74,000			
	の れ ん	90,000			

(2) 連結第2年度にかかる連結修正仕訳

① のれんの償却

（借）の れ ん 償 却 　　10,000 　　（貸）の 　れ 　ん 　　10,000
　　　（販売費及び一般管理費）

② 当期純利益の非支配株主持分への振替え

（借）非支配株主に帰属する当期純利益 　16,000 　　（貸）非支配株主持分 　16,000

・非支配株主に帰属する当期純利益：80,000千円×20%

③ 配当金の授受

（借）受 取 配 当 金 　　24,000 *1 　（貸）配 　当 　金 　　30,000
　　　（営業外収益） 　　　　　　　　　　（利益剰余金）

　　　非支配株主持分 　　6,000 *2

*1 30,000千円×80%＝24,000千円

*2 30,000千円×20%＝6,000千円

④ 商品売買の相殺消去

（借）売 　上 　高 　　460,000 　（貸）売 上 原 価 　　460,000

⑤ 未実現利益の消去

㈠ 期首商品に係る未実現利益の消去

　まず，期首商品に含まれている未実現利益を消去します。

（借）利 益 剰 余 金 　　12,000 　（貸）商 　　　　品 　　12,000 −(a)

　次に，売上原価に振り替えた分に含まれている未実現利益も消去します。

（借）商 　　　　品 　　12,000 　（貸）売 上 原 価 　　12,000 −(b)

　上記(a)と(b)を合わせ商品を相殺したものが，期首商品に係る未実現利益の消去に関する連結修正仕訳になります。

（借）利 益 剰 余 金 　　12,000 　（貸）売 上 原 価 　　12,000

・$92,000千円 \times \dfrac{15\%}{100\% + 15\%} = 12,000千円$

㈡ 期末商品に係る未実現利益の消去

（借）売 上 原 価 　　15,000 　（貸）商 　　　　品 　　15,000

・$115,000千円 \times \dfrac{15\%}{100\% + 15\%} = 15,000千円$

⑥ 債権債務の相殺消去

（借）買 　掛 　金 　　50,000 　（貸）売 　掛 　金 　　50,000

⑦ 貸倒引当金の修正

| (借) 貸 倒 引 当 金 | 1,000 | (貸) 貸倒引当金繰入
（販売費及び一般管理費） | 1,000 |

・貸倒引当金の修正額：50,000千円×2％＝1,000千円

　以上をふまえて，連結損益計算書および連結貸借対照表を作成します。

連結貸借対照表の利益剰余金は，

㋐ 期首残高 154,000 千円

　[P社 108,000 千円（期末 290,000 千円－期首商品の内部利益消去分 12,000 千円－当期純利益 170,000 千円）＋ S社 120,000 千円（期末 170,000 千円－当期純利益 80,000 千円＋期中配当額 30,000 千円）－開始仕訳での減額分 74,000 千円] に

㋑ 当期増加高（親会社株主に帰属する当期純利益）198,000 千円

　[P社当期純利益 170,000 千円＋ S社当期純利益 80,000 千円－非支配株主に帰属する当期純利益 16,000 千円－受取配当金消去分 24,000 千円＋期首商品の内部利益消去分（売上原価）12,000 千円－期末商品の内部利益消去分（売上原価）15,000 千円＋貸倒引当金繰入減少分 1,000 千円－のれん償却 10,000 千円]

を加えた 352,000 千円と求められます。

[解　答]‥‥‥‥‥‥‥‥‥‥‥‥‥‥‥‥‥‥‥‥‥‥‥‥‥‥‥‥‥‥‥‥‥‥‥‥‥

連結損益計算書
20X1年4月1日～20X2年3月31日（単位：千円）

売　　　　　上　　　　　高	3,880,000
売　　　上　　　原　　　価	2,823,000
売　上　総　利　益	1,057,000
販 売 費 及 び 一 般 管 理 費	729,000
営　業　利　益	328,000
営　業　外　収　益	146,000
営　業　外　費　用	260,000
当　期　純　利　益	214,000
非支配株主に帰属する当期純利益	16,000
親会社株主に帰属する当期純利益	198,000

連結貸借対照表

20X2年3月31日 （単位：千円）

【資産の部】

現　　金　　預　　金	368,000
売　　　掛　　　金	850,000
貸　倒　引　当　金	△17,000
商　　　　　　　品	785,000
固　　定　　資　　産	820,000
の　　　れ　　　ん	80,000
資　産　の　部　合　計	2,886,000

【負債の部】

支　　払　　手　　形	480,000
買　　　掛　　　金	240,000
長　期　借　入　金	610,000
負　債　の　部　合　計	1,330,000

【純資産の部】

資　　　本　　　金	1,000,000
資　本　剰　余　金	100,000
利　益　剰　余　金	352,000
非　支　配　株　主　持　分	104,000
純　資　産　の　部　合　計	1,556,000
負　債・純　資　産　合　計	2,886,000

17

連結会計

2級　商業簿記
基本問題／応用問題　解答・解説

銀行勘定調整表

当社の当座預金勘定残高	664,000	銀行の残高証明書残高	650,000
（加算）②回収未通知	21,000	（加算）④時間外預入	69,000
（減算）①誤記入	3,000	（減算）③未取付小切手	37,000
	682,000		682,000

［修正仕訳］

①	（借）支 払 手 数 料	3,000	（貸）当 座 預 金	3,000
②	（借）当 座 預 金	21,000	（貸）売 掛 金	21,000

解 説

本問の形式の銀行勘定調整表の場合，「当社の当座預金勘定」に加減算される項目が，修正仕訳の対象となります。①は誤記入の修正，②は売掛金回収の未記入を修正する必要があります。

基本問題 2-2

(1)	（借）当 座 預 金	200,000	（貸）売 上	900,000
	売 掛 金	700,000		
(2)	（借）当 座 預 金	680,000	（貸）売 掛 金	700,000
	債 権 売 却 損	20,000		

解 説

(1) 当店振出しの小切手を受領した場合には，当座預金口座からの引き出しが行われなかったので当座預金の借方記入で処理します。

(2) 譲渡する債権の金額と売却額（振り込まれた金額）との差額は，債権売却損勘定で処理します。

基本問題 3-1

(1)	（借）買 掛 金	800,000	（貸）受 取 手 形	800,000
(2)	（借）当 座 預 金	480,000	（貸）受 取 手 形	500,000
	手 形 売 却 損	20,000		

基本問題 3-2

（借）受 取 手 形 307,000 （貸）受 取 手 形 300,000
　　　　　　　　　　　　　　　　 受 取 利 息 7,000

解説

　本問では，支払遅延にともなう利息については，更改時に現金で授受され
ず手形金額に含めます。

基本問題 3-3

(1)（借）不 渡 手 形 605,000 （貸）当 座 預 金 605,000
(2)（借）不 渡 手 形 500,400 （貸）当 座 預 金 500,400
(3)（借）不 渡 手 形 10,000 （貸）当 座 預 金 10,000
(4)（借）当 座 預 金 512,000 （貸）不 渡 手 形 510,400
　　　　　　　　　　　　　　　　 受 取 利 息 1,600

解説

　(1)(2)(3)のように手形を裏書・割引した企業が，当該手形の不渡りによって
遡求を受け請求額を支払ったときには，その後の償還請求にかかった諸費用
も合わせて，不渡手形勘定の借方に記入します。

基本問題 3-4

(1)（借）土 地 2,400,000 （貸）受 取 手 形 500,000
　　　　　　　　　　　　　　　　 営業外支払手形 1,700,000
　　　　　　　　　　　　　　　　 当 座 預 金 200,000
(2)（借）営業外支払手形 1,700,000 （貸）当 座 預 金 1,700,000
(3)（借）営業外受取手形 250,000 （貸）備 品 800,000
　　　　備品減価償却累計額 512,000
　　　　固定資産売却損 38,000
(4)（借）当 座 預 金 250,000 （貸）営業外受取手形 250,000

解説

(1) 事業用の土地の取得（商品売買以外の取引）で振り出した約束手形は営
　業外支払手形勘定で処理します。

297

(3)　不用となった備品の売却（商品売買以外の取引）で受け取った約束手形
　　は営業外受取手形勘定で処理します。

【基本問題 3-5】

(1)	(借)	買　掛　金	200,000	(貸)	電子記録債務	200,000
(2)	(借)	電子記録債権	300,000	(貸)	売　掛　金	300,000
(3)	(借)	電子記録債務	200,000	(貸)	当　座　預　金	200,000
(4)	(借)	当　座　預　金	300,000	(貸)	電子記録債権	300,000
(5)	(借)	未　払　金	100,000	(貸)	電子記録債権	100,000
(6)	(借)	当　座　預　金	194,000	(貸)	電子記録債権	200,000
		電子記録債権売却損	6,000			
(7)	(借)	未　払　金	600,000	(貸)	営業外電子記録債務	600,000
(8)	(借)	営業外電子記録債権	250,000	(貸)	未　収　入　金	250,000

【解説】

　受取手形・支払手形の債権・債務と同様に考えます。(1)は債務の発生記録
を行うことにより電子記録債務勘定への貸方記入，(2)は債権の発生記録の通
知を受けて電子記録債権勘定への借方記入，(3)(4)は債権・債務の決済になり
ます。(5)(6)は電子記録債権の譲渡・割引であり，電子記録債権勘定の貸方記
入になります。(7)(8)は商品売買以外の取引で生じた債権・債務を電子化する
ので，営業外電子記録債権勘定・営業外電子記録債務勘定を用います。

【基本問題 4-1】

(借)	未　収　入　金	535,000	(貸)	売買目的有価証券	450,000
				有価証券売却益	85,000

【解説】

　1株当たりの単価は次のように計算されます。

$$帳簿単価 = \frac{1,500株 \times @¥200 + 2,500株 \times @¥220 + 2,000株 \times @¥250}{1,500株 + 2,500株 + 2,000株} = @¥225$$

　仕訳は売却と手数料の支払いを次のように分けて考えます。解答は売却代
金の受取りと手数料支払いを相殺しています。

[有価証券の売却]

（借）未 収 入 金　540,000　（貸）売買目的有価証券　450,000
　　　　　　　　　　　　　　　　　　有価証券売却益　　　90,000

[手数料の支払い]

（借）支 払 手 数 料　5,000　（貸）未 収 入 金　5,000

基本問題 4−2

[栃木商事]（借）普 通 預 金　2,934,000　（貸）売買目的有価証券　2,850,000
　　　　　　　　　　　　　　　　　　　　有価証券売却益　　60,000
　　　　　　　　　　　　　　　　　　　　有 価 証 券 利 息　24,000
[群馬商事]（借）売買目的有価証券　2,910,000　（貸）普 通 預 金　2,934,000
　　　　　　　有 価 証 券 利 息　24,000

解説

端数利息は次のように計算します。

$$端数利息 = ¥3,000,000 × 4.0\% × \frac{73日（10月1日〜12月12日）}{365日} = ¥24,000$$

栃木商事の仕訳について「売却」と「有価証券利息の受取り」に分けて考えます。

$$売却価額 = 額面総額¥3,000,000 × \frac{¥97}{¥100} = ¥2,910,000$$

（借）普 通 預 金　2,910,000　（貸）売買目的有価証券　2,850,000
　　　　　　　　　　　　　　　　　　有価証券売却益　　60,000
（借）普 通 預 金　24,000　（貸）有 価 証 券 利 息　24,000

基本問題 4−3

(1)（借）売買目的有価証券　800,000　（貸）有価証券評価損益　800,000
(2)（借）有価証券評価損益　50,000　（貸）売買目的有価証券　50,000

解説

有価証券評価損益勘定はそれぞれ次のように計算します。

解答・解説

(1) 時価＞帳簿価額（評価益になります）

有価証券評価損益＝（時価￥700／1株－帳簿価額￥500／1株）×4,000株＝￥800,000

(2) 時価＜帳簿価額（評価損になります）

有価証券評価損益＝帳簿価額－時価＝￥4,850,000－￥4,800,000＝￥50,000

$$帳簿価額＝額面総額￥5,000,000×\frac{97円}{100円}＝￥4,850,000$$

$$時\quad価＝額面総額￥5,000,000×\frac{96円}{100円}＝￥4,800,000$$

基本問題 4-4

（借）	満期保有目的債券	3,850,000	（貸）当 座 預 金	3,898,000
	有 価 証 券 利 息	48,000		

解説

端数利息は次のように計算します。

$$端数利息＝￥4,000,000×6.0\%×\frac{73日（4月1日～6月12日）}{365日}＝￥48,000$$

直前の利払日の翌日（4月1日）から売買日までの73日分の利息を端数利息として売り手に支払います。

$$満期保有目的債券の額＝額面総額￥4,000,000×\frac{95円}{100円}＋手数料￥50,000$$

$$＝￥3,850,000$$

基本問題 4-5

(1)	（借）	満期保有目的債券	3,916,000	（貸）当 座 預 金	3,916,000
(2)	（借）	普 通 預 金	40,000	（貸）有 価 証 券 利 息	40,000
(3)	（借）	満期保有目的債券	12,000	（貸）有 価 証 券 利 息	12,000

解説

(1) 取得原価で満期保有目的債券の借方に記入します。

$$\text{取得価額} = ¥4,000,000 \times \frac{¥97.9}{¥100} = ¥3,916,000$$

(2) 債券を保有することによって受け取った利息は有価証券利息勘定に計上します。

$$\text{各利払日の有価証券利息の金額} = \text{社債の額面総額} ¥4,000,000 \times 2\% \times \frac{6 \text{カ月}}{12 \text{カ月}}$$
$$= ¥40,000$$

(3) 取得から償還日までの保有期間の月数は42カ月です。取得から決算日まで6カ月経過しています。

$$\text{満期保有目的債券の増加額} = ¥4,000,000 \times \frac{¥100 - ¥97.9}{¥100} \times \frac{6 \text{カ月}}{42 \text{カ月}}$$
$$= ¥12,000$$

解答・解説

基本問題 4-6

(1)	（借）	満期保有目的債券	13,500	（貸）	有価証券利息	13,500
(2)	（借）	未収有価証券利息	15,000	（貸）	有価証券利息	15,000

解 説

(1) 取得から償還日までの保有期間の月数は36カ月です。取得価額と額面総額の差額を期間に応じて満期保有目的債券の金額に加減（本問では増額）します。

$$\text{満期保有目的債券の増加額} = (¥2,000,000 - ¥1,946,000) \times \frac{9 \text{カ月}}{36 \text{カ月}}$$
$$= ¥13,500$$

(2) 直近の20X1年12月31日の利払日（社債利札の期日）以後，20X2年1月1日から20X2年3月31日の3カ月分の有価証券利息が未収となっているので，これを計上します。

$$\text{未収有価証券利息の金額} = ¥2,000,000 \times 3\% \times \frac{3 \text{カ月}}{12 \text{カ月}} = ¥15,000$$

(1)	（借）	売買目的有価証券	1,000	（貸）	有価証券評価損益	1,000
	（借）	その他有価証券	2,000	（貸）	その他有価証券評価差額金	2,000
(2)	（借）	その他有価証券評価差額金	2,000	（貸）	その他有価証券	2,000

解 説

(1)　決算整理仕訳

　売買目的有価証券の有価証券評価損益は売買目的のA社株式とB社株式を合算します。

　　　A社株式の有価証券評価損益（評価益）＝¥1,500

　　　B社株式の有価証券評価損益（評価損）＝¥500

　その他有価証券のその他有価証券評価差額金はC社株式とD社株式を合算します。

　　　C社株式のその他有価証券評価差額金（貸方）＝¥3,000

　　　D社株式のその他有価証券評価差額金（借方）＝¥1,000

(2)　売買目的有価証券については切放処理により，期首に取得原価への戻しは行いません。

　その他有価証券についてのみ洗替処理により，期首に取得原価へ戻す処理を行います。

(1)	（借）	その他有価証券	230,000	（貸）	当 座 預 金	230,000
(2)	（借）	その他有価証券	480,000	（貸）	当 座 預 金	480,000
(3)	（借）	子 会 社 株 式	3,110,000	（貸）	その他有価証券	710,000
					当 座 預 金	2,400,000

解 説

(1)(2)　取引先との業務上の関係で取得した当該企業の株式は，その他有価証券勘定で処理します。

(3)　追加取得によって当該株式の発行会社の支配を獲得した場合には，その他有価証券勘定の貸方にその取得原価で記入し，追加取得に要した金額との合計額により子会社株式勘定の借方に記入します。

基本問題 5−1

(1)	(借)	保証債務見返	500,000	(貸)	保証債務	500,000
(2)	(借)	未収入金	508,000	(貸)	当座預金	508,000
	(借)	保証債務	500,000	(貸)	保証債務見返	500,000

(解説)

(2) 債務者に代わって支払いを行った場合には，債務者に対して債権として請求します。この債権を未収入金で処理します。支払った延滞利息も請求できるので，未収入金勘定に含めます。

基本問題 5−2

(1)	(借)	車両運搬具減価償却累計額	320,000	(貸)	車両運搬具	800,000
		未決算	780,000		仕入	300,000
(2)	(借)	未収入金	700,000	(貸)	未決算	780,000
		火災損失	80,000			

(解説)

(1) 資産が焼失した時点では，車両運搬具勘定，車両運搬具減価償却累計額勘定および仕入勘定（もしくは繰越商品勘定）の焼失部分に係る金額を消去し，未決算勘定（もしくは火災未決算勘定）を計上します。

(2) 確定した保険金額は未収入金とし，「保険金額＜未決算勘定の額」であるので，差額を火災損失勘定で処理します。

基本問題 6−1

6月10日	(借)	仕入	80,000	(貸)	現金	40,000
					買掛金	40,000
13日	(借)	買掛金	20,000	(貸)	仕入	20,000
19日	(借)	現金	65,000	(貸)	売上	65,000
	(借)	発送費	1,000	(貸)	当座預金	1,000
30日	(借)	売上原価	70,000	(貸)	繰越商品	70,000
	(借)	売上原価	860,000	(貸)	仕入	860,000
	(借)	繰越商品	80,000	(貸)	売上原価	80,000

303

基本問題 6−2

12月12日	(借)	商 品	86,000	(貸)	買 掛 金	86,000
13日	(借)	買 掛 金	17,200	(貸)	商 品	17,200
25日	(借)	売 掛 金	60,000	(貸)	売 上	60,000
	(借)	売 上 原 価	51,600	(貸)	商 品	51,600
26日	(借)	売 上	10,000	(貸)	売 掛 金	10,000
	(借)	商 品	8,600	(貸)	売 上 原 価	8,600
31日	仕 訳 な し					

解 説

　商品を仕入れた場合には商品勘定の借方に記入し，商品を販売した場合には商品勘定から売上原価勘定にただちに振り替えます。したがって，商品勘定の期末残高が期末商品棚卸高になりますので，決算整理仕訳は不要です。

基本問題 6−3

① 　売上原価　¥25,208

② 　7月末の商品棚卸高　¥29,592

③ 　売上総利益　¥17,692

解 説

　まず，総平均単価を求めます。

$$総平均単価 = \frac{前月繰越高¥10,000 + 当月受入高（¥14,400 + ¥22,000 + ¥8,400）}{前月繰越数量10枚 + 当月受入数量40枚}$$

$$= @¥1,096$$

　したがって，①売上原価は，@¥1,096×販売分23枚＝¥25,208となります。次に，②7月末の商品棚卸高は，@¥1,096×月末分27枚＝¥29,592となります。最後に，③売上総利益は，売上高¥42,900−売上原価¥25,208＝¥17,692と求められます。

基本問題 6-4

（借）買　掛　金	450,000	（貸）当 座 預 金	441,000
		仕　入　割　戻	9,000

基本問題 6-5

(1)

（借）契　約　資　産	100,000	（貸）売　　　　　上	100,000

(2)

（借）売　掛　金	190,000	（貸）売　　　　　上	90,000
		契　約　資　産	100,000

(3)

（借）現　　　　金	60,000	（貸）契　約　負　債	60,000

(4)

（借）契　約　負　債	60,000	（貸）売　　　　　上	300,000
売　掛　金	240,000		

解　説

(3)および(4)の契約負債は，前受金と仕訳しても別解として認められます。ただし，勘定科目が指定されている場合はそれに従ってください。

基本問題 6-6

(1)

（借）売　掛　金	240,000	（貸）売　　　　　上	192,000
		返　金　負　債	48,000

(2)

（借）売　掛　金	450,000	（貸）売　　　　　上	360,000
		返　金　負　債	90,000
（借）返　金　負　債	138,000	（貸）未　払　金	138,000

(3)

（借）未　払　金	138,000	（貸）当 座 預 金	138,000

基本問題 6-7

損 益 計 算 書

Ⅰ　売　上　高		1,305,700
Ⅱ　売 上 原 価		
1．商品期首棚卸高	（　　　73,000）	
2．当期商品仕入高	（　　　925,000）	
合　　計	（　　　998,000）	

3．商品期末棚卸高　（　　　　　　80,000）

　　　　差　　引　　　（　　　　　918,000）

　4．棚 卸 減 耗 損　（　　　　　　 8,000）

　5．商 品 評 価 損　（　　　　　　 7,200）　（　　　　　　933,200）

　　　　売 上 総 利 益　　　　　　　　　（　　　　　　372,500）

解　説

　商品期首棚卸高は，繰越商品勘定の決算整理前の残高です。また，商品期末棚卸高は帳簿棚卸高であることに留意します。棚卸減耗損と商品評価損は次のように求められます。

原価 @¥400

正味売却価額　@¥360

	帳簿棚卸数量
商品評価損　¥7,200 （@¥400－@¥360）×180個	棚卸減耗損　¥8,000 @¥400×（200個－180個）
貸借対照表価額　¥64,800	

実地棚卸数量　180個　　　　帳簿棚卸数量　200個

　また，棚卸減耗損および商品評価損は，売上原価の内訳科目として算入するという指示がありますので，両方とも売上原価の区分に加算の項目として表示されます。

基本問題 7－1

(1)（借）備　　　　　品　240,000　（貸）当 座 預 金　200,000

　　　　　　　　　　　　　　　　　　　　　現　　　　　金　 40,000

(2)（借）建 設 仮 勘 定　3,000,000　（貸）当 座 預 金　3,000,000

　　（借）機 械 装 置　15,000,000　（貸）建 設 仮 勘 定　15,000,000

解　説

(2)　5回の分割払いで1回の支払額が¥3,000,000のため，請負代金は¥15,000,000になります。支払い済みと最終回分とを合わせた¥15,000,000が建設仮勘定勘定に計上されているので，これを機械装置勘定に振り替えます。

基本問題 7−2

(1) （借）備　　　　品　5,400,000　（貸）営業外支払手形　5,600,000
　　　　　支　払　利　息　200,000
(2) （借）前　払　利　息　　75,000　（貸）支　払　利　息　　75,000

解説

⑴　本問では，利息相当分について支払利息勘定で処理しましたが，問題文
　の指示によっては前払利息勘定で処理することもあります。

⑵　20X2年3月31日の決算時には利息相当分の未経過分について，支払利息
　鑑定から前払利息勘定に振り替えます。

$$前払利息：¥200,000 \times \frac{6ヵ月}{16ヵ月} = ¥75,000$$

基本問題 7−3

（借）建　　　　物　500,000　（貸）当　座　預　金　700,000
　　　修　繕　費　200,000

解説

　定期修繕は修繕費として費用処理します。耐用年数の延長につながる効果
を持つ支出分については資本的支出として，資産の原価に加算します。

基本問題 7−4

（借）減　価　償　却　費　240,000　（貸）機　械　装　置　240,000

解説

$$減価償却費 = (¥2,000,000 - ¥2,000,000 \times 10\%) \times \frac{20,000トン}{150,000トン} = ¥240,000$$

直接法のため，機械装置の帳簿価額を直接減額します。

基本問題 7−5

（借）減　価　償　却　費　375,000　（貸）備品減価償却累計額　375,000

解説

償却率 = 1 ÷ 8 年 × 200％ = 25％

20X2年 3 月31日決算時の減価償却費＝¥2,000,000×25％＝¥500,000

20X3年 3 月31日決算時の減価償却費＝（¥2,000,000－¥500,000）×25％

$$＝¥375,000$$

基本問題 7 － 6

20X1年度　¥800,000　　20X2年度　¥480,000　　20X3年度　¥288,000

20X4年度　¥216,000　　20X5年度　¥215,999

解　説

20X1年度　¥2,000,000×40％[※]＝¥800,000

※ 1 ÷ 5 年×200％＝40％

20X2年度　（¥2,000,000－¥800,000）×40％＝¥480,000

20X3年度　（¥2,000,000－¥1,280,000）×40％＝¥288,000

20X4年度期首の未償却残高¥432,000×40％＜取得原価¥2,000,000×保証率0.10800となり，改定取得原価に改定償却率を乗じて，以降の減価償却費を算出します。

20X4年度　改定取得原価¥432,000×改定償却率0.5＝¥216,000

20X5年度　改定取得原価¥432,000×改定償却率0.5－備忘価額¥ 1

$$＝¥215,999$$

基本問題 7 － 7

(1)　（借）車両運搬具減価償却累計額 400,000　（貸）車 両 運 搬 具 1,600,000

減 価 償 却 費 200,000　　　　現　　　　　金 1,100,000

固 定 資 産 売 却 損 100,000

車 両 運 搬 具 2,000,000

(2)　（借）減 価 償 却 費 30,000　（貸）備　　　　品 900,000

備品減価償却累計額 810,000

固 定 資 産 除 却 損 60,000

解　説

(1)　減価償却費の計上，旧車両の売却，新車両の購入が組み合わさったものと考えます。

308

　まず，当年度の減価償却費を計上します。買換えまでの当年度の減価償却費は次のようになります。

$$減価償却費 = ¥1,600,000 ÷ 4 年 × \frac{6 カ月}{12 カ月} = ¥200,000$$

（借）減 価 償 却 費　200,000　（貸）車両運搬具減価償却累計額　200,000

旧車両を下取り価額で売却したものと考えます。

（借）車両運搬具減価償却累計額　600,000　（貸）車 両 運 搬 具　1,600,000
　　　現　　　　金　900,000
　　　固定資産売却損　100,000

次に新車両を購入したものと考えて処理します。

（借）車 両 運 搬 具　2,000,000　（貸）現　　　　金　2,000,000

　なお，いったん期首から売却日までの減価償却費を減価償却累計額勘定に加算する仕訳を示して，減価償却累計額勘定を相殺しない処理も別解として認められます（82，83頁参照）。

(2)　まず，前期末までの減価償却累計額を求めます。

$$（取得原価¥900,000 − 残存価額¥0）÷ 耐用年数 5 年 × \frac{54 カ月}{12 カ月} = ¥810,000$$

次に，20X6年度期首から除却時までの減価償却費を求めます。

$$（取得原価¥900,000 − 残存価額¥0）÷ 耐用年数 5 年 × \frac{2 カ月}{12 カ月} = ¥30,000$$

処分価値がないので，帳簿価額を固定資産除却損として処理します。

　なお，いったん期首から売却日までの減価償却費を減価償却累計額勘定に加算する仕訳を示して，減価償却累計額勘定を相殺しない処理も別解として認められます（82，83頁参照）。

基本問題 7-8

(1)　（借）特　　許　　権　4,000,000　（貸）当 座 預 金　4,000,000
(2)　（借）特 許 権 償 却　500,000　（貸）特　　許　　権　500,000
(3)　（借）ソフトウェア仮勘定　500,000　（貸）当 座 預 金　500,000
(4)　（借）ソフトウェア仮勘定　300,000　（貸）当 座 預 金　300,000
(5)　（借）ソ フ ト ウ ェ ア　800,000　（貸）ソフトウェア仮勘定　800,000
(6)　（借）ソフトウェア償却　40,000　（貸）ソ フ ト ウ ェ ア　40,000

(2)　無形固定資産の償却額は，問題文で指示された償却期間にわたり定額法で計算します。

$$特許権償却の額 = ¥4,000,000 \times \frac{1\,年（12カ月）}{8\,年（96カ月）} = ¥500,000$$

(3)(4)　ソフトウェアの引渡し前に支払った代金については，ソフトウェア仮勘定勘定の借方に記入します。

(5)　ソフトウェアの引渡しを受けたときにソフトウェア仮勘定勘定からソフトウェア勘定に振り替えます。

(6)　ソフトウェアの償却については，残存価額をゼロとして問題文で指示された償却期間にわたり定額法により償却額を計算し，直接法によって記帳します。

$$ソフトウェア償却の額 = ¥800,000 \times \frac{3\,カ月}{5\,年（60カ月）} = ¥40,000$$

基本問題 7-9

(1)	（借）繰　越　商　品	1,200,000	（貸）当　座　預　金	9,700,000		
	建　　　　　物	5,500,000				
	備　　　　　品	1,600,000				
	の　　れ　　ん	1,400,000				
(2)	（借）の れ ん 償 却	70,000	（貸）の　　れ　　ん	70,000		

（解　説）

(1)　譲り受けた事業の純資産額（資産合計額¥8,300,000 − 負債合計額¥0）と取得に要した金額との差額を，のれん勘定で処理します。なお，商品について３分法で処理する場合，「繰越商品」勘定のほか「仕入」勘定を用いることもあります。問題文の指示に従ってください。

(2)　償却期間の20年にわたり定額法によって規則的に償却します。

基本問題 7−10

(1)	（借）	前 払 保 険 料	12,000	（貸）	保　　険　　料	32,000	
		長期前払保険料	20,000				
(2)①	（借）	長 期 前 払 費 用	720,000	（貸）	当 座 預 金	720,000	
②	（借）	保　　険　　料	180,000	（貸）	長 期 前 払 費 用	420,000	
		前 払 保 険 料	240,000				

解 説

(1) 保険料の支払い時に次のように処理しています（現金払いを仮定）。

（借）保　　険　　料　36,000（貸）現　　　　　金　36,000

未経過の32カ月分¥32,000のうち，20X2年4月1日から20X3年3月31日の12カ月分¥12,000を前払保険料とし，20X3年4月1日以降の20カ月分¥20,000を長期前払保険料とします。

(2)① 期中に支払った保険料について，問題文の指示により長期前払費用勘定で処理します（問題文の指示により，保険料勘定または前払保険料勘定で処理することもあります）。

② 36カ月の保険料が¥720,000なので，月額¥20,000の保険料と考えます。

決算時には当該会計期間で経過した期間分（20X1年7月1日から20X2年3月31日の9カ月分）の保険料¥180,000を保険料勘定に，また，決算日から1年以内（20X2年4月1日から20X3年3月31日の12カ月分）の¥240,000を前払保険料勘定に振り替えます。

基本問題 8−1

(1)	（借）	貸 倒 引 当 金	230,000	（貸）	売　　掛　　金	370,000	
		貸 倒 損 失	140,000				
(2)	（借）	現　　　　　金	210,000	（貸）	不 渡 手 形	673,000	
		貸 倒 引 当 金	320,000				
		貸 倒 損 失	143,000				
(3)	（借）	貸倒引当金繰入	12,300	（貸）	貸 倒 引 当 金	12,300	

解 説

(1) 貸倒金額のうち¥230,000は前期発生債権であるため貸倒引当金で充当し，

残額¥140,000は当期発生債権であるため貸倒損失とします。

(2) 不渡手形¥673,000(＝¥650,000＋¥23,000)のうち貸倒引当金の残高まで
は貸倒引当金で充当し，現金回収と貸倒引当金充当分を超える金額¥143,000
(＝¥673,000－¥210,000－¥320,000)は貸倒損失とします。

(3) 貸倒引当金の繰入金額は以下のとおりです。

(¥480,000＋¥620,000)×1.5%－¥4,200＝¥12,300

基本問題 8-2

| (1) | (借) | 商品保証引当金繰入 | 47,800 | (貸) | 商品保証引当金 | 47,800 |
| (2) | (借) | 商品保証引当金 | 13,000 | (貸) | 仕　　　入 | 13,000 |

解説

(1) ¥4,780,000×1%＝¥47,800

(2) 前期販売当期保証分については，商品保証引当金で充当します。なお，
商品交換による保証であるため，仕入勘定の貸方に記入します。

基本問題 8-3

(1)	(借)	賞与引当金繰入	1,040,000	(貸)	賞 与 引 当 金	1,040,000
(2)	(借)	賞 与 引 当 金	1,040,000	(貸)	当 座 預 金	5,304,000
		賞　　　与	5,200,000		所得税預り金	312,000
					社会保険料預り金	624,000

解説

(1) $¥6,240,000 \times \dfrac{1 \text{カ月}}{6 \text{カ月}} = ¥1,040,000$

(2) 賞与支給時における源泉所得税額¥312,000と社会保険料¥624,000は，預
り金として処理されます。

基本問題 8-4

(1)	(借)	退職給付費用	270,000	(貸)	退職給付引当金	270,000
(2)	(借)	退職給付引当金	2,340,000	(貸)	当 座 預 金	2,340,000
(3)	(借)	退職給付引当金	33,000	(貸)	当 座 預 金	33,000

解　説

(1)　退職給付引当金を設定します。

(2)　従業員に退職一時金を支払ったときは，退職給付引当金を取り崩します。

(3)　基金に掛金を支払ったときは，退職給付引当金を取り崩します。

基本問題 8 − 5

(1)	（借）	修 繕 引 当 金 繰 入	96,000	（貸）	修 繕 引 当 金	96,000
(2)	（借）	修 繕 引 当 金	72,000	（貸）	修 繕 引 当 金 戻 入	72,000
(3)	（借）	車 両 運 搬 具	72,000	（貸）	未 　 払 　 金	180,000
		修 繕 引 当 金	96,000			
		修 　 繕 　 費	12,000			

解　説

(1)　修繕引当金を設定します。

(2)　廃棄した船舶にかかる修繕引当金は取り崩し，戻し入れます。

(3)　車両の性能を高めるための支出（¥180,000×40％＝¥72,000）は，資本的支出に該当し，固定資産の原価を構成します。残額は収益的支出となるため，修繕引当金の設定分を取り崩し，残額は修繕費とします。

基本問題 9 − 1

(1)	（借）	仕 　 掛 　 品	600,000	（貸）	給 　 　 　 　 料	250,000
					消 耗 品 費	320,000
					水 道 光 熱 費	30,000
(2)	（借）	当 座 預 金	900,000	（貸）	契 約 負 債	900,000
(3)	（借）	契 約 負 債	540,000	（貸）	役 務 収 益	540,000
	（借）	役 務 原 価	360,000	（貸）	仕 　 掛 　 品	360,000

解　説

(1)　役務収益の計上前に発生したサービス提供に伴う諸費用については，これをいったん仕掛品勘定に振り替えます。

(2)　サービス提供はまだ行われていないので，収益を認識せずに契約負債勘定で処理します。

(3) サービス提供の60%がなされているので，契約額の60%分である¥540,000
（¥900,000×60％）を役務収益として認識するとともに，仕掛品勘定からも
¥360,000（¥600,000×60％）を役務原価に振り替えます。

(1)	（借）	研 究 開 発 費	1,800,000	（貸）	給 料	300,000
					消 耗 品 費	500,000
					減 価 償 却 費	1,000,000
(2)	（借）	備 品	500,000	（貸）	当 座 預 金	1,500,000
		研 究 開 発 費	2,000,000		未 払 金	1,000,000
(3)	（借）	租 税 公 課	600,000	（貸）	未払固定資産税	600,000
(4)	（借）	未払固定資産税	150,000	（貸）	当 座 預 金	150,000

解 説

(1) 研究開発目的として把握された給料，消耗品費，減価償却費を研究開発
費勘定に振り替えます。

(2) 研究開発のみの目的で使用する固定資産を取得したときは，研究開発費
勘定で費用処理します。

(3)(4) 固定資産税は納税通知書が送付された時点で租税公課勘定の借方，未
払固定資産税勘定の貸方に記入されます。第2期分の支払いは未払固定資
産税の減少になります。

(1)	（借）	当 座 預 金	482,500	（貸）	借 入 金	500,000
		支 払 利 息	17,500			
(2)	（借）	前 払 利 息	7,500	（貸）	支 払 利 息	7,500
(3)	（借）	支 払 利 息	7,500	（貸）	前 払 利 息	7,500
(4)	（借）	借 入 金	500,000	（貸）	当 座 預 金	500,000

解 説

(1) 借り入れた¥500,000が当座預金に入ると同時に，当座預金から利息を支
払うと考えて処理します。

$$支払利息の金額 = ¥500,000 \times 6\% \times \frac{7\,カ月}{12\,カ月} = ¥17,500$$

(2) 支払利息について，前払費用（次期の3カ月分）の決算整理仕訳を行います。

$$前払利息の金額 = ¥17,500 \times \frac{3\,カ月}{7\,カ月} = ¥7,500$$

(3) 期首に再振替仕訳を行います。

基本問題 9-4

(1)	（借）貸　付　金	500,000	（貸）当　座　預　金	500,000
(2)	（借）未　収　利　息	10,000	（貸）受　取　利　息	10,000
(3)	（借）受　取　利　息	10,000	（貸）未　収　利　息	10,000
(4)	（借）現　　　　金	522,500	（貸）貸　付　金	500,000
			受　取　利　息	22,500

解説

(2) 受取利息の未収分（4カ月分）について決算整理仕訳を行います。

$$未収利息の金額 = ¥500,000 \times 6\% \times \frac{4\,カ月}{12\,カ月} = ¥10,000$$

(3) 期首に再振替仕訳を行います。

(4) $$受取利息の金額 = ¥500,000 \times 6\% \times \frac{9\,カ月}{12\,カ月} = ¥22,500$$

基本問題 10-1

(1)	（借）当　座　預　金	225,000,000	（貸）資　本　金	225,000,000
(2)	（借）当　座　預　金	210,000,000	（貸）資　本　金	105,000,000
			資　本　準　備　金	105,000,000

解説

(1) $$発行株式数 = 発行可能株式総数10,000株 \times \frac{1}{4} = 2,500株$$

(2) $$資本金 = 12,000株 \times \frac{1}{4} \times @¥70,000 \times \frac{1}{2} = ¥105,000,000$$

(1) (借) 当 座 預 金 60,000,000 (貸) 資　　　本　　　金 30,000,000

　　　　　　　　　　　　　　　　　　　 資 本 準 備 金 30,000,000

　　(借) 創　　立　　費　　850,000 (貸) 現　　　　　　　金　　850,000

(2) (借) 開　　業　　費 1,350,000 (貸) 当 座 預 金 1,350,000

(解 説)

(1) 設立時の株式発行費用は，創立費勘定で処理します。

(2) 会社設立後から営業を開始するまでの間に支出した経費で，開業のために必要な費用については開業費勘定で処理します。

基本問題10-3

(借) 当 座 預 金 50,000,000 (貸) 資　　　本　　　金 25,000,000

　　　　　　　　　　　　　　　　　　 資 本 準 備 金 25,000,000

(借) 株 式 交 付 費　　 600,000 (貸) 現　　　　　　金　 600,000

(解 説)

会社設立後の株式発行費用は，株式交付費勘定で処理します。

基本問題10-4

(1) (借) 繰越利益剰余金　　 500,000 (貸) 未 払 配 当 金　 400,000

　　　　　　　　　　　　　　　　　　　 利 益 準 備 金　　 40,000

　　　　　　　　　　　　　　　　　　　 別 途 積 立 金　　 60,000

(2) (借) 損　　　　　益　　 950,000 (貸) 繰越利益剰余金　 950,000

(解 説)

利益準備金の積立額は，次のように計算されます。

a. 資本金¥6,000,000 × $\frac{1}{4}$ − (資本準備金¥380,000 + 利益準備金¥320,000)

　 = ¥800,000

b. 配当金¥400,000 × $\frac{1}{10}$ = ¥40,000

c. a > b　∴ 40,000

基本問題 10−5

(1) （借）　繰越利益剰余金　4,600,000　（貸）　損　　　　益　4,600,000

(2) （借）　別 途 積 立 金　5,000,000　（貸）　繰越利益剰余金　5,000,000

解 説

(1) 当期純損失は，繰越利益剰余金勘定の借方に振り替えます。

(2) 別途積立金を取り崩すときは，別途積立金勘定の貸方残高を繰越利益剰
余金勘定へ振り替えます。

基本問題 10−6

（借）　当 座 預 金　20,000,000　（貸）　支 払 手 形　15,000,000

　　　　売 　 掛 　 金　45,000,000　　　　借 　 入 　 金　75,000,000

　　　　繰 越 商 品　55,000,000　　　　資 　 本 　 金　60,000,000

　　　　土 　 　 　 地　60,000,000　　　　資 本 準 備 金　30,000,000

　　　　の 　 れ 　 ん　10,000,000　　　　その他資本剰余金　10,000,000

解 説

のれん＝合併の対価（10,000株×@¥10,000）−純資産（総資産¥180,000,000−

　　　　総負債¥90,000,000）＝¥10,000,000

その他資本剰余金＝合併の対価（10,000株×@¥10,000）−資本金に組み入れる

　　　　金額（10,000株×@¥6,000）−資本準備金計上額¥30,000,000＝¥10,000,000

基本問題 10−7

（借）　その他有価証券　　750,000　（貸）　その他有価証券評価差額金　　750,000

解 説

　前期末の1株当たり時価は¥980に値下がりしていますが，その他有価証券
の時価評価にあたっては洗替処理が適用されるため，期首には¥1,100円に振
り戻されています。そのため，当期末の時価と比較される帳簿価額は当初の
取得原価となります。

（@¥1,250−@¥1,100）×5,000株＝¥750,000

317

基本問題 11-1

(1) (借) 法人税, 住民税及び事業税　1,901,000　(貸) 仮払法人税等　900,000
　　　　　　　　　　　　　　　　　　　　未払法人税等　1,001,000
(2) (借) 追徴法人税等　650,000　(貸) 未払法人税等　650,000

(解説)

(1) 未払法人税等 = 法人税, 住民税及び事業税¥1,901,000 − 仮払法人税等
　　　　　　　　¥900,000 = ¥1,001,000

(2) 法人税等の追徴を求められたときは, 追徴法人税等勘定の借方に記入します。

基本問題 11-2

(1) (借) 仮 受 消 費 税　435,000　(貸) 仮 払 消 費 税　325,000
　　　　　　　　　　　　　　　　　　　　未 払 消 費 税　110,000
(2) (借) 仮 受 消 費 税　295,000　(貸) 仮 払 消 費 税　360,000
　　　 未収還付消費税　65,000

(解説)

(1) 未払消費税 = 仮受消費税¥435,000 − 仮払消費税¥325,000 = ¥110,000

(2) 未収還付消費税 = 仮払消費税¥360,000 − 仮受消費税¥295,000 = ¥65,000

　(2)では, 顧客に販売したとき預かった仮受消費税よりも, 仕入先に支払った仮払消費税の方が多いので, 消費税を納付するのではなく, 還付されるケースとなります。

基本問題 11-3

(1) (借) 当 座 預 金　1,200,000　(貸) 国庫補助金受贈益　1,200,000
(2) (借) 機 械 装 置　5,200,000　(貸) 当 座 預 金　5,000,000
　　　　　　　　　　　　　　　　　　　　現　　　　金　200,000
(3) (借) 固定資産圧縮損　1,200,000　(貸) 機 械 装 置　1,200,000
　　(借) 減 価 償 却 費　600,000　(貸) 機械装置減価償却累計額　600,000

(解説)

(1) 国庫補助金を受け取った際には, 国庫補助金受贈益勘定の貸方に記入し

318

ます。

(3) 圧縮記帳の際には，当該資産の金額を補助金相当額を減額し，固定資産圧縮損勘定の借方に記入します。

　　減価償却費の金額は，取得価額¥5,200,000から国庫補助金相当額¥1,200,000を控除した価額を，耐用年数で除して月割計算します。

$$減価償却費 = （¥5,200,000 - ¥1,200,000）÷ 5 年 × \frac{9 カ月}{12 カ月} = ¥600,000$$

基本問題 12-1

問1　利子込み法

	(借)	リース資産	900,000	(貸)	リース債務	900,000
(1)	(借)	リース資産	900,000	(貸)	リース債務	900,000
(2)	(借)	リース債務	150,000	(貸)	当座預金	150,000
(3)	(借)	減価償却費	150,000	(貸)	リース資産減価償却累計額	150,000

問2　利子抜き法（定額法）

	(借)	リース資産	840,000	(貸)	リース債務	840,000
(1)	(借)	リース資産	840,000	(貸)	リース債務	840,000
(2)	(借)	リース債務	140,000	(貸)	当座預金	150,000
		支払利息	10,000			
(3)	(借)	減価償却費	140,000	(貸)	リース資産減価償却累計額	140,000

解説

問1

(1) リース取引開始日に，リース料総額でリース資産とリース債務を計上します。

　　リース資産およびリース債務の金額＝年額¥150,000 × 6 年＝¥900,000

(2) リース料の支払いは，リース債務の減少として処理します。

(3) 減価償却費：取得原価¥900,000 ÷ 6 年＝¥150,000

問2

(1) リース取引開始日に，見積現金購入価額でリース資産とリース債務を計上します。

　　利息相当額＝リース料総額¥900,000 - 見積現金購入価額¥840,000

　　　　　　　＝¥60,000

(2) 年額リース料¥150,000のうち，リース債務の支払いは¥140,000
（¥840,000÷6年），支払利息は¥10,000（支払額¥150,000−リース債務減少
額¥140,000，あるいは利息相当額¥60,000÷6年）と算定されます。

(3) 減価償却費＝取得原価¥840,000÷6年＝¥140,000

基本問題 12−2

問1　利子込み法

(1) （借）リ ー ス 資 産　1,200,000　（貸）リ ー ス 債 務　1,200,000

(2) （借）リ ー ス 債 務　　120,000　（貸）当 座 預 金　　120,000

(3) （借）減 価 償 却 費　　180,000　（貸）リース資産減価償却累計額　180,000

問2　利子抜き法（定額法）

(1) （借）リ ー ス 資 産　1,080,000　（貸）リ ー ス 債 務　1,080,000

(2) （借）リ ー ス 債 務　　108,000　（貸）当 座 預 金　　120,000
　　　　　支 払 利 息　　 12,000

(3) （借）減 価 償 却 費　　162,000　（貸）リース資産減価償却累計額　162,000
　　（借）支 払 利 息　　　6,000　（貸）未 払 利 息　　　6,000

解説

問1　利子込み法

(1) リース取引開始日に，リース料総額でリース資産とリース債務を計上します。

　　　リース資産およびリース債務の金額＝年額¥240,000×5年＝¥1,200,000

(2) リース料の支払いは，リース債務の減少として処理します。

(3) 減価償却費：取得原価¥1,200,000÷5年×$\dfrac{9 カ月}{12 カ月}$＝¥180,000

問2　利子抜き法（定額法）

(1) リース取引開始日に，見積現金購入価額でリース資産とリース債務を計上します。

(2) 利息相当額を把握します。

　　　利息相当額＝リース料総額¥1,200,000−見積現金購入価額¥1,080,000

　　　　　　　＝¥120,000

リース料¥120,000のうち，リース債務の支払いは¥108,000$\left(¥1,080,000÷5年×\dfrac{6\,カ月}{12\,カ月}\right)$，支払利息は¥12,000$\Big($支払額¥120,000−リース債務減少額¥108,000，あるいは利息相当額¥120,000÷5年×$\dfrac{6\,カ月}{12\,カ月}\Big)$と算定されます。

(3) 減価償却費＝取得原価¥1,080,000÷5年×$\dfrac{9\,カ月}{12\,カ月}$＝¥162,000

　　20X2年1月1日から20X2年3月31日の3カ月分発生した支払利息を計上するとともに，未払利息勘定の貸方に記入します。

　　当該期間の支払利息＝利息相当額¥120,000÷5年×$\dfrac{3\,カ月}{12\,カ月}$＝¥6,000

基本問題 12-3

(1)① 仕訳なし

② （借）　支払リース料　　90,000　（貸）　未払リース料　　90,000

③ （借）　支払リース料　120,000　（貸）　当座預金　120,000

(2)① （借）　支払リース料　　90,000　（貸）　当座預金　90,000

② （借）　支払リース料　　90,000　（貸）　当座預金　90,000

③ （借）　前払リース料　　60,000　（貸）　支払リース料　60,000

解説

(1)① 契約を結んだだけでは，会計処理は行いません。

② 当期に経過した9カ月分（7月1日〜3月31日）のリース料について，¥90,000$\left($年間リース料¥120,000×$\dfrac{9\,カ月}{12\,カ月}$＝¥90,000$\right)$の未払分を計上します。

　　なお，翌期首には，再振替仕訳が行われます。

③ 支払額を支払リース料勘定を用いて処理します。

(2)① リース料を当座預金口座から支払った際に，支払リース料勘定を用いて処理します。

② ①と同じ。

③ 未経過の4カ月分（20X2年4月1日〜20X2年7月31日）¥60,000$\Big($20X2年2月1日支払分¥90,000×$\dfrac{4\,カ月}{6\,カ月}$＝¥60,000$\Big)$の前払分を計上します。

321

翌期首には，再振替仕訳を行います。

なお，リース料を支払った際に，前払リース料勘定を用いて処理することもあります。その場合には，決算において，前払リース料勘定から支払リース料勘定に振り替える処理をします。

② （借）前 払 リ ー ス 料　90,000　（貸）当 座 預 金　90,000
③ （借）支 払 リ ー ス 料　30,000　（貸）前 払 リ ー ス 料　30,000

基本問題 13-1

(1) （借）前　　払　　金　　49,000　（貸）当 座 預 金　49,000
(2) （借）仕　　　　　入　494,500　（貸）前　　払　　金　49,000
　　　　　　　　　　　　　　　　　　　　　 買　　掛　　金　445,500
(3) （借）買　　掛　　金　178,200　（貸）当 座 預 金　180,000
　　　　　為 替 差 損 益　　1,800
　　（借）為 替 差 損 益　　8,100　（貸）買　　掛　　金　8,100
(4) （借）買　　掛　　金　275,400　（貸）当 座 預 金　275,400

解 説

(2) 前払金については取引発生時の為替相場で記帳し，仕入時に代金の一部に充当する場合も，取引発生時の為替相場のままで充当します。

(3) 買掛金については取引発生時の為替相場で記帳しますが，決済時に為替相場が変動していれば，円貨額の変化分を為替差損益で処理します。また，為替予約を行い，取引時点から予約時点までの為替相場が変動している場合は，その換算差額を為替差損益勘定で処理します。

(4) 為替予約を行い，予約時点で振当処理を行うことで，外貨建ての債権債務の円貨額は固定されるため，決済時に換算差額は生じません。

基本問題 13-2

(1) （借）当 座 預 金　70,000　（貸）契 約 負 債　70,000
(2) （借）契 約 負 債　70,000　（貸）売　　　上　731,500
　　　　売 掛 金　661,500
(3) （借）当 座 預 金　655,200　（貸）売 掛 金　661,500
　　　　為 替 差 損 益　6,300
(4) 仕訳なし
(5) （借）売 掛 金　927,000　（貸）売　　　上　927,000

解 説

(2) 手付金については取引発生時の為替相場で契約負債として記帳し，売上時に代金の一部と相殺する場合も取引発生時の為替相場のままで充当します。

(3) 掛売りした時点から為替相場が変動しているため，その差額については為替差損益として処理します。

(5) 売掛金については，先に為替予約によって外貨建債権の円貨額が固定されているため，予約時の為替相場で換算した円貨額を振り当てます。

基本問題 13-3

(1) （借）車 両 運 搬 具　5,508,000　（貸）未 払 金　5,508,000
(2) （借）為 替 差 損 益　108,000　（貸）未 払 金　108,000
　　（借）減 価 償 却 費　57,375　（貸）車両運搬具減価償却累計額　57,375

解 説

(2) 購入した時点から為替相場が変動しているため，未払金の増加額については為替差損益として処理します。車両運搬具の減価償却費は，以下のように計算されます。

$$¥5,508,000 ÷ 8年 × \frac{1カ月}{12カ月} = ¥57,375$$

基本問題 13-4

決算整理後残高試算表(抜粋)　　　　(単位:円)

現　　　　　金	(1,831,000)	買　　掛　　金	(2,098,000)
当　座　預　金	(2,281,000)	契　約　負　債	(876,000)
売　　掛　　金	(2,360,000)	貸 倒 引 当 金	(47,200)
前　　払　　金	(1,079,000)	為 替 差 損 益	(22,000)
貸倒引当金繰入	(34,700)		

解 説

(1) 現金

現金:2,000ドル×@¥150−¥294,000=¥6,000

（借）現　　　　　金　　6,000　（貸）為 替 差 損 益　　6,000

(2) 当座預金

当座預金:5,000ドル×@¥150−¥725,000=¥25,000

（借）当 座 預 金　　25,000　（貸）為 替 差 損 益　　25,000

(3) 売掛金

振当分:4,000ドル×@¥151=¥604,000

未振当の売掛金のHR:（¥1,220,000−¥604,000）÷4,000ドル=@¥154

売掛金の換算差額:4,000ドル×（@¥150−@¥154）=△¥16,000

貸倒引当金繰入:（¥2,376,000−¥16,000）×2%−¥12,500=¥34,700

（借）為 替 差 損 益　　16,000　（貸）売　　掛　　金　　16,000

　　　貸倒引当金繰入　　34,700　　　　貸 倒 引 当 金　　34,700

(4) 買掛金

買掛金のHR:1,296,000円÷9,000ドル=@¥144

未決済の買掛金:（9,000ドル−3,000ドル）×（@¥150−@¥144）

　　　　　　　　　=¥36,000

（借）為 替 差 損 益　　36,000　（貸）買　　掛　　金　　36,000

(5) 契約負債

金銭債務に該当しないため，決算時に換算替えは行われません。

(6) 仮払金

前払金:3,500ドル×@¥148=¥518,000

買掛金の支払額（円貨額）：（仮払金¥974,000－前払金¥518,000）＝¥456,000

支払った買掛金の帳簿価額：3,000ドル×＠¥144（(4)より）＝¥432,000

為替差損益：買掛金の支払額¥456,000－買掛金の帳簿価額¥432,000

$\qquad\qquad$ ＝¥24,000

（借）	前　　払　　金	518,000	（貸）	仮　　払　　金	974,000
	買　　掛　　金	432,000			
	為 替 差 損 益	24,000			

基本問題 14-1

(1)

（借）　繰 延 税 金 資 産	9,000	（貸）　法人税等調整額	9,000

(2)

	20X1期
税引前当期純利益	220,000
（法人税, 住民税及び事業税）　（ 75,000 ）	
（法人税等調整額）　　　　　（ △9,000 ）	（ 66,000 ）
（当期純利益）	（ 154,000 ）

解　説

(1) 繰延税金資産の期末残高＝期末の損金算入限度超過額×法定実効税率＝
¥33,000×30％＝¥9,900

　繰延税金資産の期首残高＝期首の損金算入限度超過額×法定実効税率＝
¥3,000×30％＝¥900

　法人税等調整額＝繰延税金資産の期末残高－繰延税金資産の期首残高＝
¥9,000

基本問題 14-2

(1) 減価償却費の損金算入限度超過額　¥80,000

(2)

（借）　繰 延 税 金 資 産	20,000	（貸）　法人税等調整額	20,000

解　説

(1) 企業会計上の減価償却費＝（取得原価¥640,000－残存価額 ¥0）÷耐用年
数4年＝¥160,000

課税所得算定上の損金算入額＝（取得原価¥640,000－残存価額 ¥0）÷耐用年数 8 年＝¥80,000

損金算入限度超過額＝企業会計上の減価償却費¥160,000－損金算入額¥80,000＝¥80,000

(2) 期首に取得した備品なので，期首の繰延税金資産はありません。期末の損金算入限度超過額¥80,000に法定実効税率を乗じた金額を，繰延税金資産勘定の借方と法人税等調整額の貸方に記入します。

繰延税金資産の期末残高＝損金算入限度超過額¥80,000×法定実効税率25％＝¥20,000

基本問題 14−3

(1)	（借）	その他有価証券	10,000	（貸）	繰延税金資産	4,000
					その他有価証券評価差額金	6,000
(2)	（借）	その他有価証券	25,000	（貸）	繰延税金負債	10,000
					その他有価証券評価差額金	15,000

解説

A社株式，B社株式の取得原価合計額＝¥145,000＋¥81,000＝¥226,000

A社株式，B社株式の20X1年度末の時価合計額＝¥132,000＋¥84,000＝¥216,000

A社株式，B社株式の20X2年度末の時価合計額＝¥156,000＋¥95,000＝¥251,000

(1) 20X2年度期首の洗替処理仕訳をするにあたって，まずは20X1年度末の決算整理仕訳を考えます。20X1年度末では保有するその他有価証券の時価は取得原価より¥10,000下落しています。20X1年度末に行った決算整理仕訳は次のようになります。

（借）	繰延税金資産	4,000	（貸）	その他有価証券	10,000
	その他有価証券評価差額金	6,000			

評価差額に対して法定実効税率40％を乗じた金額を繰延税金資産とし，その残額をその他有価証券評価差額金とします。

20X2年度期首の洗替処理の仕訳は上記仕訳の逆仕訳となります。

(2) A社株式，B社株式の20X2年度末の時価は取得原価より¥25,000上昇しているので，評価差額に対して法定実効税率40%を乗じた金額を繰延税金負債とし，その残額をその他有価証券評価差額金とします。

解
答
・
解
説

応用問題 15-1

(1)	(借)	貸倒引当金繰入	24,300	(貸)	貸 倒 引 当 金	24,300
(2)	(借)	仕 入	386,100	(貸)	繰 越 商 品	386,100
	(借)	繰 越 商 品	336,050	(貸)	仕 入	336,050
	(借)	棚 卸 減 耗 損	15,730	(貸)	繰 越 商 品	15,730
	(借)	仕 入	15,730	(貸)	棚 卸 減 耗 損	15,730
(3)	(借)	売買目的有価証券	52,130	(貸)	有価証券評価損益	52,130
(4)	(借)	減 価 償 却 費	221,240	(貸)	建物減価償却累計額	121,400
					備品減価償却累計額	99,840
(5)	(借)	買 掛 金	167,000	(貸)	電子記録債務	167,000
(6)	(借)	旅 費 交 通 費	8,700	(貸)	仮 払 金	8,700
(7)	(借)	前 払 保 険 料	62,760	(貸)	保 険 料	62,760
(8)	(借)	の れ ん 償 却	96,400	(貸)	の れ ん	96,400
(9)	(借)	為 替 差 損 益	7,200	(貸)	売 掛 金	7,200
(10)	(借)	法人税, 住民税及び事業税	376,900	(貸)	仮 払 金	172,500
					未 払 法 人 税 等	204,400
	(借)	繰 延 税 金 資 産	3,150	(貸)	法人税等調整額	3,150

解説

(1) 貸倒引当金繰入：¥1,170,000×3％－¥10,800＝¥24,300

(2) 商品期末棚卸高：470個×@¥715＝¥336,050

   棚卸減耗損：（470個－448個）×@¥715＝¥15,730

(3) 有価証券評価損益：（¥485,550＋¥184,670＋¥273,220）－（¥501,830＋¥124,800＋¥264,680）＝¥52,130

327

(4) 減価償却費

建物（通年分）：$\{(¥4{,}510{,}000 - ¥2{,}560{,}000) - (¥4{,}510{,}000 - ¥2{,}560{,}000) \times 10\%\} \times \dfrac{1 \text{年}}{25 \text{年}} = ¥70{,}200$

建物（期中購入分）：$¥2{,}560{,}000 \times \dfrac{1 \text{年}}{25 \text{年}} \times \dfrac{6 \text{カ月}}{12 \text{カ月}} = ¥51{,}200$

備品：$(¥780{,}000 - ¥280{,}800) \times 20\% = ¥99{,}840$

合計：$¥70{,}200 + ¥51{,}200 + ¥99{,}840 = ¥221{,}240$

(5) 電子記録債務が生じた場合には，買掛金勘定を電子記録債務勘定に振り替えます。

(6) 鉄道乗車におけるICカード使用分は，仮払金勘定から旅費交通費勘定に振り替えます。

(7) 前払保険料

7月1日支払分：$(¥190{,}680 - ¥82{,}080) \times \dfrac{3 \text{カ月}}{15 \text{カ月}} = ¥21{,}720$

「毎年同額」の条件より，前期（20X5年4月1日から20X6年3月31日）の7月に支払った向こう1年分の保険料のうち，20X6年4月～6月までの3カ月分を前期の決算時に前払保険料として資産計上し，さらに翌期首，すなわち当期の期首に再振替仕訳を行って保険料勘定に戻しています。そこへ当期の7月に向こう1年分の保険料を支払ったため，保険料勘定には15カ月分の保険料が記入された状態で決算を迎えています。

10月1日支払分：$¥82{,}080 \times \dfrac{6 \text{カ月}}{12 \text{カ月}} = ¥41{,}040$

合計：$¥21{,}720 + ¥41{,}040 = ¥62{,}760$

(8) のれん償却

$¥747{,}100 \times \dfrac{12 \text{カ月}}{120 \text{カ月} - 27 \text{カ月}} = ¥96{,}400$

(9) 為替差損益：$\$2{,}400 \times ¥102 - ¥252{,}000 = ¥\triangle 7{,}200$

(10) 未払法人税等：$¥376{,}900 - ¥172{,}500 = ¥204{,}400$

繰延税金資産：$¥12{,}600 \times 25\% = ¥3{,}150$

応用問題 15−2

（借）	保　険　料	16,250	（貸）	前 払 保 険 料	16,250
（借）	退 職 給 付 費 用	19,750	（貸）	退 職 給 付 引 当 金	19,750
（借）	減 価 償 却 費	34,375	（貸）	車 両 運 搬 具	34,375

解 説

地震保険料：¥195,000 × $\dfrac{1 \text{カ月}}{12 \text{カ月}}$ = ¥16,250

退職給付引当金：¥237,000 × $\dfrac{1 \text{カ月}}{12 \text{カ月}}$ = ¥19,750

営業用車両の取得原価：$x - x \div 4 \text{年} \times \dfrac{6 \text{カ月}}{12 \text{カ月}}$ = ¥1,443,750

$\qquad\qquad\qquad\qquad x$ = ¥1,650,000

営業用車両の減価償却：¥1,650,000 ÷ 4 年 × $\dfrac{1 \text{カ月}}{12 \text{カ月}}$ = ¥34,375

基本問題 15−1

損 益 計 算 書

自20X7年 4 月 1 日　至20X8年 3 月31日　　　（単位：円）

費　　用	金　　額	収　　益	金　　額
売 上 原 価	（　　290,000）	売　上　高	（　　446,700）
販売費及び一般管理費	（　　129,520）	…	…
…	…	…	…

貸 借 対 照 表

20X8年 3 月31日　　　（単位：円）

資　　産	金　　額		負債および純資産	金　　額
…		…	…	…
材　　　料		（　5,300）	退職給付引当金	（　124,400）
仕 掛 品		（　4,400）	…	…
製　　　品		（　7,500）	…	…
建　　　物	（　81,000）		…	…
減価償却累計額	（　45,360）	（　35,640）	…	…
機 械 装 置	（　33,600）		…	…
減価償却累計額	（　12,600）	（　21,000）	…	…
…		…	…	…

解 説

(1) （借）材 料 9,200 （貸）現金預金/買掛金 9,200

（借）仕 掛 品 6,600 （貸）材 料 8,800

製 造 間 接 費 2,200

（借）棚 卸 減 耗 費 200 （貸）材 料 200*

　　　　　　月初材料　当月材料仕入　直接材料費　間接材料費　月末材料実際有高
* ￥5,100 + ￥9,200 −（￥6,600 + ￥2,200）− ￥5,300 = 200

（借）製 造 間 接 費 200 （貸）棚 卸 減 耗 費 200

(2) （借）賃 金 9,600 （貸）現 金 預 金 9,600

（借）仕 掛 品 9,600 （貸）賃 金 9,600

（借）販売費及び一般管理費 6,100 （貸）現 金 預 金 6,100

（借）退 職 給 付 費 用 2,500 （貸）退 職 給 付 引 当 金 2,500

（借）製 造 間 接 費 1,400 （貸）退 職 給 付 費 用 2,500

販売費及び一般管理費 1,100

(3) （借）減 価 償 却 費 620 （貸）建物減価償却累計額 270

機械装置減価償却累計額 350

（借）製 造 間 接 費 500 （貸）減 価 償 却 費 620

販売費及び一般管理費 120

（借）仕 掛 品 4,300 （貸）製 造 間 接 費 4,300*

　　　　　間接材料費　材料減耗費　退職給付費用　減価償却費
* ￥2,200 + ￥200 + ￥1,400 + ￥500 = ￥4,300

(4) （借）製 品 23,500 （貸）仕 掛 品 23,500

(5) （借）現金預金/売掛金 38,000 （貸）売 上 38,000

（借）売 上 原 価 24,700 （貸）製 品 24,700

材料

月初有高	5,100	当月消費高	8,800
当月仕入高	9,200	製造間接費	200
		月末有高	5,300
	14,300		14,300

仕掛品

月初有高	7,400	当期完成高	23,500
直接材料費	6,600	月末有高	4,400
直接労務費	9,600		
製造間接費	4,300		
	27,900		27,900

賃金

当月支払高	9,600	当月消費高	9,600

製品

月初有高	8,700	売上原価	24,700
当期完成高	23,500	月末有高	7,500
	32,200		32,200

製造間接費

間接材料費	2,200	仕掛品	4,300
材料	200		
退職給付費用	1,400		
減価償却費	500		
	4,300		4,300

売上原価

T/B	265,300	損益	290,000
製品	24,700		
	290,000		290,000

売上

損益	446,700	T/B	408,700
		3月分	38,000
	446,700		446,700

損益

売上原価	290,000	売上	446,700
販売管理費	129,520		

応用問題 15-3

① 12,960　② 12,960　④ 12,960　⑨ 25,920　⑩ 25,920　⑮ 679　⑯ 3,500

⑰ △12,729　⑱ △8,550　⑲ △8,550　⑳ △8,550　㉗ 43,420　㉘ 43,420

㉙ 43,420　㉚ 43,420　㉛ 4,425　㉜ 4,425　㉝ 4,425

A 70,960　B 12,960　C 34,870　D 16,275　E 573,226

株主資本等変動計算書

自20X7年4月1日　至20X8年3月31日　　　　　　　　　　（単位：千円）

	株主資本									評価・換算差額等		純資産合計
	資本金	資本剰余金			利益剰余金				株主資本合計	その他有価証券評価差額金	評価・換算差額等合計	
		資本準備金	その他資本剰余金	資本剰余金合計	利益準備金	その他利益剰余金		利益剰余金合計				
						別途積立金	繰越利益剰余金					
当期首残高	58,000	12,899	1,220	14,119	922	390,500	32,620	424,042	496,161	11,850	11,850	508,011
当期変動額												
新株の発行	12,960	12,960							25,920			25,920
剰余金の配当等					679	3,500	△12,729	△8,550	△8,550			△8,550
当期純利益							43,420	43,420	43,420			43,420
株主資本以外の項目の当期変動額（純額）										4,425	4,425	4,425
当期変動額合計	12,960	12,960	–	12,960	679	3,500	30,691	34,870	60,790	4,425	4,425	65,215
当期末残高	70,960	25,859	1,220	27,079	1,601	394,000	63,311	458,912	556,951	16,275	16,275	573,226

1.（借）繰越利益剰余金　12,729千円　（貸）未払配当金　8,550千円

　　　　　　　　　　　　　　　　　　　　　利益準備金　679千円*

　　　　　　　　　　　　　　　　　　　　　別途積立金　3,500千円

　　　＊a　$\overset{\text{配当金}}{8,550\text{千円}} \times \dfrac{1}{10} = 855\text{千円}$

　　　　　b　$\overset{\text{資本金}}{58,000\text{千円}} \times \dfrac{1}{4} - (\overset{\text{資本準備金}}{12,899\text{千円}} + \overset{\text{利益準備金}}{922\text{千円}}) = 679\text{千円}$

　　　　　a＞b　∴679千円

2.（借）株式申込証拠金　25,920千円　（貸）資本金　12,960千円

　　　　　　　　　　　　　　　　　　　　　資本準備金　12,960千円

3.［期首振戻仕訳］

　　（借）その他有価証券評価差額金　11,850千円　（貸）その他有価証券　15,800千円

　　　　　繰延税金負債　3,950千円

　　［期末時価評価仕訳］

　　（借）その他有価証券　21,700千円　（貸）その他有価証券評価差額金　16,275千円*

　　　　　　　　　　　　　　　　　　　　　繰延税金負債　5,425千円

　　　＊$\overset{\text{当期末時価}}{46,600\text{千円}} \times (100\% - 25\%) - \{\overset{\text{前期末時価}}{40,700\text{千円}} \times (100\% - 25\%) -$

　　　$\overset{\text{前期評価差額}}{11,850\text{千円}}\} = 16,275\text{千円}$

4.（借）損益　43,420千円　（貸）繰越利益剰余金　43,420千円

精算表

勘定科目	残高試算表 借方	残高試算表 貸方	修正記入 借方	修正記入 貸方	損益計算書 借方	損益計算書 貸方	貸借対照表 借方	貸借対照表 貸方
現 金 預 金	2,197,000		169,000				2,366,000	
受 取 手 形	260,000			130,000			130,000	
売 掛 金	988,000			39,000			949,000	
繰 越 商 品	351,000		312,000	351,000			257,400	
				26,000				
				28,600				
建 物	5,200,000						5,200,000	
備 品	1,560,000						1,560,000	
その他有価証券	253,500			19,500			234,000	
支 払 手 形		286,000						286,000
買 掛 金		533,000						533,000
借 入 金		468,000						468,000
修 繕 引 当 金		1,235,000		416,000				1,651,000
貸 倒 引 当 金		7,800		24,570				32,370
建物減価償却累計額		1,404,000		156,000				1,560,000
備品減価償却累計額		795,600		229,320				1,024,920
資 本 金		3,250,000						3,250,000
資 本 準 備 金		780,000						780,000
利 益 準 備 金		715,000						715,000
新 築 積 立 金		377,000						377,000
繰越利益剰余金		119,600						119,600
売 上		5,070,000				5,070,000		
仕 入	2,808,000			2,808,000	0			
給 料	968,500				968,500			
支 払 地 代	122,200				122,200			
保 険 料	312,000			26,000	286,000			
支 払 利 息	20,800				20,800			
	15,041,000	15,041,000						
貸倒引当金繰入			24,570		24,570			
その他有価証券(評価差額金)			19,500					19,500
売 上 原 価			351,000	312,000	2,847,000			
			2,808,000					
棚 卸 減 耗 損			26,000		26,000			
商 品 評 価 損			28,600		28,600			
減 価 償 却 費			385,320		385,320			
(修繕引当金)繰入			416,000		416,000			
(前 払)保 険 料			26,000				26,000	
当 期 純 (損 失)						54,990	54,990	
			4,565,990	4,565,990	5,124,990	5,124,990	10,796,890	10,796,890

解説

1.
(1)	(借)	現 金 預 金	130,000	(貸)	受 取 手 形	130,000
(2)	(借)	現 金 預 金	39,000	(貸)	売 掛 金	39,000
(3)	未取付小切手のため仕訳なし					

2.
(借)	貸倒引当金繰入	24,570	(貸)	貸 倒 引 当 金	24,570

＊（受取手形¥130,000＋売掛金¥949,000）× 3 ％ － 貸倒引当金¥7,800＝¥24,570

3.
(借)	その他有価証券評価差額金	19,500	(貸)	その他有価証券	19,500

4.
(借)	売 上 原 価	351,000	(貸)	繰 越 商 品	351,000
(借)	売 上 原 価	2,808,000	(貸)	仕 入	2,808,000
(借)	繰 越 商 品	312,000	(貸)	売 上 原 価	312,000
(借)	棚 卸 減 耗 損	26,000	(貸)	繰 越 商 品	26,000
(借)	商 品 評 価 損	28,600	(貸)	繰 越 商 品	28,600

5.
(借)	減 価 償 却 費	385,320	(貸)	建物減価償却累計額	156,000
				備品減価償却累計額	229,320

6.
(借)	修繕引当金繰入	416,000	(貸)	修 繕 引 当 金	416,000

7.
(借)	前 払 保 険 料	26,000	(貸)	保 険 料	26,000

基本問題 16−1

(1)	(借)	支 店	160,000	(貸)	仕 入	160,000
(2)	(借)	現 金	62,000	(貸)	支 店	62,000
(3)	(借)	仕 入	140,000	(貸)	本 店	140,000
(4)	(借)	現 金	258,000	(貸)	本 店	258,000

基本問題 16−2

(1)	(借)	本 店	240,000	(貸)	仕 入	240,000
(2)	(借)	気 仙 沼 支 店	308,000	(貸)	石 巻 支 店	308,000
(3)	(借)	本 店	120,000	(貸)	売 上	184,000
		売 掛 金	64,000			
(4)	(借)	広 告 宣 伝 費	89,000	(貸)	本 店	89,000

応用問題 16-1

A	B	C	D	E
3,721,350	2,995,500	63,000	23,625	25,095
F	G	H	I	J
884,640	165,405	465,000	974,700	244,095

解 説

残高試算表の推定金額

［支店勘定と本店勘定］

支 店

期 首 残 高	443,100	現 金 預 金	160,000	
現 金 預 金	275,000			
仕 入	337,500			貸借差額
現 金 預 金	26,900	期 末 残 高	?	◀922,500

本 店

		売 掛 金	160,000	期 首 残 高	443,100
				現 金 預 金	275,000
				仕 入	337,500
貸借差額				営 業 費	26,900
922,500➡	期 末 残 高	?			

［「?」推定後の残高試算表］

支払利息：残高試算表（T/B）貸借差額より¥18,000

支店：支店勘定貸借差額より¥922,500

買掛金：T/B貸借差額より¥90,000

本店：本店勘定貸借差額より¥922,500

本支店合併損益計算書・本支店合併貸借対照表

A 売上高：¥2,290,500（本店売上）＋¥1,430,850（支店売上）＝¥3,721,350

B 売上原価：¥454,500^{*1}（商品期首棚卸高）＋¥3,006,000^{*2}（当期商品仕入高）－¥465,000^{*3}（商品期末棚卸高）＝¥2,995,500

 * 1　¥357,000（本店繰越商品）＋¥97,500（支店繰越商品）＝¥454,500

 * 2　¥1,860,000（本店仕入）＋¥1,146,000（支店仕入）＝¥3,006,000

 * 3　¥378,000（本店帳簿棚卸高）＋¥87,000（支店帳簿棚卸高）＝¥465,000

C 減価償却費：$\overset{\text{本店建物}}{¥40,500}{}^{*1}+\overset{\text{支店建物}}{¥22,500}{}^{*2}=¥63,000$

$\quad *1 \left(\overset{\text{本店建物}}{¥1,350,000}-\overset{\text{本店建物}}{¥1,350,000}×10\%\right)×\dfrac{1}{30}=¥40,500$

$\quad *2 \left(\overset{\text{支店建物}}{¥750,000}-\overset{\text{支店建物}}{¥750,000}×10\%\right)×\dfrac{1}{30}=¥22,500$

D 支払利息：$\overset{\text{本店支払利息}}{¥18,975}{}^{*1}+\overset{\text{支店支払利息}}{¥4,650}{}^{*2}=¥23,625$

$\quad *1 \quad \overset{\text{本店支払利息}}{¥18,000}+\overset{\text{本店未払}}{¥975}=¥18,975$

$\quad *2 \quad \overset{\text{支店支払利息}}{¥4,200}+\overset{\text{支店未払}}{¥450}=¥4,650$

E 当期純利益：

$\left(¥3,721,350+\overset{\text{本店有価証券評価益}}{¥3,495}{}^{*1}+\overset{\text{支店有価証券評価益}}{¥450}{}^{*2}\right)-\left(\overset{\text{売上原価}}{¥2,995,500}+\overset{\text{本店営業費}}{¥420,690}{}^{*3}+\right.$

$\left.\overset{\text{支店営業費}}{¥173,025}{}^{*4}+\overset{\text{本店貸倒引当金繰入}}{¥16,650}{}^{*5}+\overset{\text{支店貸倒引当金繰入}}{¥7,710}{}^{*6}+\overset{\text{減価償却費}}{¥63,000}+\overset{\text{支払利息}}{¥23,625}\right)=¥25,095$

$\quad *1 \quad \left(\overset{\text{本店A株時価}}{¥84,750}+\overset{\text{本店B株時価}}{¥43,155}\right)-\overset{\text{本店売買目的の有価証券}}{¥124,410}=¥3,495$

$\quad *2 \quad \left(\overset{\text{支店A株時価}}{¥16,950}+\overset{\text{支店B株時価}}{¥20,550}\right)-\overset{\text{支店売買目的の有価証券}}{¥37,050}=¥450$

$\quad *3 \quad \overset{\text{本店営業費}}{¥422,490}-\overset{\text{本店前払}}{¥1,800}=¥420,690$

$\quad *4 \quad \overset{\text{支店営業費}}{¥174,300}-\overset{\text{支店前払}}{¥1,275}=¥173,025$

$\quad *5 \quad \overset{\text{本店売掛金}}{¥615,000}×3\%-\overset{\text{本店貸倒引当金}}{¥1,800}=¥16,650$

$\quad *6 \quad \overset{\text{支店売掛金}}{¥297,000}×3\%-\overset{\text{支店貸倒引当金}}{¥1,200}=¥7,710$

F 売掛金（貸倒引当金控除後）：

$\overset{\text{本店売掛金}}{¥615,000}-\left(\overset{\text{本店貸倒引当金}}{¥1,800}+\overset{\text{本店貸倒引当金繰入}}{¥16,650}\right)+\overset{\text{支店売掛金}}{¥297,000}-\left(\overset{\text{支店貸倒引当金}}{¥1,200}+\overset{\text{支店貸倒引当金繰入}}{¥7,710}\right)$

$=¥884,640$

G 売買目的有価証券：$\overset{\text{本店有価証券}}{¥127,905}{}^{*1}+\overset{\text{支店有価証券}}{¥37,500}{}^{*2}=¥165,405$

$\quad *1 \quad \overset{\text{本店A株時価}}{¥84,750}+\overset{\text{本店B株時価}}{¥43,155}=¥127,905$

$\quad *2 \quad \overset{\text{支店A株時価}}{¥16,950}+\overset{\text{支店B株時価}}{¥20,550}=¥37,500$

H 商品：$\overset{\text{本店帳簿棚卸高}}{¥378,000}+\overset{\text{支店帳簿棚卸高}}{¥87,000}=¥465,000$

I 買掛金：$\overset{\text{本店買掛金}}{¥884,700}+\overset{\text{支店買掛金}}{¥90,000}=¥974,700$

J 繰越利益剰余金：$\overset{\text{本店繰越利益剰余金}}{¥219,000}+¥25,095=¥244,095$

基本問題 17-1

連結貸借対照表
20X1年3月31日

資　産	金　額	負債・純資産	金　額
諸　資　産	1,110,000	諸　負　債	500,000
（の　れ　ん）	20,000	資　本　金	500,000
		資　本　剰　余　金	60,000
		利　益　剰　余　金	40,000
		（非支配株主持分）	30,000
	1,130,000		1,130,000

解説

非支配株主持分＝S社資本（資本金¥120,000＋資本剰余金¥20,000＋利益剰余金¥10,000）×20％＝¥30,000

親会社持分＝S社資本（資本金¥120,000＋資本剰余金¥20,000＋利益剰余金¥10,000）×80％＝¥120,000

のれん＝S社株式¥140,000－親会社持分¥120,000＝¥20,000

連結修正仕訳

（借）資　本　金	120,000	（貸）S　社　株　式	140,000
資　本　剰　余　金	20,000	非支配株主持分	30,000
利　益　剰　余　金	10,000		
の　れ　ん	20,000		

基本問題 17-2

(1) （借）非支配株主に帰属する当期純利益　1,500,000　（貸）非支配株主持分　1,500,000

(2) （借）のれん償却　2,000,000　（貸）の　れ　ん　2,000,000

(3) （借）受　取　配　当　金　420,000　（貸）利　益　剰　余　金　600,000
　　　　非支配株主持分　180,000

解説

(1) S社の獲得した当期純利益のうち，親会社以外の非支配株主に帰属する部分については非支配株主持分を増額させます。

　　非支配株主に帰属する当期純利益：¥5,000,000×（100％－70％）＝¥1,500,000

(2)　¥20,000,000ののれんを10年間にわたって均等償却するのでその10分の1を償却します。

(3)　S社が利益剰余金を原資に配当を実施しているので，P社の持分比率の70％分は同社が受け取った受取配当金と相殺消去し，残りの30％については非支配株主持分を減額します。なお，本問では株主資本等変動計算書が作成されないため，連結修正仕訳の貸方は非支配株主持分当期変動額ではなく，利益剰余金となります。

　　　P社の受取配当金：¥600,000×70％＝¥420,000

　　　非支配株主への配当金：¥600,000×30％＝¥180,000

付　録

簿記検定試験　2級／商業簿記
総合模擬問題・解答・解説

＊　ここには日本商工会議所主催の簿記
検定試験に対応した模擬試験問題を収録
しています。統一試験，ネット試験のい
ずれの出題方法にも対応しています。
＊　答案用紙は中央経済社のホームペー
ジにある「ビジネス専門書Online」から
無料ダウンロードできます（https://
www.biz-book.jp）。右の二次元コードか
ら検定簿記講義シリーズにアクセスでき
ますので，ご活用ください。

──2024年度簿記検定試験（統一試験）施行予定日──
　　第167回簿記検定試験　　2024年6月9日〈1～3級〉
　　第168回簿記検定試験　　2024年11月17日〈1～3級〉
　　第169回簿記検定試験　　2025年2月23日〈2～3級〉

総合模擬問題①

（制限時間　工業簿記と合わせて90分）
注：解答はすべて答案用紙に記入して下さい。

第1問（20点）

　次の各取引について仕訳しなさい。ただし，勘定科目は，設問ごとに最も適正と思われるものを選び，答案用紙の（　　）の中に記号で解答すること。

1．仕入原価￥100,000の商品Aおよび同￥130,000の商品Bをそれぞれ￥150,000，￥200,000で名古屋商店に販売する契約を締結した。代金は商品Aと商品Bの両方を名古屋商店に移転した後に請求する契約となっているため，商品Aと商品Bの引渡しは，それぞれ独立した履行義務として識別する。契約締結後，ただちに商品Aを引き渡したが，商品Bは在庫がないので，後日引き渡すこととなった。なお，当社は，商品売買の記帳を販売のつど売上原価勘定に振り替える方法を採用している。

　ア　現金　　イ　売掛金　　ウ　契約資産　　エ　商品　　オ　契約負債
　カ　売上　　キ　売上原価　　ク　仕入

2．東京物産株式会社を合併し，当社の新株式30,000株（時価@￥550）を東京物産株式会社の株主に交付した。同社から引き継いだ資産および負債は下記のとおりである。なお，合併契約により，合併で増加した株主資本のうち，50%を資本金，30%を資本準備金とし，残りはその他資本剰余金とすることとなっている。

　　現　金　（帳簿価額￥4,100,000　実際残高￥4,000,000）
　　売掛金　（帳簿価額￥8,000,000　時価￥8,000,000）
　　備　品　（帳簿価額￥7,000,000　時価￥9,000,000）
　　借入金　（帳簿価額￥6,000,000　時価￥6,000,000）

　ア　現金　　イ　売掛金　　ウ　備品　　エ　借入金　　オ　資本金
　カ　資本準備金　　キ　その他資本剰余金　　ク　のれん
　ケ　負ののれん発生益

3．研究開発専用目的のソフトウェアA￥3,000,000および将来の経費削減が確実に見込まれる自社利用目的のソフトウェアB￥900,000を購入し，代金は今月末に一括して支払うこととした。

　ア　ソフトウェア　　イ　備品　　ウ　ソフトウェア仮勘定　　エ　買掛金
　オ　未払金　　カ　開発費　　キ　研究開発費　　ク　減価償却費

4．かねて広島商店に裏書譲渡していた山口商店振出しの約束手形¥2,000,000について，広島商店より不渡りとなった旨の通知を受け，手形代金に加え，延滞利息その他償還請求の費用¥90,000を含めて小切手を振り出して支払った。

    ア　当座預金　　イ　受取手形　　ウ　営業外受取手形　　エ　不渡手形

    オ　支払手形　　カ　営業外支払手形　　キ　支払利息　　ク　手形売却損

5．税務当局より，過年度の法人税について¥556,000の還付を受けることが確定した。

    ア　仮払法人税等　　イ　未収還付法人税等　　ウ　未収還付消費税

    エ　未払法人税等　　オ　還付法人税等　　カ　法人税，住民税及び事業税

    キ　租税公課　　ク　追徴法人税等

〔答案用紙〕

	借　方　科　目	金　　　額	貸　方　科　目	金　　　額
1	（　　）		（　　）	
	（　　）		（　　）	
2	（　　）		（　　）	
	（　　）		（　　）	
	（　　）		（　　）	
	（　　）		（　　）	
3	（　　）		（　　）	
	（　　）		（　　）	
4	（　　）		（　　）	
5	（　　）		（　　）	

第2問（20点）

次の資料にもとづいて，答案用紙の株主資本等変動計算書（自 20X1年4月1日 至 20X2年3月31日）に適切な金額を記入して完成させなさい。金額が負の値のときは，金額の前に△を付して示すこと。

[資　料]

1．期首時点における発行済株式総数は10,000株である。

2．20X1年6月25日に開催された株主総会において剰余金の配当等が次のとおり承認された。

　⑴　株主への配当金について，繰越利益剰余金を財源として1株につき¥300，その他資本剰余金を財源として1株につき¥100で配当を実施する。

　⑵　上記の配当に対して，会社法の規定額を利益準備金および資本準備金へ積み立てる。

　⑶　繰越利益剰余金を財源として別途積立金に¥200,000を積み立てる。

3．20X1年8月1日に増資を行い，1,000株を1株につき¥5,000で発行した。資本金は，会社法が規定する最低限度額とした。

4．その他有価証券の前期末の時価は¥11,200,000であったが，当期末の時価は¥11,400,000である。なお，その他有価証券の当期中の売買はなかった。その他有価証券については，全部純資産直入法を適用している。ただし，税効果会計は考慮しないこと。

5．決算の結果，当期純利益は¥1,900,000となった。

〔答案用紙〕

株主資本等変動計算書
自 20X1年4月1日　至 20X2年3月31日（単位：千円）

	株 主 資 本			
	資本金	資 本 剰 余 金		
		資本準備金	その他資本剰余金	資本剰余金合計
当 期 首 残 高	30,000	3,000	3,000	6,000
当 期 変 動 額				
剰余金の配当等				
新株の発行				
当期純利益				
株主資本以外の項目の当期変動額（純額）				
当 期 変 動 額 合 計				
当 期 末 残 高				

下段へ続く

上段より続く　　　　　　　　　　　　　　　　　　　　　　　　（単位：千円）

	株 主 資 本				評価・換算差額等		
	利 益 剰 余 金			利益剰余金合計	株主資本合計	その他有価証券評価差額金	評価・換算差額等合計	純資産合計
	利益準備金	その他利益剰余金						
		別途積立金	繰越利益剰余金					
当 期 首 残 高	1,000	100	4,000			4,700	4,700	
当 期 変 動 額								
剰余金の配当等								
新株の発行								
当期純利益								
株主資本以外の項目の当期変動額（純額）								
当期変動額合計								
当期末残高								

第3問（20点）

　次の(A)決算整理前残高試算表および(B)決算整理事項にもとづいて，報告式の損益計算書を完成させなさい。会計期間は20X2年4月1日から20X3年3月31日までの1年である。なお，税効果会計は，指示があるもの以外考慮しないこと。

(A)　決算整理前残高試算表

残 高 試 算 表

20X3年3月31日　　　　　　　　　　　（単位：円）

借方科目	金　額	貸方科目	金　額
現　　　　　金	337,800	支 払 手 形	98,850
当 座 預 金	321,000	買　掛　金	178,900
受 取 手 形	287,000	借　入　金	450,000
売　掛　金	308,000	未 払 給 料	5,950
商　　　　　品	285,000	未払法人税等	43,000
建　　　　　物	750,000	貸 倒 引 当 金	8,000
備　　　　　品	400,000	建物減価償却累計額	133,125
土　　　　　地	494,320	備品減価償却累計額	248,000
貸　付　金	350,000	資　本　金	1,400,000
その他有価証券	251,000	資 本 準 備 金	200,000
前 払 保 険 料	12,750	その他資本剰余金	71,000
売 上 原 価	1,260,000	利 益 準 備 金	141,000
給　　　　　料	220,650	別 途 積 立 金	45,000
保　険　料	5,250	繰越利益剰余金	42,000
減 価 償 却 費	108,625	その他有価証券評価差額金	45,000
販 売 管 理 費	129,430	売　　　　　上	2,465,000
支 払 利 息	27,000	受取利息配当金	14,000
固定資産売却損	41,000		
	5,588,825		5,588,825

(B)　決算整理事項

1．債権について，次の設定率等にもとづき差額補充法によって貸倒引当金の設定を行う。なお，期末の貸倒引当金残高のうち¥3,000は売上債権（下記②）に対するものであり，¥5,000は貸付金に対するものである。

　　①　乙社に対する売掛金¥95,000：期末債権残高の4％

　　②　その他の売上債権：期末債権残高の2％

　　③　貸付金：期末債権残高の2％

2．期中に販売した商品¥740,000は，翌期に25％のリベート支払いが見込まれるが，

344

総額が売上に計上されている。決算において適切に処理すること。

3．商品については，販売のつど売上原価を計上する方法により処理している。

   期首商品帳簿棚卸高　数量220個　単価@￥1,650

   期末商品帳簿棚卸高　数量190個　単価@￥1,500（正味売却価額@￥1,480）

4．固定資産の減価償却を次のとおり行う。

   建　物：定額法（耐用年数30年，残存価額10％）

   備　品：200％定率法（耐用年数5年，期首減価償却累計額￥160,000）

  減価償却費については，固定資産の期首残高を基礎として，建物，備品ともに適正額を4月から2月までの11カ月間に毎月見積計上しており，決算月も同様な処理を行う。

5．保険料は，営業の用に供している建物について，20X2年8月1日に向こう2年分の保険料を支払ったものである。これについては支払時に資産として処理し，各月経過時に費用に振り替えており，2月までの処理が完了している。

6．未払給料の残高は，前期末の決算整理により計上された従業員給料であり，期首の再振替仕訳は行われていない。当期の未払額は￥6,100である。

7．当期の法人税，住民税及び事業税￥142,400を未払法人税等に計上する。なお，残高試算表の未払法人税等の額は，前期末計上分からの過剰額であり，当期計上額から控除する。

8．貸倒引当金設定額のうち，乙社以外に対する売上債権に対して設定した金額は法人税法上損金に算入することが認められなかったため，法定実効税率35％にて税効果会計を適用する。なお，期首における貸倒引当金の損金算入限度超過額はない。

〔答案用紙〕

損 益 計 算 書

自 20X2年4月1日 至 20X3年3月31日 （単位：円）

Ⅰ 売 上 高		（　　　　）	
Ⅱ 売 上 原 価			
1 商品期首棚卸高	（　　　　）		
2 当期商品仕入高	（　　　　）		
合　　計	（　　　　）		
3 商品期末棚卸高	（　　　　）		
差　　引	（　　　　）		
4 （　　　　　）	（　　　　）	（　　　　　）	
売 上 総 利 益		（　　　　　）	
Ⅲ 販売費及び一般管理費			
1 給　　　　料	（　　　　）		
2 保　険　料	（　　　　）		
3 （　　　　）繰入	（　　　　）		
4 減 価 償 却 費	（　　　　）		
5 販 売 管 理 費	（　　　　）	（　　　　　）	
営 業 利 益		（　　　　　）	
Ⅳ 営 業 外 収 益			
1 受取利息配当金		14,000	
Ⅴ 営 業 外 費 用			
1 （　　　　　）	（　　　　）		
2 （　　　　）繰入	（　　　　）	（　　　　　）	
経 常 利 益		（　　　　　）	
Ⅵ 特 別 損 失			
1 （　　　　　）		（　　　　　）	
税引前当期純利益		（　　　　　）	
法人税，住民税及び事業税	（　　　　）		
法人税等調整額	（　　　　）	（　　　　　）	
当 期 純 利 益		（　　　　　）	

解　答

第1問 (20点)

	借　方　科　目	金　　額	貸　方　科　目	金　　額
1	（ ウ ）	150,000	（ カ ）	150,000
	（ キ ）	100,000	（ エ ）	100,000
2	（ ア ）	4,000,000	（ エ ）	6,000,000
	（ イ ）	8,000,000	（ オ ）	8,250,000
	（ ウ ）	9,000,000	（ カ ）	4,950,000
	（ ク ）	1,500,000	（ キ ）	3,300,000
3	（ キ ）	3,000,000	（ オ ）	3,900,000
	（ ア ）	900,000	（　　）	
4	（ エ ）	2,090,000	（ ア ）	2,090,000
5	（ イ ）	556,000	（ オ ）	556,000

仕訳1組につき4点。合計20点。

第2問 (20点)

株主資本等変動計算書
自 20X1年4月1日　至 20X2年3月31日（単位：千円）

	株　　主　　資　　本			
	資本金	資　本　剰　余　金		
		資本準備金	その他資本剰余金	資本剰余金合計
当 期 首 残 高	30,000	3,000	3,000	6,000
当 期 変 動 額				
剰余金の配当等		100	△1,100	△1,000
新株の発行	2,500	2,500		2,500
当期純利益				
株主資本以外の項目の当期変動額（純額）				
当 期 変 動 額 合 計	2,500	2,600	△1,100	1,500
当 期 末 残 高	32,500	5,600	1,900	7,500

下段へ続く

347

（単位：千円）

	株 主 資 本						評価・換算差額等		純資産合計
	利 益 剰 余 金					株主資本合計	その他有価証券評価差額金	評価・換算差額等合計	
	利益準備金	その他利益剰余金		利益剰余金合計					
		別途積立金	繰越利益剰余金						
当 期 首 残 高	1,000	100	4,000	5,100		41,100	4,700	4,700	45,800
当 期 変 動 額									
剰余金の配当等	300	200	△3,500	△3,000		△4,000			△4,000
新株の発行						5,000			5,000
当期純利益			1,900	1,900		1,900			1,900
株主資本以外の項目の当期変動額（純額）							200	200	200
当期変動額合計	300	200	△1,600	△1,100		2,900	200	200	3,100
当期末残高	1,300	300	2,400	4,000		44,000	4,900	4,900	48,900

▨ 1つにつき2点。合計20点。

第3問（20点）

損 益 計 算 書

自 20X2年4月1日 至 20X3年3月31日 （単位：円）

I	売 上 高		(2,280,000)
II	売 上 原 価		
1	商品期首棚卸高	(363,000)	
2	当期商品仕入高	(1,182,000)	
	合 計	(1,545,000)	
3	商品期末棚卸高	(285,000)	
	差 引	(1,260,000)	
4	(商 品 評 価 損)	(3,800)	(1,263,800)
	売 上 総 利 益		(1,016,200)
III	販売費及び一般管理費		
1	給 料	(220,800)	
2	保 険 料	(6,000)	
3	(貸倒引当金) 繰 入	(10,800)	
4	減 価 償 却 費	(118,500)	
5	販 売 管 理 費	(129,430)	(485,530)
	営 業 利 益		(530,670)
IV	営 業 外 収 益		
1	受取利息配当金		14,000
V	営 業 外 費 用		
1	(支 払 利 息)	(27,000)	
2	(貸倒引当金) 繰 入	(2,000)	(29,000)
	経 常 利 益		(515,670)
VI	特 別 損 失		
1	(固定資産売却損)		(41,000)
	税引前当期純利益		(474,670)
	法人税, 住民税及び事業税	(99,400)	
	法人税等調整額	(△2,450)	(96,950)
	当 期 純 利 益		(377,720)

▢ 1つにつき2点。合計20点。

349

解説

第1問

1. 商品Aは引き渡したものの，商品Bはまだ引き渡していないため，売掛金を計上することができません。商品Aの対価を受け取る権利は「契約資産」とし，同額の売上を計上します。また，本問は販売のつど売上原価勘定に振り替える方法を採用していますので，売上計上と同時にこれにかかわる売上原価も商品から振り替えます。

2. 他社を合併した場合，資産および負債は時価で引き継ぎます。一方で合併の対価である自社の株式も時価で把握します。合併で増加する東京物産の純資産の額とその対価との差額が「のれん」の金額となります。また，合併の対価部分は，株主資本の増加となりますので，問題文の指示にもとづき，資本金，資本準備金およびその他資本剰余金に組み入れます。

3. ソフトウェアに限りませんが，研究開発目的で取得したものはすべて「研究開発費」とし，資産計上しません。これに対して，将来の経費を確実に削減すると見込まれる自社利用目的のソフトウェアについては，「ソフトウェア」として無形固定資産の区分に計上されます。また，代金の未払額は「未払金」とします。

4. 手形が決済されず，遡求義務を負った場合は「不渡手形」となり，償還請求の費用が生じている場合には，これを含めた額が不渡手形の取得価額となります。

5. 過年度の法人税に関して還付を受けることが確定した場合には「還付法人税等」とし，この段階ではまだ入金されてはいませんので，「未収還付法人税等」とします。

第2問

資料について仕訳を示すと，次のようになります。

2.	（借）	繰越利益剰余金	3,500,000	（貸）	未払配当金	3,000,000
					利益準備金	300,000
					別途積立金	200,000
	（借）	その他資本剰余金	1,100,000	（貸）	未払配当金	1,000,000
					資本準備金	100,000
3.	（借）	当座預金	5,000,000	（貸）	資本金	2,500,000
					資本準備金	2,500,000

4. 期首に行われていなかった洗替処理は次のとおりです。

	（借）	その他有価証券評価差額金	4,700,000	（貸）	その他有価証券	4,700,000

期末の評価替は次のとおりです。

	（借）	その他有価証券	4,900,000	（貸）	その他有価証券評価差額金	4,900,000

その他有価証券評価差額金は純額で表示することに注意します。

5. （借）損　　　　益　　1,900,000　（貸）繰越利益剰余金　　1,900,000

第3問

1. 損益計算書

    販売費及び一般管理費への繰入分

    （借）貸倒引当金繰入　　10,800　（貸）貸倒引当金　　　　10,800

    ￥95,000×4％＋｛￥287,000＋（￥308,000－￥95,000）｝×2％－￥3,000　＝￥10,800
    _{乙社売掛金}　　　　_{受取手形}　　_{甲社売掛金}　　　_{乙社売掛金}　　　　　_{売上債権の貸倒引当金残高}

    営業外費用への繰入分

    （借）貸倒引当金繰入　　2,000　（貸）貸倒引当金　　　　2,000

    ￥350,000×2％－￥5,000　＝￥2,000
    _{貸付金}　　　　_{貸付金の貸倒引当金残高}

2. （借）売　　　　上　　185,000　（貸）返金負債　　　　185,000

    翌期のリベート支払見込額（＊）は，売上を構成せず返金負債として処理される。

    ＊￥740,000×25％＝185,000

3. 商品については，販売のつど売上原価を計上しているため，商品評価損のみ仕
   訳を行います。

    期首商品棚卸高：220個×@￥1,650＝￥363,000

    当期商品仕入高：￥1,260,000－￥363,000＋￥285,000＝￥1,182,000
    _{TB売上原価}　　_{期首商品棚卸高}　　_{期末商品棚卸高}

    期末商品棚卸高：￥285,000

    （借）商品評価損　　3,800　（貸）商　　　品　　3,800
    _{商品}

    （@￥1,500－@￥1,480）×190個＝￥3,800

4. （借）減価償却費　　9,875　（貸）建物減価償却累計額　　1,875
    　　　　　　　　　　　　　　　　　備品減価償却累計額　　8,000

    建物：｛￥750,000－（￥750,000×10％）｝×$\frac{1年}{30年}$÷12カ月＝￥1,875

    備品：（￥400,000－￥160,000）×（1÷5年×100％×2.0）÷12カ月＝￥8,000

5. （借）保　険　料　　750　（貸）前払保険料　　750

    ￥5,250÷7カ月（20X2年8月～20X3年2月）＝￥750

6. （借）未払給料　　5,950　（貸）給　　料　　5,950
    （借）給　　料　　6,100　（貸）未払給料　　6,100

    月次決算を採る場合，費用の未払分について期首で再振替仕訳を行わない処理
    がなされることがあります。すなわち，毎月の支払額のみを月次費用に計上し，年
    次決算において再振替仕訳と当期の未払分の追加計上を行います。

7. （借）法人税,住民税及び事業税　　99,400　（貸）未払法人税等　　99,400
    _{当期計上額}　　　　_{未払法人税等}

    法人税,住民税及び事業税：￥142,400－￥43,000＝￥99,400

    当期に負担すべき法人税，住民税及び事業税は￥142,400ですが，前期末に

¥43,000だけ過剰に計上され，これが残高試算表に残っているため，その分を差し引いた¥99,400を損益計算書の法人税，住民税及び事業税として計上します。なお，貸借対照表の未払法人税等は，当期に負担すべき¥142,400となります。つまり，損益計算書の法人税，住民税及び事業税の金額と，貸借対照表の未払法人税等の金額は，（中間納付がないにもかかわらず）一致しないことになります。

8.　　（借）繰延税金資産　　2,450　（貸）法人税等調整額　　2,450

$\{¥287,000 + (¥308,000 - ¥95,000)\} \times 2\% - ¥3,000 = ¥7,000$

（受取手形）（売掛金）（乙社売掛金）　　　　　　（乙社以外の売上債権の貸倒引当金残高）

$¥7,000 \times 35\% = ¥2,450$

総合模擬問題②

第1問（20点）

次の各取引について仕訳しなさい。ただし，勘定科目は，設問ごとに最も適当と思われるものを選び，答案用紙の（　　）の中に記号で解答すること。なお，商品売買の記帳は3分法による。

1．当期の5月1日に，売買目的で額面総額¥10,000,000の静岡物産株式会社の社債を額面¥100につき¥96で購入していたが，本日（12月1日），そのすべてを額面¥100につき¥97で売却し，代金は直近の利払日の翌日から売買当日までの端数利息とともに，後日，普通預金口座へ振り込まれることになっている。なお，この社債の利率は年0.73%，利払日は6月末と12月末の年2回で，端数利息は1年を365日として日割計算する。決算日は3月31日である。

　　ア　普通預金　　イ　未収入金　　ウ　売買目的有価証券

　　エ　満期保有目的債券　　オ　有価証券利息　　カ　有価証券売却益

　　キ　支払利息　　ク　有価証券売却損

2．当社は，事務用コピー機の販売とメンテナンスサービスを営んでいる。顧客へ事務用コピー機の販売および当該コピー機の1年間のメンテナンスサービスの提供を合計¥1,920,000（うちコピー機¥1,800,000，メンテナンスサービス¥120,000）で行う契約を締結し，コピー機を引き渡すとともにメンテナンスサービスを開始した。代金は当社の普通預金口座に振り込まれた。当社では契約に含まれている複数の履行義務をそれぞれ別個に認識しており，メンテナンスサービスは時の経過に応じて履行義務を充足し，決算時に月割計算にて収益を認識する。

　　ア　普通預金　　イ　売掛金　　ウ　契約資産　　エ　備品　　オ　契約負債

　　カ　返金負債　　キ　売上　　ク　役務収益

3．前期末に修繕引当金¥650,000を設定していたが，税法上は同額の修繕引当金繰入の損金算入が認められなかったため，税効果会計を適用していた。当期中に，それに係る建物の修繕を実施し，代金¥740,000は月末に支払うこととし当該修繕引当金を全額取り崩し，すでに適切に処理している。当期において，税法上，当該修繕費用の損金算入が認められた。法人税等の法定実効税率は30%である。なお，前期・当期とも税効果会計の適用はこれ以外ない。

　　ア　繰延税金資産　　イ　未払金　　ウ　修繕引当金　　エ　繰延税金負債

　　オ　修繕費　　カ　修繕引当金繰入　　キ　法人税，住民税及び事業税

　　ク　法人税等調整額

4. 4月1日に，長野リース株式会社とパソコン50台のリース契約を，リース期間：
5年，月額リース料：¥300,000（支払いは奇数月の月末に2カ月分を行う）で結
び，リース取引を開始した。本日（5月31日）に第1回目のリース料を普通預金
口座から支払った。なお，当該リース契約はファイナンス・リース取引であり，当
該パソコン50台分の見積現金購入価額は¥16,200,000である。利子抜き法（利息相
当額の期間配分の計算は定額法による）によって処理を行う。

ア　現金　　イ　普通預金　　ウ　リース資産　　エ　リース債務
オ　未払利息　　カ　未払リース料　　キ　支払利息　　ク　支払リース料

5. 定時株主総会を開催し，その他資本剰余金¥650,000と繰越利益剰余金
¥2,200,000を財源として次のとおりの配当と処分を決議した。

株主配当金：1株当たり¥500，準備金：会社法が定める金額，別途積立金：
¥350,000（繰越利益剰余金から振り替える）

なお，決算時点における株主資本の各勘定の残高は，資本金¥70,000,000，資本
準備金¥12,000,000，その他資本剰余金¥2,700,000，利益準備金¥3,500,000，繰越
利益剰余金¥6,300,000である。また，発行済株式数は5,000株である。

ア　現金　　イ　未払配当金　　ウ　資本金　　エ　資本準備金
オ　その他資本剰余金　　カ　利益準備金　　キ　繰越利益剰余金
ク　別途積立金

〔答案用紙〕

	借　方　科　目	金　　　額	貸　方　科　目	金　　　額
1	（　　）		（　　）	
	（　　）		（　　）	
	（　　）		（　　）	
2	（　　）		（　　）	
	（　　）		（　　）	
3	（　　）		（　　）	
4	（　　）		（　　）	
	（　　）		（　　）	
5	（　　）		（　　）	
	（　　）		（　　）	
	（　　）		（　　）	
	（　　）		（　　）	

第2問 （20点）

　次の［資料］にもとづき，連結2年度（X1年4月1日からX2年3月31日）の連結精算表を作成しなさい。P社，S社とも決算日は3月31日である。なお，税金や税効果会計は考えないものとする。

［資　料］

1．P社は，X0年3月31日にS社の発行済株式総数の70%の株式を2,250,000千円で取得して支配を獲得し，それ以降S社を連結子会社として連結財務諸表を作成している。のれんは，支配獲得時の翌年度から10年間にわたり定額法により償却を行っている。なお，のれんの償却に係る費用は「販売費及び一般管理費」として計上している。

2．X0年3月31日におけるS社の純資産項目は，資本金2,000,000千円，資本剰余金360,000千円および利益剰余金720,000千円であった。

3．S社の連結1年度においては配当は行われていないが，連結2年度において，利益剰余金を財源として72,000千円の配当が行われた。なお，配当の受け取りに係る収益は「その他収益」として計上している。

4．連結1年度からP社はS社に対して商品を販売しており，連結2年度におけるP社の売上高にはS社に対するものが2,340,000千円含まれている。

5．連結2年度末におけるP社の売掛金残高のうち468,000千円はS社に対するものである。なお，P社は，決算時点における売上債権の1%に相当する額について貸倒引当金を設定しており，S社に対する売上債権についても同様の条件で設定する。ただし，連結1年度末のS社に対する売上債権には貸倒引当金は設定していない。また，貸倒引当金に係る費用は「販売費及び一般管理費」として計上している。

6．連結2年度において，S社保有の期首商品にはP社からの仕入額が304,000千円含まれており，また，期末商品にはP社からの仕入額が468,000千円含まれている。P社がS社に対して商品を販売する際，仕入原価に25%の利益を付加しており，利益率は各期とも同じである。

7．P社はX1年10月1日にS社へ540,000千円の貸付け（利率年1%，利払日は9月末日，期間3年）を行っている。なお，利息の計算は月割計算により行われており，P社・S社とも利息収益または費用は「その他収益」または「その他費用」として計上し，未収収益または未払費用は「諸資産」または「諸負債」として計上している。また，貸付金に対する貸倒引当金を設定していない。

8．S社はX2年1月30日にP社へ土地（帳簿価額720,000千円）を1,080,000千円で売却しており，代金の決済は決算日までに終了している。なお，土地の売却に係る収益または費用は「その他収益」または「その他費用」として計上している。

連結２年度　　　　　　　　　　連　結　精　算　表　　　　　（単位：千円）

科　　　　　目	個別財務諸表		修正・消去		連結財務諸表
	P　社	S　社	借　方	貸　方	
貸　借　対　照　表					連結貸借対照表
諸　　資　　産	14,220,000	8,316,000			
売　　掛　　金	1,548,000	756,000			
商　　　　品	1,260,000	648,000			
土　　　　地	1,800,000	200,000			
S　社　株　式	2,250,000				
長　期　貸　付　金	540,000	－			
の　れ　ん					
資　産　合　計	21,618,000	9,920,000			
諸　　負　　債	6,120,520	4,230,440			
買　　掛　　金	1,100,000	360,000			
長　期　借　入　金	900,000	540,000			
貸　倒　引　当　金	15,480	7,560			
資　　本　　金	6,000,000	2,000,000			
資　本　剰　余　金	2,520,000	360,000			
利　益　剰　余　金	4,962,000	2,422,000			
非　支　配　株　主　持　分					
負債・純資産合計	21,618,000	9,920,000			
損　益　計　算　書					連結損益計算書
売　　上　　高	13,680,000	5,760,000			
売　上　原　価	8,640,000	3,690,000			
販売費及び一般管理費	2,160,100	1,080,300			
そ　の　他　収　益	89,100	378,000			
そ　の　他　費　用	576,000	272,700			
当　期　純　利　益	2,393,000	1,095,000			
非支配株主に帰属する当期純利益	－	－			
親会社株主に帰属する当期純利益	2,393,000	1,095,000			

356

次の［資料Ⅰ］決算整理前残高試算表，［資料Ⅱ］未処理事項および［資料Ⅲ］決算整理事項にもとづいて，勘定式の貸借対照表を完成させなさい。会計期間は20X0年4月1日から20X1年3月31日までの1年間である。なお，税効果会計は考慮しないものとする。マイナスの金額の場合には金額の直前に△を付すこと。

［資料Ⅰ］決算整理前残高試算表

決算整理前残高試算表
20X1年3月31日 　（単位：円）

借　方	勘定科目	貸　方
1,080,000	現　　　　　金	
10,355,000	当　座　預　金	
4,030,000	普　通　預　金	
3,780,000	受　取　手　形	
7,380,000	売　　掛　　金	
568,000	契　約　資　産	
	貸　倒　引　当　金	76,000
2,540,000	繰　越　商　品	
1,206,000	仮払法人税等	
54,000,000	建　　　　　物	
	建物減価償却累計額	14,400,000
10,800,000	備　　　　　品	
	備品減価償却累計額	4,725,000
21,600,000	建　設　仮　勘　定	
14,184,000	満期保有目的債券	
	支　払　手　形	3,420,000
	買　　掛　　金	6,840,000
	借　　入　　金	15,000,000
	退職給付引当金	3,355,000
	資　　本　　金	68,000,000
	利　益　準　備　金	1,100,000
	繰越利益剰余金	3,222,000
	売　　　　　上	158,400,000
	有　価　証　券　利　息	72,000
138,600,000	仕　　　　　入	
8,424,000	給　　　　　料	
63,000	支　払　利　息	
278,610,000		278,610,000

357

1. 額面￥870,000の手形を取引銀行で割り引き，割引料￥4,350を差し引いた手取額は当座預金としていたが，この取引が未処理である。

2. 商品A（売価￥360,000）と商品B（売価￥540,000）を甲社へ販売する契約を締結し，商品Aはすでに同社へ引き渡し，商品Bについては当初在庫切れだったため引渡しが遅れたが，後日，引渡しが完了した。なお，商品Aの代金は商品Bを引き渡した後に請求する契約となっていたため，商品Aを引き渡した時点では，商品Aの代金はまだ同社との契約から生じた債権となっておらず，その時点では当該代金を適切に処理していた。後日，商品Bを引き渡した時点で，商品Aの代金を同社との契約から生じた債権として処理すべきところ，未処理であった。商品Aの引渡しと商品Bの引渡しは，それぞれ独立した履行義務として識別する。商品Bの引渡しにかかる処理は適正に行われている。

3. 建設仮勘定は建物の建設工事（工事代金総額￥32,400,000）に関するものである。工事はすでに完了し，当期の3月1日に引渡しを受け，その時点で工事代金の残額について翌月末に当座預金口座から支払うこととなっていたが，この取引が未処理である。

[資料Ⅲ] 決算整理事項

1. 受取手形，売掛金および契約資産の期末残高に対して2％の貸倒れを見積もる。貸倒引当金は差額補充法によって設定する。

2. 商品の期末棚卸高は次のとおりである。

　　　帳簿棚卸高：数量3,168個，帳簿価額@￥810
　　　実地棚卸高：数量3,150個，正味売却価額@￥765

3. 有形固定資産の減価償却を次のとおり行う。

　　　建物：耐用年数30年，残存価額ゼロ，定額法
　　　備品：耐用年数8年，残存価額ゼロ，200％定率法
　　　　　（改定償却率：0.334，保証率：0.07909）

　　なお，当期に新たに取得した建物についても，上記と同様の方法を用いて月割で計算する。

4. 満期保有目的債券は，当期の4月1日に乙社が発行した社債（額面総額￥14,400,000，利率年0.5％，利払日は9月末と3月末の年2回，償還期間5年）を発行と同時に取得したものである。額面総額と取得価額の差額は金利の調整を示すので，償却原価法（定額法）により評価する。

5. 買掛金のうち￥3,456,000（28,800ドル）は米国のC社に対するものである。当期末の為替相場は1ドル￥118である。

6. 従業員の退職給付を見積もった結果，当期の負担に属する金額は￥1,467,000で

ある。

7. 借入金は，当期の6月1日に借入期間5年，利率年0.84%，年2回利払い（毎年11月末と5月末）の条件で借り入れたものである。決算にあたり，利息の経過分を月割で計算する。

8. 法人税，住民税および事業税として¥2,358,000を計上する。なお，仮払法人税等は中間納付と受取利子に課される源泉所得税にかかわるものである。

〔答案用紙〕

貸 借 対 照 表

20X1年3月31日　　　　　　　　　　　　　　（単位：円）

資産の部				負債の部		
I　流動資産				I　流動負債		
1　現金及び預金		(	)	1　支払手形		3,420,000
2　受取手形	(	)		2　買掛金	(	)
貸倒引当金	(	) (	)	3　(　　　　　)	(	)
3　売掛金	(	)		4　未払費用	(	)
貸倒引当金	(	) (	)	5　未払法人税等	(	)
4　契約資産	(	)		流動負債合計	(	)
貸倒引当金	(	) (	)	II　固定負債		
5　商品		(	)	1　長期借入金		15,000,000
流動資産合計		(	)	2　退職給付引当金	(	)
				固定負債合計	(	)
II　固定資産				負債合計	(	)
1　建物	(	)		純資産の部		
減価償却累計額	(	) (	)	I　株主資本		
2　備品	(	)		1　資本金		68,000,000
減価償却累計額	(	) (	)	2　利益剰余金		
3　満期保有目的債券		(	)	⑴利益準備金		1,100,000
固定資産合計		(	)	⑵繰越利益剰余金	(	) ( )
				株主資本合計	(	)
				純資産合計	(	)
資産合計		(	)	負債及び純資産合計	(	)

解 答

第 1 問 （20点）

	借　方　科　目	金　　額	貸　方　科　目	金　　額
1	（ イ ）	9,730,800	（ ウ ）	9,600,000
	（　　）		（ オ ）	30,800
	（　　）		（ カ ）	100,000
2	（ ア ）	1,920,000	（ キ ）	1,800,000
	（　　）		（ オ ）	120,000
3	（ ク ）	195,000	（ ア ）	195,000
4	（ エ ）	540,000	（ イ ）	600,000
	（ キ ）	60,000	（　　）	
5	（ オ ）	715,000	（ イ ）	2,500,000
	（ キ ）	2,385,000	（ ク ）	350,000
	（　　）		（ エ ）	65,000
	（　　）		（ カ ）	185,000

仕訳1組につき4点。合計20点。

第2問 （20点）

連結2年度　　　　　　　連　結　精　算　表　　　　　　（単位：千円）

科　　　　目	個別財務諸表		修正・消去		連結財務諸表
	P　社	S　社	借　方	貸　方	
貸 借 対 照 表					連結貸借対照表
諸　資　産	14,220,000	8,316,000		2,700	22,533,300
売　掛　金	1,548,000	756,000		468,000	1,836,000
商　　品	1,260,000	648,000		93,600	1,814,400
土　　地	1,800,000	200,000		360,000	1,640,000
S　社　株　式	2,250,000			2,250,000	
長 期 貸 付 金	540,000	－		540,000	
の　れ　ん			84,600	9,400	75,200
資　産　合　計	21,618,000	9,920,000	84,600	3,723,700	27,898,900
諸　負　債	6,120,520	4,230,440	2,700		10,348,260
買　掛　金	1,100,000	360,000	468,000		992,000
長 期 借 入 金	900,000	540,000	540,000		900,000
貸 倒 引 当 金	15,480	7,560	4,680		18,360
資　本　金	6,000,000	2,000,000	2,000,000		6,000,000
資 本 剰 余 金	2,520,000	360,000	360,000		2,520,000
利 益 剰 余 金	4,962,000	2,422,000	933,100	72,000	5,793,680
			60,800	2,516,180	
			3,184,600		
非 支 配 株 主 持 分			21,600	1,127,700	1,326,600
			108,000	328,500	
負債・純資産合計	21,618,000	9,920,000	7,683,480	4,044,380	27,898,900
損 益 計 算 書					連結損益計算書
売　上　高	13,680,000	5,760,000	2,340,000		17,100,000
売　上　原　価	8,640,000	3,690,000	93,600	2,340,000	10,022,800
				60,800	
販売費及び一般管理費	2,160,100	1,080,300	9,400	4,680	3,245,120
そ の 他 収 益	89,100	378,000	50,400		54,000
			2,700		
			360,000		
そ の 他 費 用	576,000	272,700		2,700	846,000
当 期 純 利 益	2,393,000	1,095,000	2,856,100	2,408,180	3,040,080
非支配株主に帰属する当期純利益	－	－	328,500	108,000	220,500
親会社株主に帰属する当期純利益	2,393,000	1,095,000	3,184,600	2,516,180	2,819,580

☐ 1つにつき2点。合計20点。

第3問（20点）

貸 借 対 照 表

20X1年 3 月31日　　　　　　　　　　　　（単位：円）

資産の部			負債の部		
I　流動資産			I　流動負債		
1 現金及び預金		(16,330,650)	1 支払手形		3,420,000
2 受取手形	(2,910,000)		2 買掛金		(6,782,400)
貸倒引当金	(△58,200)	(2,851,800)	3 （未 払 金）		(10,800,000)
3 売掛金	(7,740,000)		4 未払費用		(42,000)
貸倒引当金	(△154,800)	(7,585,200)	5 未払法人税等		(1,152,000)
4 契約資産	(208,000)		流動負債合計		(22,196,400)
貸倒引当金	(△4,160)	(203,840)	II　固定負債		
5 商品		(2,409,750)	1 長期借入金		15,000,000
流動資産合計		(29,381,240)	2 退職給付引当金		(4,822,000)
II　固定資産			固定負債合計		(19,822,000)
1 建物	(86,400,000)		負債合計		(42,018,400)
減価償却累計額	(△16,290,000)	(70,110,000)	純資産の部		
2 備品	(10,800,000)		I　株主資本		
減価償却累計額	(△6,243,750)	(4,556,250)	1 資本金		68,000,000
3 満期保有目的債券		(14,227,200)	2 利益剰余金		
固定資産合計		(88,893,450)	(1)利益準備金	1,100,000	
			(2)繰越利益剰余金	(7,156,290)	(8,256,290)
			株主資本合計		(76,256,290)
			純資産合計		(76,256,290)
資産合計		(118,274,690)	負債及び純資産合計		(118,274,690)

☐ 1つにつき 2 点。合計20点。

362

第1問

1. 帳簿価額 = ￥10,000,000 × $\dfrac{￥96}{￥100}$ = ￥9,600,000

売却価額 = ￥10,000,000 × $\dfrac{￥97}{￥100}$ = ￥9,700,000

よって，売却益 = ￥9,700,000 − ￥9,600,000 = ￥100,000

また，有価証券利息（7/1〜12/1分の端数利息）= ￥10,000,000 × 0.73% ×

$\dfrac{154日}{365日}$ = ￥30,800

　上記売却額￥9,700,000と有価証券利息￥30,800の合計額￥9,730,800は，後日，普通預金口座へ振り込まれる予定であるので，「未収入金」として処理されます。

2. 履行義務のうち，事務用コピー機はすでに引き渡し済みであるので，その対価である￥1,800,000については「売上」として計上しますが，メンテナンスサービスはコピー機の引き渡し後，1年間にわたって行われるため，当初の契約時点では収益を認識せず，メンテナンスサービスの対価である￥120,000を「契約負債」として処理します。

3. 期中における建物の修繕費用￥740,000の処理に際し，それに備えて前期末に修繕引当金￥650,000を設定していたので，それを全額取り崩すとともに，超過額￥90,000は「修繕費」としてすでに適切に処理しています。

　本問では，前期末の修繕引当金繰入￥650,000が税法上，損金不算入であり，当期に至り，上記の取崩し時に損金算入が認められたので，それにともなって「繰延税金資産」を取り崩す仕訳を行います。関連する仕訳を示せば以下のとおりです。

前期末：(借) 修 繕 引 当 金 繰 入　　650,000　(貸) 修 繕 引 当 金　　650,000
　　　　(借) 繰 延 税 金 資 産　　195,000　(貸) 法 人 税 等 調 整 額　　195,000
繰延税金資産：￥650,000 × 30% = ￥195,000
当期（引当金取崩し時）：
　　　　(借) 修 繕 引 当 金　　650,000　(貸) 未 　 払 　 金　　740,000
　　　　　　 修 　 繕 　 費　　 90,000
当期（繰延税金資産取崩し時）：
　　　　(借) 法 人 税 等 調 整 額　　195,000　(貸) 繰 延 税 金 資 産　　195,000

4. 利子抜き法によるファイナンス・リース取引であるので，リース開始時のリース資産とリース債務の計上額は見積現金購入価額である￥16,200,000です。

　リース債務の利息相当額の期間配分は定額法によるので，

月額リース料当たりの支払利息＝（月額リース料￥300,000×12カ月×5年－

リース債務額￥16,200,000）÷5年÷12カ月＝

￥30,000

　　本問では，2カ月分のリース料を支払うので，

リース債務の減少額＝（月額リース料￥300,000－支払利息￥30,000）×2カ月

＝￥540,000

5．配当額＝1株当たり￥500×5,000株＝￥2,500,000

　　準備金積立上限額＝資本金￥70,000,000×$\frac{1}{4}$－（資本準備金￥12,000,000＋利益

準備金￥3,500,000）＝￥2,000,000

　　よって，配当額（￥2,500,000）の$\frac{1}{10}$の額（￥250,000）が上記準備金積立上限

額を下回るので，全額を積み立てます。

　　ただし，資本準備金はその他資本剰余金から，利益準備金は繰越利益剰余金か

らそれぞれ振り替えるので，

•資本準備金の増加額＝その他資本剰余金￥650,000×$\frac{1}{10}$＝￥65,000

•利益準備金の増加額＝繰越利益剰余金（￥2,200,000－別途積立金振替え分

￥350,000）×$\frac{1}{10}$＝￥185,000

となります。

　　よって，その他資本剰余金の減少額＝￥650,000＋￥65,000＝￥715,000

　　　　　　繰越利益剰余金の減少額＝￥2,200,000＋￥185,000＝￥2,385,000

となります。

第2問（仕訳の金額は千円単位）

(1) 開始仕訳（連結1年度の部分）

　① 投資と資本の相殺消去

（借）	資 本 金	2,000,000	（貸）	S 社 株 式	2,250,000
	資 本 剰 余 金	360,000		非支配株主持分	924,000
	利 益 剰 余 金	720,000			
	の れ ん	94,000			

のれん＝S社株式2,250,000千円－（S社の資本金2,000,000千円＋S社の資本
剰余金360,000千円＋S社の利益剰余金720,000千円）×70％＝94,000千円

非支配株主持分＝（S社の資本金2,000,000千円＋S社の資本剰余金360,000千
円＋S社の利益剰余金720,000千円）×（100％－70％）＝924,000千円

※　本問では，株主資本等変動計算書の作成が求められていないので，利益剰余金と非支配株主持分を直接増減させています。

② のれんの償却

（借）利 益 剰 余 金 　　　9,400　（貸）の　れ　ん　　　9,400
（のれん償却）

のれんの償却額＝のれん94,000千円÷10年＝9,400千円

③ S社当期純利益の非支配株主持分への振替え

（借）利益剰余金（非支配株主に　203,700　（貸）非支配株主持分　203,700
帰属する当期純利益）

連結 1 年度のS社当期純利益＝連結 2 年度のS社利益剰余金2,422,000千円
－連結 2 年度のS社当期純利益1,095,000千円
＋連結 2 年度の配当額72,000千円－支配獲得時のS社利益剰余金720,000千円＝679,000千円

連結 1 年度のS社当期純利益の非支配株主持分への振替額＝679,000千円×（100％－70％）＝203,700千円

以上の①から③をまとめると，次のとおりになります。

（借）資　　本　　金　2,000,000　（貸）S　社　株　式　2,250,000
　　　資 本 剰 余 金　　360,000　　　　非支配株主持分　1,127,700
　　　利 益 剰 余 金　　933,100
　　　の　　れ　　ん　　 84,600

(2) のれんの償却

（借）販売費及び一般管理費　　9,400　（貸）の　れ　ん　　　9,400
（のれん償却）

(3) S社当期純利益の非支配株主持分への振替え

（借）非支配株主に帰属　328,500　（貸）非支配株主持分　328,500
する当期純利益

連結 2 年度のS社当期純利益の非支配株主持分への振替額＝1,095,000千円×（100％－70％）＝328,500千円

(4) 配当金

（借）そ の 他 収 益　　50,400　（貸）利 益 剰 余 金　　72,000
（受取配当金）　　　　　　　　　　（ 配 当 金 ）
非支配株主持分　　21,600

P社が受領した配当金＝72,000千円×70％＝50,400千円
S社が受領した配当金＝72,000千円×（100％－70％）＝21,600千円

(5) 商品売買の相殺消去

（借）売　　上　　高　2,340,000　（貸）売　上　原　価　2,340,000

365

(6) 未実現利益の消去

① 期首分

(借) 利 益 剰 余 金 　　60,800 　　(貸) 売 上 原 価 　　60,800
　　（売 上 原 価）

期首商品の未実現利益 $= 304{,}000$ 千円 $\times \dfrac{25\%}{100\% + 25\%} = 60{,}800$ 千円

② 期末分

(借) 売 上 原 価 　　93,600 　　(貸) 商 　　　　品 　　93,600

期末商品の未実現利益 $= 468{,}000$ 千円 $\times \dfrac{25\%}{100\% + 25\%} = 93{,}600$ 千円

(7) 債権債務の相殺消去

① 売掛金と買掛金の相殺消去

(借) 買 　掛 　金 　　468,000 　　(貸) 売 　掛 　金 　　468,000
(借) 貸 倒 引 当 金 　　4,680 　　(貸) 販売費及び一般管理費 　　4,680
　　　　　　　　　　　　　　　　　　　　　（貸倒引当金繰入）

貸倒引当金の消去額 $= 468{,}000$ 千円 $\times 1\% = 4{,}680$ 千円

② 長期貸付金と長期借入金の相殺消去

(借) 長 期 借 入 金 　　540,000 　　(貸) 長 期 貸 付 金 　　540,000
(借) そ の 他 収 益 　　2,700 　　(貸) そ の 他 費 用 　　2,700
　　（受 取 利 息） 　　　　　　　　　　　　　　（支 払 利 息）
(借) 諸 　負 　債 　　2,700 　　(貸) 諸 　資 　産 　　2,700
　　（未 払 利 息） 　　　　　　　　　　　　　　（未 収 利 息）

当期の利息の消去額 $= 540{,}000$ 千円 $\times 1\% \times \dfrac{6\text{カ月}}{12\text{カ月}} = 2{,}700$ 千円

(8) 土地売却益の修正

(借) そ の 他 収 益 　　360,000 　　(貸) 土 　　　　地 　　360,000
　　（土 地 売 却 益）
(借) 非支配株主持分 　　108,000 　　(貸) 非支配株主に帰属 　　108,000
　　　　　　　　　　　　　　　　　　　　　する当期純利益

土地の修正額 $= 1{,}080{,}000$ 千円 $- 720{,}000$ 千円 $= 360{,}000$ 千円
非支配株主持分への負担額 $= 360{,}000$ 千円 $\times (100\% - 70\%) = 108{,}000$ 千円

第3問

未処理事項と決算整理事項に関する仕訳を示せば以下のとおりです。

[資料Ⅱ] 未処理事項の仕訳

1. （借）当 座 預 金　865,650　（貸）受 取 手 形　870,000
　　　　手 形 売 却 損　4,350
2. （借）売 掛 金　360,000　（貸）契 約 資 産　360,000
3. （借）建 物　32,400,000　（貸）建 設 仮 勘 定　21,600,000
　　　　　　　　　　　　　　　　　　未 払 金　10,800,000

[資料Ⅲ] 決算整理事項の仕訳

1. （借）貸倒引当金繰入　141,160　（貸）貸 倒 引 当 金　141,160

受取手形の貸倒見積額＝（¥3,780,000 − ¥870,000）× 2 ％＝¥58,200

売掛金の貸倒見積額＝（¥7,380,000 + ¥360,000）× 2 ％＝¥154,800

契約資産の貸倒見積額＝（¥568,000 − ¥360,000）× 2 ％＝¥4,160

貸倒引当金繰入額＝（¥58,200 + ¥154,800 + ¥4,160）− ¥76,000
　　　　　　　　　＝¥141,160

2. 売上原価勘定で売上原価を計算する場合の仕訳

（借）売 上 原 価　2,540,000　（貸）繰 越 商 品　2,540,000

（借）売 上 原 価　138,600,000　（貸）仕 入　138,600,000

（借）繰 越 商 品　2,566,080　（貸）売 上 原 価　2,566,080

（借）棚 卸 減 耗 損　14,580　（貸）繰 越 商 品　156,330
　　　商 品 評 価 損　141,750

商品期末棚卸高＝＠¥810 × 3,168個＝¥2,566,080

棚卸減耗損＝＠¥810 ×（3,168個 − 3,150個）＝¥14,580

商品評価損＝（＠¥810 − ＠¥765）× 3,150個＝¥141,750

3. （借）減 価 償 却 費　3,408,750　（貸）建物減価償却累計額　1,890,000
　　　　　　　　　　　　　　　　　　　備品減価償却累計額　1,518,750

過年度取得の建物の減価償却費＝¥54,000,000 × $\dfrac{1 \text{年}}{30 \text{年}}$ ＝¥1,800,000

当期取得の建物の減価償却費＝¥32,400,000 × $\dfrac{1 \text{年}}{30 \text{年}}$ × $\dfrac{1 \text{カ月}}{12 \text{カ月}}$ ＝¥90,000

備品の200％定率法の償却率＝$\dfrac{1 \text{年}}{8 \text{年}}$ × 2.0 ＝0.25

備品の減価償却費＝（¥10,800,000 − ¥4,725,000）× 0.25 ＝¥1,518,750
（償却保証額＝¥10,800,000 × 0.07909 ＝¥854,172）

4. （借）満期保有目的債券　43,200　（貸）有価証券利息　43,200

償却原価法（定額法）による加算額 ＝（¥14,400,000 − ¥14,184,000）×

$$\frac{12\text{カ月}}{5\text{年}\times12\text{カ月}} = ¥43,200$$

5. （借）買　掛　金　57,600　（貸）為替差損益　57,600

為替差損益 ＝ ¥3,456,000 − 28,800ドル × ¥118 ＝ ¥57,600

6. （借）退職給付費用　1,467,000　（貸）退職給付引当金　1,467,000

7. （借）支　払　利　息　42,000　（貸）未　払　利　息　42,000

$$未払利息 ＝ ¥15,000,000 \times 0.84\% \times \frac{4\text{カ月}}{12\text{カ月}} = ¥42,000$$

8. （借）法人税,住民税及び事業税　2,358,000　（貸）仮 払 法 人 税 等　1,206,000

未 払 法 人 税 等　1,152,000

参考までに，当期純利益の計算を示せば以下のとおりです。

当期純利益 ＝（売上¥158,400,000 ＋ 有価証券利息¥115,200 ＋ 為替差益¥57,600）－（売上原価¥138,573,920 ＋ 棚卸減耗損¥14,580 ＋ 商品評価損¥141,750 ＋ 手形売却損¥4,350 ＋ 貸倒引当金繰入¥141,160 ＋ 減価償却費¥3,408,750 ＋ 退職給付費用¥1,467,000 ＋ 給料¥8,424,000 ＋ 支払利息¥105,000 ＋ 法人税等¥2,358,000）＝ ¥3,934,290

　日商簿記検定試験（2級・3級）は，年3回の会場試験（統一試験）や学校などによる団体受験における紙ベースでの実施の他に，指定会場においてPCを利用したネット試験（CBT試験）でも実施されています。CBT試験では統一試験等とともに，制限時間や合格点などにおいて同一条件で実施されますが，PC利用に伴い，解答に際し以下の諸点に留意してください。

(1) 仕訳問題では，借方科目・貸方科目の入力欄に科目を入力する際，カーソルを合わせるとプルダウン方式により候補になる勘定科目がいくつか示されます。その中からマウスで選択し，クリックすることで入力されます。なお，仕訳の行数は正解の行数に対して余裕をもって表示されますので，必ずしもすべての行に入力が必要になるとは限りません。

(2) 仕訳問題における各設問の解答にあたっては，各勘定科目の使用は，借方・貸方の中でそれぞれ1回ずつとします（各設問につき，同じ勘定科目を借方・貸方の中で2回以上使用すると不正解になります）。

　例：商品¥300を売り上げ，代金のうち¥100は現金で受け取り，残額を掛けとした。

［不正解となる解答例］

(借)	現　　金	100	(貸)	売　　上	100
	売 掛 金	200		売　　上	200

(3) 金額を入力する際には，数字のみを半角で入力します（文字や円マーク等を入力すると不正解となります）。なお，カンマを入力する必要はなく，金額入力後「Enter」キーを押すことで自動的にカンマが入ります。

(4) 文章の空欄にあてはまる適切な語句を記入する問題などにおいても，プルダウン方式により候補になる用語を選択し，クリックすることで入力されます。

(5) 貸借対照表・損益計算書作成問題等では，科目の入力欄に科目を入力する際，キーボードを利用して全角日本語で文字入力します。

(6) 紙ベースの試験のように問題用紙に直接メモ書き等を記入できないため，必要に応じて付与される計算用紙にメモ書き等を行います。

- ・日商簿記検定試験の概要
- ・商工会議所簿記検定試験出題区分表
- ・商工会議所簿記検定試験
  　　── 商業簿記標準・許容勘定科目表

※2024年1月現在。最新の情報は日本商工会議所のホームページでご確認ください。

日商簿記検定試験の概要

● 各級のレベルと合格基準

1級：公認会計士，税理士などの国家資格への登竜門。合格すると税理士試験の受験資格が得られる。極めて高度な商業簿記・会計学・工業簿記・原価計算を修得し，会計基準や会社法，財務諸表等規則などの企業会計に関する法規を踏まえて，経営管理や経営分析ができる。

2級：経営管理に役立つ知識として，最も企業に求められる資格の1つ。企業の財務担当者に必須。高度な商業簿記・工業簿記（初歩的な原価計算を含む）を修得し，財務諸表の数字から経営内容を把握できる。

3級：ビジネスパーソンに必須の基礎知識。経理・財務担当以外でも，職種にかかわらず評価する企業が多い。基本的な商業簿記を修得し，経理関連書類の適切な処理や青色申告書類の作成など，初歩的な実務がある程度できる。

初級：簿記の基本用語や複式簿記の仕組みを理解し，業務に利活用することができる。

原価計算初級：原価計算の基本用語や原価と利益の関係を分析・理解し，業務に利活用することができる。

		科 目	問 題 数	試験時間
1	級	商業簿記・会計学		90分
		工業簿記・原価計算		90分
2	級	商業簿記 工業簿記（初歩的な原価計算を含む）	5題以内	90分
3	級	商業簿記	3題以内	60分
初	級			40分
原価計算初級				40分

● 合格基準

　各級とも100点満点中，70点以上の得点で合格となります。70点以上得点した人は全員合格となりますが，1級だけは1科目25点満点となっており，1科目でも得点が40％に満たない科目がある場合，不合格となります。

● 受験のしかた

　統一試験（1〜3級）：試験は例年，6月上旬，11月中旬，2月下旬の日曜日に一斉に行われますが，各商工会議所ごとに受験申込期間が異なります。

　ネット試験（2級・3級）：インターネットを介して試験の実施から採点，合否判定までを，ネット試験会場で毎日実施。申込みは専用ページ（https://cbt-s.com/examinee/examination/jcci.html）からできます。

ネット試験（初級・原価計算初級）：インターネットを介して試験の実施から採点，合否判定まで行う「ネット試験」で施行。試験日等の詳細は，最寄りの商工会議所ネット試験施行機関にお問い合わせください。

団体試験（2級・3級）：団体試験を実施する企業や教育機関等からの申請にもとづき，当該企業の社員・当該教育機関の学生等を対象に施行。具体的な施行人数は，地元の商工会議所にお問い合わせください。

● 受験料

1級8,800円　2級5,500円　3級3,300円　初級2,200円　原価計算初級2,200円
※2級・3級のネット試験については，事務手数料550円が別途かかります。

● 受験に際しての諸注意事項

統一試験およびネット試験では，いくつかの注意事項が設けられています。そのため，詳細については受験前に商工会議所の検定ホームページ（https://www.kentei.ne.jp）にてご確認ください。

● 合格発表（1〜3級）

統一試験（1〜3級）：合格発表の期日や方法，合格証書の受け渡し方法等は，各地商工会議所（初級は試験施行機関）によって異なります。申し込みの際にご確認ください。

ネット試験（2級・3級）：試験終了後に試験システムにより自動採点されて合否が判定されます。合格者はQRコードからデジタル合格証を，ご自身のスマートフォン等にダウンロードすることができます。

● 日商試験の問い合わせ

1〜3級の統一試験は各地商工会議所が各々主催という形をとっており，申込期日や実施の有無もそれぞれ若干異なりますので，受験される地区の商工会議所に各自問い合わせてください。さらなる詳細に関しては，検定ホームページでご確認ください。

1959年9月1日制定
2019年2月1日最終改定
（2022年4月1日施行）

（注）1．会計基準および法令は，毎年度4月1日現在施行されているものに準拠する。

2．会社法・会社計算規則や各種会計基準の改正・改定等により，一部の用語などが変更される可能性がある。

3．特に明示がないかぎり，同一の項目または範囲については，級の上昇に応じて程度も高くなるものとする。点線は上級に属する関連項目または範囲を特に示したものである。

4．※印は本来的にはそれが表示されている級よりも上級に属する項目または範囲とするが，当該下級においても簡易な内容のものを出題する趣旨の項目または範囲であることを示す。

【商業簿記・会計学】

3　級	2　級	1　級
第一　簿記の基本原理 　1．基礎概念 　　ア．資産，負債，および 　　　資本 ┄┄┄┄┄┄┄┄ 　　イ．収益，費用 　　ウ．損益計算書と貸借対 　　　照表との関係 　2．取引 　　ア．取引の意義と種類 　　イ．取引の8要素と結合 　　　関係 　3．勘定 　　ア．勘定の意義と分類 　　イ．勘定記入法則 　　ウ．仕訳の意義 　　エ．貸借平均の原理 　4．帳簿 　　ア．主要簿（仕訳帳と総 　　　勘定元帳） 　　イ．補助簿 ┄┄┄┄┄┄┄	┄┄┄ 純資産と資本の関係 ┄┄┄（記帳内容の集計・把握）	

3　　　級	2　　　級	1　　　級
5．証ひょうと伝票 　ア．証ひょう 　イ．伝票（入金，出金， 　　振替の各伝票） 　ウ．伝票の集計・管理		
第二　諸取引の処理 　1．現金預金 　ア．現金 　イ．現金出納帳 　ウ．現金過不足 　エ．当座預金，その他の 　　預貯金（複数口座を開 　　設している場合の管理 　　を含む） 　オ．当座預金出納帳 　キ．小口現金 　ク．小口現金出納帳	カ．銀行勘定調整表 　2．有価証券 　ア．売買，債券の端数利 　　息の処理 　イ．売買目的有価証券 　　（時価法）⋯⋯⋯⋯⋯ 　ウ．分記法による処理	⋯⋯（約定日基準，修正受渡 　　基準） 　エ．貸付，借入，差入， 　　預り，保管 　オ．売買目的有価証券の 　　総記法による処理
3．売掛金と買掛金 　ア．売掛金，買掛金 　イ．売掛金元帳と買掛金 　　元帳 　4．その他の債権と債務等 　ア．貸付金，借入金 　イ．未収入金，未払金 　ウ．前払金，前受金 　オ．立替金，預り金 　カ．仮払金，仮受金 　キ．受取商品券⋯⋯⋯⋯ 　ク．差入保証金※ 　5．手形 　ア．振出，受入，取立， 　　支払⋯⋯⋯⋯⋯⋯⋯	エ．契約資産，契約負債※ ⋯⋯⋯⋯⋯⋯⋯⋯⋯⋯⋯ 営業外支払(受取)手形※ 　イ．手形の更改（書換え）	⋯⋯発行商品券等

375

3　　級	2　　級	1　　級
	ウ．手形の不渡	不渡手形の貸借対照表表示法
エ．電子記録債権・電子記録債務 オ．受取手形記入帳と支払手形記入帳 カ．手形貸付金，手形借入金 6．債権の譲渡 　ア．クレジット売掛金		
	イ．手形・電子記録債権の（裏書）譲渡，割引 ウ．その他の債権譲渡※	
		エ．買戻・遡及義務の計上・取崩
7．引当金 　ア．貸倒引当金（実績法）	（個別評価※と一括評価，営業債権および営業外債権に対する貸倒引当金繰入額の損益計算書における区分） イ．商品（製品）保証引当金	（債権の区分，財務内容評価法，キャッシュ・フロー見積法）
	ウ．退職給付引当金※	退職給付債務の計算
	エ．修繕引当金 オ．賞与引当金	
		カ．その他の引当金
	8．債務の保証	
9．商品の売買 　ア．3分（割）法による売買取引の処理	（月次による処理） イ．販売のつど売上原価勘定に振り替える方法による売買取引の処理	
		ウ．総記法
エ．品違い等による仕入および売上の返品	仕入割戻	
		オ．仕入割引・売上割引
カ．仕入帳と売上帳 キ．商品有高帳（先入先出法，移動平均法）	（総平均法） ク．棚卸減耗 ケ．評価替	
		コ．売価還元原価法など
	10．様々な財又はサービスの顧客への移転	

376

3　　級	2　　級	1　　級
	ア．一時点で充足される履行義務，一定の期間にわたり充足される履行義務 イ．検収基準・出荷基準・着荷基準※ ウ．役務収益・役務原価※	
		エ．割賦販売（取戻品の処理を含む） オ．工事契約
	カ．複数の履行義務を含む顧客との契約※ キ．変動対価※	
		ク．重要な金融要素 ケ．契約変更 コ．本人と代理人の区分 カ．その他の様々な財又はサービスの顧客への移転 11．デリバティブ取引，その他の金融商品取引（ヘッジ会計など）
12．有形固定資産 　ア．有形固定資産の取得 ………	(a)　有形固定資産の割賦購入（利息部分を区分する場合には定額法に限る）……………………	（利息部分を利息法で区分する方法）
	(b)　圧縮記帳※ ……………… （2級では国庫補助金・工事負担金を直接控除方式により記帳する場合に限る）	（積立金方式）
		(c)　資産除去費用の資産計上
イ．有形固定資産の売却	ウ．有形固定資産の除却，廃棄 エ．建設仮勘定	
オ．減価償却（間接法） ……… 　　（定額法） …………………	（直接法） （定率法，生産高比例法）………	（級数法など） カ．総合償却 キ．取替法
ク．固定資産台帳		

3　　　級	2　　　級	1　　　級
	13. 無形固定資産 　ア．のれん 　イ．ソフトウェア，ソフ 　　トウェア仮勘定※ 　　（2級では自社利用の 　　場合に限る）‥‥‥‥‥	受注制作のソフトウェア， 市場販売目的のソフトウ ェア（見込販売収益およ び見込販売数量の見積り の変更を含む）
	ウ．その他の無形固定資 　　産 　エ．償却 　オ．固定資産台帳	
		14. 固定資産の減損
	15. 投資その他の資産 　ア．満期保有目的債券 　　（償却原価法（定額法））‥‥‥ 　イ．子会社株式，関連会 　　社株式※ 　ウ．その他有価証券※‥‥‥‥‥ 　エ．長期前払費用	（利息法） （保有目的の変更） 　エ．投資不動産
		16. 繰延資産
	17. リース取引※（注1） 　ア．ファイナンス・リー 　　ス取引の借手側の処 　　理（利子込み法，利子 　　抜き法（定額法））‥‥‥‥‥	（利息法，級数法） 　イ．ファイナンス・リー 　　ス取引の貸手側の処理 　ウ．セール・アンド・リ 　　ースバック取引など
	エ．オペレーティング・ 　　リース取引の借手側の 　　処理‥‥‥‥‥‥‥‥	貸手側の処理
	18. 外貨建取引※ 　ア．外貨建の営業取引 　　（為替予約の振当処理を 　　含むものの，2級では為 　　替予約差額は期間配分を 　　しない）‥‥‥‥‥‥‥	（振当処理以外の為替予 約の処理（独立処理）， 荷為替取引） 　イ．外貨建の財務活動 　　（資金の調達・運用）

3　　　級	2　　　級	1　　　級
		に係る取引 19. 資産除去債務
20. 収益と費用 　受取手数料，受取家賃， 　受取地代，給料，法定福 　利費，広告宣伝費，旅費 　交通費，通信費，消耗品 　費，水道光熱費，支払家 　賃，支払地代，雑費，貸 　倒損失，受取利息，償却 　債権取立益，支払利息な 　ど ………………………	研究開発費，創立費・開 業費など	
21. 税金 　ア．固定資産税など 　イ．法人税・住民税・事 　　業税※ …………………… 　ウ．消費税（税抜方式）	（課税所得の算定方法）	
	22. 税効果会計※ 　（2級では引当金，減価 　償却およびその他有価証 　券に係る一時差異に限る 　とともに，繰延税金資産 　の回収可能性の検討を除 　外） 23. 未決算	
		24. 会計上の変更および誤 　謬の訂正
第三　決算 　1．試算表の作成 　2．精算表（8桁） 　3．決算整理 　（当座借越の振替，商品 　棚卸，貸倒見積り，減価 　償却，貯蔵品棚卸，収 　益・費用の前受け・前払 　いと未収・未払い，月次 　決算による場合の処理※ 　など）………………………	（棚卸減耗，商品の評価 替，引当金の処理，無形 固定資産の償却，売買目 的有価証券・満期保有目 的債券およびその他有価 証券の評価替（全部純資 産直入法），繰延税金資	（資産除去債務の調整， 繰延資産の償却，その他 有価証券の評価替（部 分純資産直入法），時価 が著しく下落した有価証 券の処理，外貨建売上債 権・仕入債務以外の外貨

3　　　級	2　　　級	1　　　級
	産・負債の計上，外貨建売上債権・仕入債務などの換算，および製造業を営む会社の決算処理など）	建金銭債権債務および外貨建有価証券の換算，社債の償却原価法（利息法または定額法）による評価替など）
4．決算整理後残高試算表 5．収益と費用の損益勘定への振替 6．純損益の繰越利益剰余金勘定への振替		
	7．その他有価証券評価差額金※ （全部純資産直入法）‥‥‥‥	‥‥‥（部分純資産直入法）
8．帳簿の締切 　ア．仕訳帳と総勘定元帳 　（英米式決算法） 　イ．補助簿 9．損益計算書と貸借対照表の作成 　（勘定式）‥‥‥‥‥‥‥‥	（報告式）※ 10．財務諸表の区分表示 11．株主資本等変動計算書※ （2級では株主資本およびその他有価証券評価差額金に係る増減事由に限定）‥‥‥‥‥‥‥‥	‥‥（左記以外の純資産の項目に係る増減事由） 12．財務諸表の注記・注記表 13．附属明細表(附属明細書) 14．キャッシュ・フロー計算書 15．中間財務諸表（四半期・半期），臨時決算
第四　株式会社会計 　1．資本金 　　ア．設立 　　イ．増資		
		ウ．減資 エ．現物出資 オ．株式転換 カ．株式償還 キ．株式分割
	2．資本剰余金 　ア．資本準備金	

3　　　　級	2　　　　級	1　　　　級
3．利益剰余金 　ア．利益準備金 　イ．その他利益剰余金 　　繰越利益剰余金 4．剰余金の配当など 　ア．剰余金の配当※	イ．その他資本剰余金※ 任意積立金 準備金積立額の算定 　イ．剰余金の処分※ 　ウ．株主資本の計数の変動※ 6．会社の合併※	税法上の積立金の処理 分配可能額の算定 5．自己株式・自己新株予約権 7．株式交換・株式移転 8．事業分離等，清算 9．社債（新株予約権付社債を含む） 　ア．発行 　イ．利払 　ウ．期末評価（利息法，定額法） 　エ．償還（満期償還，買入償還，分割償還，繰上償還，コール・オプションが付されている場合の償還，借換） 10．新株予約権，ストック・オプション
	第五　本支店会計 　1．本支店会計の意義・目的 　2．本支店間取引の処理 　4．本支店会計における決算手続（財務諸表の合併など）	 　3．在外支店財務諸表項目の換算 (内部利益が付加されている場合)
	第六　連結会計 　1．資本連結 　2．非支配株主持分	(子会社の支配獲得時の資産・負債の時価評価，支配獲得までの段階取得，子会社株式の追加取得・一部売却など)

3　　級	2　　級	1　　級
	3．のれん 4．連結会社間取引の処理 5．未実現損益の消去（2級では棚卸資産および土地に係るものに限る） 　ア．ダウンストリームの場合 　イ．アップストリームの場合	
		6．持分法 7．連結会計上の税効果会計 8．在外子会社等の財務諸表項目の換算 9．個別財務諸表の修正（退職給付会計など） 10．包括利益，その他の包括利益
	11．連結精算表，連結財務諸表の作成 ·············	····· 連結キャッシュ・フロー計算書，中間連結財務諸表の作成（四半期・半期） 12．セグメント情報など
		第七　会計基準および企業会計に関する法令等 1．企業会計原則および企業会計基準などの会計諸基準ならびに中小企業の会計に関する指針・中小企業の会計に関する基本要領 2．会社法，会社法施行規則，会社計算規則および財務諸表等規則などの企業会計に関する法令 3．「財務会計の概念フレームワーク」

（注1）　リース取引については，会計基準の改正の動向を踏まえ，将来的に出題内容や出題級の見直しを行う可能性がある。

商工会議所簿記検定試験
商業簿記標準・許容勘定科目表

2016年2月1日制定
2021年12月10日改定
（2022年4月1日施行）

　この表は、2級および3級の商業簿記の主要な勘定科目（製造業での勘定科目を除く）およびその許容勘定科目を示したものです（すべての勘定科目の一覧表ではありません）。

<注意事項>
- ここに示した勘定科目は仕訳目的の科目であって、財務諸表表示目的の科目は除外されています。
- 問題の個別的内容に応じた勘定科目の指定がある場合については、その都度問題文の指示が優先されることとなりますので、常にこの表の勘定科目が認められるものではありません。
- A欄の勘定科目が標準的な勘定科目であって、採点上許容される勘定科目をB欄に示しています。
- 2級には、3級の標準・許容勘定科目がすべて含まれます。

※順不同

資産				
3　　　　級			**2　　　　級**	
A　欄	B　欄		A　欄	B　欄
現金			現金	現金預金
小口現金			契約資産	
当座預金			短期貸付金	
当座預金○○銀行			未収還付法人税等	
普通預金	銀行預金		未収還付消費税(等)	未収消費税、未収入金、未収金
普通預金○○銀行			商品	
定期預金	銀行預金		仕掛品	
定期預金○○銀行			繰延税金資産	
受取手形			リース資産	
売掛金	○○商店		工具器具	
クレジット売掛金			建設仮勘定	建設仮、建設前渡金、建設仮払金
電子記録債権			のれん	
貸倒引当金			特許権	
繰越商品			ソフトウェア	
貸付金			ソフトウェア仮勘定	
手形貸付金	貸付金		売買目的有価証券	有価証券
従業員貸付金	貸付金		満期保有目的債券	投資有価証券
役員貸付金	貸付金		子会社株式	関係会社株式
立替金			関連会社株式	関係会社株式
従業員立替金	立替金		その他有価証券	投資有価証券

383

3級 A欄	3級 B欄	2級 A欄	2級 B欄
前払金	前渡金	長期前払費用	
未収入金	未収金	長期貸付金	
仮払金		不渡手形	
受取商品券		前払年金費用	
差入保証金		退職給付に係る資産	
貯蔵品		別段預金	銀行預金
仮払消費税	仮払金	機械装置	機械
仮払法人税等	仮払金	構築物	
前払保険料など前払費用の各勘定	前払費用	借地権	
未収家賃など未収収益の各勘定	未収収益	商標権	
建物		営業外受取手形	
建物減価償却累計額	減価償却累計額	営業外電子記録債権	
備品			
備品減価償却累計額	減価償却累計額		
車両運搬具	車両、運搬具		
車両運搬具減価償却累計額	車両減価償却累計額、減価償却累計額		
土地			

負債			
3 級		2 級	
A 欄	B 欄	A 欄	B 欄
支払手形		返金負債	
買掛金	○○商店	営業外支払手形	
電子記録債務		営業外電子記録債務	
前受金		短期借入金	
借入金	銀行借入金	未払固定資産税	未払金
役員借入金	借入金	前受金（顧客との契約から生じたものに限る）	契約負債
手形借入金	借入金	契約負債	前受金
当座借越	借入金	未払(役員)賞与	未払(役員)賞与金
未払金		(特別)修繕引当金	
仮受金		商品(製品)保証引当金	
未払利息など未払費用の各勘定	未払費用	(役員)賞与引当金	
前受地代など前受収益の各勘定	前受収益	繰延税金負債	
預り金		役員預り金	預り金
従業員預り金	預り金	リース債務	
所得税預り金	預り金	預り保証金	受入保証金
住民税預り金	預り金	退職給付引当金	
社会保険料預り金	預り金	長期借入金	
仮受消費税	仮受金	長期未払金	
未払消費税	未払金	退職給付に係る負債	

未払法人税等					
未払配当金	未払株主配当金				

純資産（資本）				
3　　　級		2　　　級		
A　欄	B　欄	A　欄	B　欄	
資本金		株式申込証拠金	申込証拠金、新株式申込証拠金	
利益準備金		資本準備金	株式払込剰余金	
繰越利益剰余金		その他資本剰余金		
		配当平均積立金		
		修繕積立金		
		新築積立金		
		別途積立金		
		その他有価証券評価差額金		
		非支配株主持分		
		資本剰余金		
		利益剰余金		

収益				
3　　　級		2　　　級		
A　欄	B　欄	A　欄	B　欄	
売上		役務収益	営業収益	
受取家賃		営業収益		
受取地代		有価証券売却益	有価証券売買益、有価証券運用益	
受取手数料		有価証券評価益	有価証券運用益	
受取利息		受取配当金		
雑益	雑収入、雑収益	受取手数料	営業収益	
貸倒引当金戻入	貸倒引当金戻入益	有価証券利息	受取（社債）利息	
償却債権取立益		投資有価証券売却益	その他有価証券売却益	
固定資産売却益	備品売却益、土地売却益、建物売却益	保険差益		
		負ののれん発生益		
		修繕引当金戻入		
		商品（製品）保証引当金戻入		
		固定資産受贈益		
		国庫補助金受贈益		
		工事負担金受贈益		
		売上割戻		

費用						

3 級		2 級	
A 欄	B 欄	A 欄	B 欄
仕入		役務原価	営業費用
売上原価		営業費用	
発送費	支払運賃、発送運賃	棚卸減耗損	棚卸減耗費
給料	給料手当、賃金給料	商品評価損	棚卸評価損
法定福利費	社会保険料	給料	給料手当、賃金給料、販売員給料
広告宣伝費	広告費、広告料、宣伝費	(役員)賞与	
支払手数料	販売手数料	退職給付費用	退職給付引当金繰入(額)、退職給付引当損、退職給付金、退職金
支払利息		(特別)修繕引当金繰入	
旅費交通費	旅費、交通費	(役員)賞与引当金繰入	
貸倒引当金繰入	貸倒引当金繰入額	商品(製品)保証引当金繰入	
貸倒損失		研究開発費	
減価償却費	建物減価償却費、備品減価償却費	のれん償却	
通信費		ソフトウェア償却	
消耗品費	事務用消耗品費	特許権償却	
水道光熱費	光熱水費	支払リース料	
支払家賃	地代家賃、(支払)賃借料、(支払)不動産賃借料	創立費	
支払地代	地代家賃、(支払)賃借料、(支払)不動産賃借料	株式交付費	
保険料	支払保険料、火災保険料	開業費	
租税公課	公租公課、固定資産税、印紙税	開発費	
修繕費	(支払)修繕料、修理費	手形売却損	
雑費		電子記録債権売却損	
雑損	雑損失	債権売却損	
固定資産売却損	備品売却損、建物売却損、土地売却損	有価証券売却損	有価証券売買損、有価証券運用損
保管費	保管料、倉庫料	有価証券評価損	有価証券運用損
諸会費		投資有価証券売却損	その他有価証券売却損
法人税、住民税及び事業税	法人税等	火災損失	災害損失
		固定資産除却損	固定資産廃棄損、備品除却損、建物除却損、ソフトウェア除却損、除却損
		固定資産圧縮損	備品圧縮損、建物圧縮損、機械装置圧縮損
		追徴法人税等	
		還付法人税等	
		仕入割戻	
		福利厚生費	
		保守費	維持費、支払メンテナンス料

その他				
3 　級			2 　級	
Ａ　欄	Ｂ　欄		Ａ　欄	Ｂ　欄
現金過不足			未決算	火災未決算、保険未決算
損益			為替差損益	為替差損、為替差益
			有価証券評価損益	有価証券運用損益
			保証債務見返	
			保証債務	
			法人税等調整額	
			支店	
			本店	
			非支配株主に帰属する当期純利益	
			非支配株主に帰属する当期純損失	

※会社法・会社計算規則や各種会計基準の改正・改訂等により、一部の用語などが変更される可能性がある。

索　引

〈編著者紹介〉

渡部裕亘（わたべ　やすのぶ）

昭和35年　中央大学商学部卒業，昭和40年　中央大学大学院商学研究科博士課程単位取得退学。昭和37年　中央大学助手，その後専任講師，助教授を経て，昭和52年教授，平成20年　中央大学名誉教授。著書に『テキスト初級簿記〔第2版〕』（共編著），『テキスト上級簿記〔第5版〕』（共編著），『簿記と仕訳』（以上，中央経済社），『簿記演習―勘定科目論―』（ビジネス教育出版社），『簿記演習講義〔第5版〕』（共著）（東京経済情報出版）などがある。

片山　覚（かたやま　さとる）

昭和40年　早稲田大学第一商学部卒業，昭和47年　早稲田大学大学院商学研究科博士課程単位取得，昭和47年　早稲田大学商学部専任講師，助教授を経て昭和61年　早稲田大学商学部教授，平成25年　早稲田大学名誉教授。著書に『現代会計研究』（共著）（白桃書房），『非営利組織体の会計』（共著）（中央経済社），『入門会計学（改訂版）』（共著）（実教出版）などがある。

北村敬子（きたむら　けいこ）

昭和43年　中央大学商学部卒業，昭和48年　中央大学大学院商学研究科博士課程単位取得退学。昭和45年　中央大学助手，その後専任講師，助教授を経て，昭和56年教授，平成28年　中央大学名誉教授。主な業績に『財務報告のためのキャッシュフロー割引計算』（共編著），『テキスト初級簿記〔第2版〕』（共編著），『テキスト上級簿記〔第5版〕』（共編著），『資本会計の課題』（共編著），『財務報告における公正価値測定』（編著）（以上，中央経済社）などがある。

検定簿記講義／2級商業簿記〔2024年度版〕

1956年 5 月20日	初版発行
1965年 3 月15日	昭和40年版発行
1974年 3 月25日	新検定（昭和49年）版発行
1984年 3 月15日	検定（昭和59年）版発行
1998年 4 月 1 日	新検定（平成10年）版発行
2013年 3 月 1 日	検定（平成25年度）版発行
2014年 2 月20日	検定（平成26年度）版発行
2015年 2 月20日	検定（平成27年度）版発行
2016年 3 月 5 日	検定（平成28年度）版発行
2017年 3 月25日	検定（平成29年度）版発行
2018年 4 月 1 日	検定（平成30年度）版発行
2019年 3 月30日	検定（2019年度）版発行
2020年 3 月30日	検定（2020年度）版発行
2021年 3 月30日	検定（2021年度）版発行
2022年 3 月30日	検定（2022年度）版発行
2023年 3 月30日	検定（2023年度）版発行
2024年 3 月30日	検定（2024年度）版発行

© 2024
Printed in Japan

編著者　渡　部　裕　亘
　　　　片　山　　　覚
　　　　北　村　敬　子
発行者　山　本　　　継
発行所　㈱中央経済社
発売元　㈱中央経済グループ
　　　　パブリッシング

〒101-0051　東京都千代田区神田神保町1-35
電話 03 (3293) 3371 （編集代表）
　　 03 (3293) 3381 （営業代表）
https://www.chuokeizai.co.jp
印　刷／文唱堂印刷㈱
製　本／誠　製　本　㈱

■本書に関する情報は当社ホームページをご覧ください。
＊頁の「欠落」や「順序違い」などがありましたらお取り替えいたしますので発売元までご送付ください。（送料小社負担）
ISBN978-4-502-49541-0 C2334